国家社科基金项目
名称：汉日对比与翻译研究
项目号：14BYY154

中国社科
汉日对比与翻译研究

高 宁 ◎ 著

光明日报出版社

图书在版编目（CIP）数据

汉日对比与翻译研究 / 高宁著. -- 北京：光明日报出版社，2025.1. -- ISBN 978-7-5194-8433-0

Ⅰ.H365.9；H159

中国国家版本馆CIP数据核字第2025WN9469号

汉日对比与翻译研究

HANRI DUIBI YU FANYI YANJIU

著　　者：高　宁	
责任编辑：宋　悦	责任校对：刘兴华　贾　丹
封面设计：中联华文	责任印制：曹　净

出版发行：光明日报出版社

地　　址：北京市西城区永安路106号，100050

电　　话：010-63169890（咨询），010-63131930（邮购）

传　　真：010-63131930

网　　址：http：//book.gmw.cn

E - mail：gmrbcbs@gmw.cn

法律顾问：北京市兰台律师事务所龚柳方律师

印　　刷：三河市华东印刷有限公司

装　　订：三河市华东印刷有限公司

本书如有破损、缺页、装订错误，请与本社联系调换，电话：010-63131930

开　　本：170mm×240mm	
字　　数：293千字	印　　张：23.5
版　　次：2025年1月第1版	印　　次：2025年1月第1次印刷
书　　号：ISBN 978-7-5194-8433-0	
定　　价：99.00元	

版权所有　　翻印必究

学为人师　行为世范（代序）

2023年4月16日，华东师范大学高宁老师与世长辞了。而就在不久前的杭州会议上，我刚刚结识了高宁老师的弟子——浙江工商大学的陈红老师，还一起聊到了高老师。没想到，10天后竟收到了噩耗。

高老师是我由衷敬佩的学者之一。我一直视高老师为日语界当世少见的真学者，我辈学习的榜样。我认识高老师已经有20多年了。最近一次见到高老师还是2017年4月在西安交通大学的时候，他担任第三届中日翻译实践研讨课的报告人。我当时恰好正在西安交大举办讲座，听说日本国立东京学艺大学名誉教授、现任中日翻译文化教育协会会长的松冈荣志先生来了，高宁老师也来了。于是第二天，我便专门从西外宾馆打车到西交大翻译实践课结业仪式现场。见到高老师后，高老师还把我引荐给了著名日本文学翻译家、上海杉达学院的施小炜老师。第一届中日翻译实践研讨课是2016年4月在北师大举行的，当时高老师也参加了。听说我正在和其他老师一起挑战《日语口语词典》（2013，研究社）的中文版翻译工作，高老师的一句"这你也敢翻？胆子真大！"吓得我直冒冷汗。高老师给学员们做了讲座，我也有幸在场，这是我第一次也是唯一一次听高老师讲课，感觉十分过瘾，但却意犹未尽，于是在分别之际我向高老师表达了还想进一步了解相关内容的愿望。4月8日，高老师给我发来了邮件，说："传上拙文两篇，收《翻译教学研究新探》。这次在北师大的讲座，用了第一篇，后半部分换了一些例句。请抽出这些例句即可。"末了，高老师还勉励我："潘老师，年富力强，正是出成果的黄金时代。期待读到更多的大作。"这两篇论文，一篇是《教与学的守成与创新——以"词义与词典"教学为例》，还有一篇是《教与学的目标与视野——论翻译教材的课堂重组》。

其实，很早以前我就开始留意高老师和他所编著的翻译教材了。当第一

次看到"高宁"这个名字，我一度以为高老师是位女老师。有一次，高老师来北大开会，我系彭广陆老师恰好遇到高老师，他与高老师在北大东门外的一个公交车站等车，彭老师给我做了介绍。初次见面，照例彼此寒暄了两句，印象中高老师个子不高，而且十分消瘦。

　　1998年我刚参加工作不久，就应邀参加了教育部初高中日语课程标准的研究与制定工作。2001年夏，课标组全体成员到上海华东师范大学参加课标工作研讨会。恰逢当时华东师大承办"新世纪首届全国大学日语教学研究国际研讨会"（7月7日至9日），故二者可以兼顾。那时候，上海高校日语专业老师当中有不少是上海本地人，同他们用上海话交谈时，能感受到浓浓的乡情。会后，我参观了上海几所高校，有上海大学、上海外国语大学、同济大学，同时也去了高老师所在的华东师范大学。

　　华东师大前身是大夏大学，时常听"自诩"是老上海的父亲说起，华东师大是上海的一所名校，校园里有丽娃河穿过。我去日语系办公室时，见到了时任系主任的徐敏民老师，她也是一个地道的上海人。后来我才知道，高老师1998年调到华东师大后，马上破格提了教授。他留意学界动态，对初出茅庐的我的研究成果也有一定了解，又知道我是上海人，所以十分希望我能加入华东师大。记得有一次，高老师给我打来电话问询某事，顺便还提到了他在《日语学习与研究》杂志1992年第2期上看到了我获得第一届日译中翻译竞赛优秀奖的消息，还见到了印在该刊封四的我在23岁时拍的黑白照片。

　　2003年2月，高老师给我寄来了他的著作《日语翻译考试津指》（2002，华东师范大学出版社），上面还有他的题签："潘钧先生 雅正 高宁 2003年2月。"字迹娟秀，微露锋芒，常言道"字如其人"，诚不虚也。同年8月，高老师又给我寄来了《新编汉日翻译教程》（2003，上海外语教育出版社），也题了字，除了日期外，唯一不同的是，上一本的"雅正"二字这回改成了"教正"。这两本书及2008年出版的《日汉翻译教程》（高宁主编，上海外语教育出版社）上均有高老师的亲笔题签。同一天，高老师也寄赠给了北京外国语大学陶振孝老师一本《新编汉日翻译教程》，题上了"陶先生 教正 高宁 2003.8.21"几个字，这是前不久我在整理陶老师赠予我的翻译类书籍时偶然发现的。

　　2007年春，我去上海外国语大学（简称"上外"）开会，此去还有一个目的，就是到上海人民出版社联系我的著作《日本辞书研究》的出版事宜。在会上，我见到了高老师，上海对外贸易学院邱根成老师、徐曙老师和复旦

大学庞志春老师。我带去了几本2006年出版的翟东娜主编的《日语语言学》（2006，高等教育出版社），分送同事好友。高老师平时话不多，几乎不谈学术以外的话题，且点到为止，从不臧否人物，他给我发来的几封邮件也有点到为止、言简意赅的风格。已记不清那天我们见面后具体说了些什么，只记得中午在上外餐厅吃饭时，我提到了这本书。高老师说他在书店看到过这本书，鼓励我说："做书就应该这么做！"语言质朴简洁，却包含了真诚的鼓励与褒奖，胜过其他人过誉的夸奖话。

2008年4月9日至14日，我先后到位于杭州的浙江大学、浙江工商大学、杭州师范大学、浙江工业大学、树人大学和位于金华的浙江师范大学举办讲座。之后，顺便去了老家上海，到上海师范大学、上海外国语大学和上海对外贸易学院也做了几场讲座。逗留上海期间，我临时住在我哥哥家，离徐家汇不远。上海对外贸易学院的讲座安排在18日，前一天正好有空，于是我约了高老师、贸易学院的邱根成老师和徐曙老师在徐家汇见面，一起吃了饭。记得高老师拖着一个拉杆行李箱来到碰头地方。高老师好像是要回闵行校区，箱子里装满了书。高老师那矮小瘦弱的身躯与偌大鼓鼓的行李箱形成了不小的反差，给我留下了深刻现象。现在想来，那时候已年近半百的高老师，仍然一心扑在事业上，不断有新成果问世，实在令人感佩。

2013年10月19日至20日，我参加了四川外国语大学举办的题为"文化的越境与他者的表象"的国际研讨会，南开大学的刘雨珍老师也参加了这次研讨会。其间，组委会安排大会代表到重庆市中心的解放碑附近吃火锅。很巧的是，高老师参加的另一个学术研讨会也安排在同一家火锅店吃饭。他乡遇故知的感觉真好！高老师和刘雨珍老师很熟，对刘说："潘老师是国内少见的一心钻研学术的人。"我在旁听了后，有些无地自容了，其实高老师才是心无旁骛、一心钻研学问的人。他们那个会的会务组给参会者安排的文化考察是去被称为"上帝折鞭处"的合川钓鱼城参观，高老师刚从那里回来，他推荐说那里值得一去。于是第二年，即2014年9月底，我借着重庆大学做讲座的机会，去参观了钓鱼城。

2014年11月28日，上海复旦大学日文系组织了"日本语言学研讨会"，邀请了日本的松本泰丈、早津惠美子两位著名语言学家和杭州师范大学王忻老师、上海外国语大学许慈惠老师参加，我也应邀参加了。前一天，即11月27日，我先到上外做了一次讲座。我是26日傍晚抵达上海的。从北京出发前，我就已拜托上外毛文伟老师联络高宁老师、邱根成老师和徐曙老师，想

3

几个人重新聚一下。抵沪当晚，我们又碰面了，时隔6年重聚，大家聊得十分畅快，谈天说地，话题集中在各校新出台的包括鼓励教师申报项目等各项政策措施上。回京不久，即12月3日，高老师还惦记着吃饭时他提到的两篇论文，通过邮件将论文发给了我，并说，"潘老师：你好！已经回到北京了吧。这几天事多，答应之事竟然忘了。对不起！拙文发给你，请多批评。这周末，上海又有两场文学会。好，再联系。"这两篇论文，一篇是《论训读法与日本人的翻译观》(《东方翻译》，2011年6期)，另一篇是《关于文学翻译批评的学术思考》(《东方翻译》，2011年1期)。第二篇论文对止庵先生的质疑提出了商榷意见。高老师另发表过一篇与著名语言学家石毓智先生商榷的文章(《关于汉日隐性否定词语成因的考察——兼与石毓智先生商榷》，《外语教学理论与实践》，2012年1期)。可以说，这两篇论文尽显高老师追求真理、不避名人锋芒的品质，让人由衷钦佩。

2014年正值三年一度的孙平化日本学学术奖励基金申请年。前一年9月我出版了专著《日本汉字的确立及其历史演变》(2013，商务印书馆)。2014年夏天，我准备以此书申请孙平化著作奖。申奖需要有两个推荐人，我斗胆给高老师发去了请求推荐的邮件，高老师很爽快地答应了。8月4日，高老师回复答应，13日便发来推荐信，"潘老师：你好！推荐信草拟好了，还是有隔行的感觉。明后天再做一点修改。之后是发给你，还是快递过去？如需快递，请告诉我地址。好，再联系。顺祝晚安！" 8月15日，高老师在邮件里说："潘老师：你好！推荐信发给你，有什么需要修改和补充的，请告诉我。明天快递给你。好，再联系。"另外一个推荐人是辽宁师范大学的刘凡夫老师。高老师的推荐信认为该书"内容繁多却不庞杂，引经据典却不忘为我所用，可以说各章节之间环环相扣，颇有一波三折、百川归海、水到渠成之气象。这也确实不容易，说明作者宏观架构能力很强，值得肯定"。可以说，高老师的推荐信对我的著作最终获得著作二等奖起到了关键作用。

我最早注意到高老师是因为《日汉互译教程》(1995，高宁编著，孙莲贵审校，南开大学出版社)这本书。当时，国内比较好的翻译教材很少。该著于1996年获天津市第六届社会科学三等奖（青年佳作奖）。这是他在南开大学执教时编著出版的。有封面不同的多个版本。之后还有署名改为高宁、张秀华的"第二版"问世，好像也不止一个版本。

高老师1998年调入华东师大之后，很快便进入翻译教材编著和翻译研究的丰收期。高老师和上海外国语大学梁传宝合编的《新编日汉翻译教程》

(2001，上海外语教育出版社）于2002年获教育部优秀教材二等奖。高老师和上海理工大学杜勤合编的《新编汉日翻译教程》（2003，上海外语教育出版社）于2007年获上海市普通高校优秀教材三等奖。此外，高老师主编的《日汉翻译教程》（2008，上海外语教育出版社）于2011年获上海市普通高校优秀教材一等奖，之后入选教育部第一批"十二五"规划教材。虽然奖项名称不尽相同，但高老师主要参编的这几部翻译教材，一、二、三等奖都获得过了，着实不易。

2008年出版的高老师主编的《日汉翻译教程》，在当年5月30日，高老师也分别寄赠给了陶振孝老师和我，还题了字。高宁、杜勤编著的《新编汉日翻译教程》时隔10年后，于2013年又出了修订版，书名改为《汉日翻译教程（修订版）》（2013，上海外语教育出版社）。

2015年3月28日，高老师给我发来邮件："潘老师：你好！去年的论文，跟你提过，引用了大作。刚发出来，现传上。不知我对'训读'的理解是否有误，请指教。好，恕不多写了，顺祝周末愉快！"这篇文章是发表在《华东师范大学学报（哲学社会科学版）》（2015年2期）上的"关于'可译/不可译'的形而上与形而下思考"。可能是高老师在2014年给我的著作《日本汉字的确立及其历史演变》（2013，商务印书馆）写推荐信时特别留意到了其中有关汉文训读的内容。高老师引用的是该书的第60-62页部分：

汉文是汉语的书面语，对日本人来说理解起来有很大困难，于是便要化解其中难解的部分，也就是要进行翻译，这便是汉文训读的起源。……（这）不是严格意义上的翻译，而是一种定格定型化了的读解手段。对此区别要有清醒的认识，否则就等于否定了汉字汉语词千余年来的日本化。

高老师曾对汉文训读之于汉日翻译的负面作用进行了阐释，对此我十分赞同。其实，我在《关于日语汉文训读的本质及定位》（《语言学研究》，2008年第六辑，高等教育出版社）这篇论文中，也引用了高老师有关训读的见解。

高宁（2003）认为，"训译法"从译介学的角度看有两个致命弱点："第一，它断送了中国古典诗文日译研究的前程。在西方语言学界中国古典诗文翻译研究日趋繁荣的今天，日语学界却是悄然无声，一片寂静。尤其具有讽刺意味的是，日本的和歌、俳句在我国译坛倒是不断掀起研讨热潮。第二，它和'和文汉读法'的问世有着某种天然的联系。"和文汉读法"对当年传播新知识、介绍西学虽然具有一定的积极意义，但是，从语言学和翻译学的

角度看，又无疑存在着较大的负面影响"。高老师在《新编汉日翻译教程》中专辟一节谈这个问题，可见他对汉文训读的弊病十分重视，体会很深。

当然，我这篇文章主要是从日本人吸收中国文化的角度来积极评价训读的，与高老师的角度有所不同。

高老师1959年生于安徽。1979年考入上海外国语大学，1983年毕业。后师从周明老师学习翻译，1986年获得翻译方向硕士学位。毕业后任教南开大学外文系，1993年破格晋升副教授。1998年8月调入华东师范大学，同年破格晋升教授。2001年起为华东师范大学学术委员会委员。高老师曾任外语学院副院长，为华东师大终身教授。曾于1990年10月至1992年2月在日本立教大学做高访学者，与我的启蒙老师冲森卓也先生相熟，高老师认识冲森先生更早我两年。很多年前，冲森先生有了长达一年的海外学术休假机会，曾打算联系上海高校，就如同先前他在北大（1994—1995），可以一边教书一边研究，似乎也联系过高老师，后来不知下文，最终好像去了韩国高丽大学。

除了以上论文、教材外，高老师还出版了其他几部著作，最早的是《日本流行词语趣谈》（1995，上海译文出版社），还有和南开大学日本研究中心李卓合作主编的《日本文化研究——以中日文化比较为中心》（1998，中国社会科学出版社）以及由孙莲贵主编、高宁和南开大学石云艳担任副主编的《日本近代文学作品评述》（2000，天津人民出版社）。这几本书涉及社会语言学、中日文化比较以及日本文学研究。之后，高老师还出了一部专著《越界与误读——中日文化间性研究》（2005，宁夏人民出版社）。该著作分两部分，第一编为译学研究，第二编是文学研究。前者集中了高老师的翻译学研究成果，既有翻译理论探讨（"翻译发生学及其相关理论研究""译介学翻译研究空间的拓展"），也有具体的历时考察（"词义流变与译语的历史选择""汉语外来词语源研究——从近现代中日语源关系谈起"）以及个案研究（"汉诗的译介与误读"）。2014年，高宁老师出版了翻译论文集《翻译教学研究新探》（南开大学出版社）。作为"高等院校翻译专业必读系列"教材，里面凝聚了高老师多年来对翻译教学做出的深入思考。方法论探讨方面，包含了"论翻译教学、翻译研究与对比语言学的内在关系""汉日对比与翻译研究的关系"以及"日语盲点初探——浅论日语句法与翻译教学"等数篇文章。从中可以看出，高老师已开始注意到翻译与汉日对比以及日语句法之间的关系，试图从中梳理出更便于初学者学习掌握的某些规律。此外，从高老师申请到2014年国家社会科学基金资助项目"汉日对比与翻译研究"这件事，也

能看出高老师的学术兴趣发生了转变,据说是受到华东师大对外汉语学院的潘文国、傅惠生两位老师的影响,特别是潘文国提倡的汉外对比研究,是促成高老师学术研究方向发生转变以及在此基础上申请这一课题的最主要动机之一。

"中日翻译实践研讨会(课)"是松冈荣志先生发起成立的"日中翻译文化教育协会"举办的主要例行活动之一,新冠疫情前每年举办两次。2016年在北京师范大学举办了第一届。在前一年,即2015年,松冈先生曾应邀赴华东师大举办了讲座。高老师以其在中国翻译教学研究事业上的杰出成就,当选为协会的常务理事。在该协会2016年出版的《日中翻訳文化教育研究》创刊号上,高老师发表了论文《以常识为翻译》,在第二年出版的第2期上发表了《语义指向与翻译》这篇论文。

高老师的主要研究领域为翻译学和日本文学研究。高老师先后在《外国文学评论》《南开学报》《华东师范大学学报》《中国比较文学》《日语学习与研究》《东方翻译》《上海翻译》《中国翻译》《外国语》《外语研究》《外语教学理论与实践》及台湾地区、日本学术刊物上发表文学和翻译学论文近60篇。我参与策划出版的《日语研究》创刊号(2003,商务印书馆)也约了高老师的一篇稿子"略论文体的翻译教学与研究"。2012年出版的第8辑上,刊登了高老师的文章《关于引用的本质探讨——以汉日语为研究对象》。

仔细审视高老师的这些论文,可以发现,高老师所编写的翻译教材中有不少章节就是以这些论文为基础的。换言之,高老师是先写论文发表,然后将其纳入自己编写的教材中,由此可见其认真严谨的治学态度。功夫不负有心人,高老师的四种教材全部获奖不是没有道理的。

《日汉互译教程》(1995)是高老师所编第一部翻译教材,其中的"数量词的翻译""拟声拟态词的翻译"(上编 日译汉)以及"外来语专有名词的翻译"(下编 汉译日)就是来自发表于1994和1995年《日语知识》上的三篇同名论文。此外,高老师在"前言"中写道:"本教程的例文,绝大多数是通过大量对照阅读遴选出来的,……""我们选用了很多译者的译文,进行分析研究,并指出了某些译文的不尽如人意之处。……此外,关于译文的正误,有时又由于理解角度的不同,各人看法不尽相同,本教程的'苛求'之处也很可能不完全正确,因此更需要求得谅解"。可见高老师在选例时下了很大功夫,同时做事又十分严谨周全,其特有的认真求实的精神气质可谓跃然纸上。

在《新编日汉翻译教程》(2000)中,以高老师所发论文为基础编写的

章节则更多一些，如"论翻译的宏观层面"和"论翻译的微观层面"（概述第二章）分别来自发表于1996和1999年《日语学习与研究》上的同名论文。另外，"数量词的翻译"和"拟声拟态词的翻译"分别来自发表于1994和1995年《日语知识》上的同名论文。"流行语的翻译"恐怕是以1998年发表在《日语知识》上的两篇论文《关于流行语的翻译研究》（上）、《关于流行语的翻译研究》（下）为基础编写的。

《新编汉日翻译教程》（2003）是高老师参编的第三部翻译教材。高老师在"前言"中写道："我们认为对现在的学生而言，他们最缺乏的、最需要教师传授的与其说是一个个具体译例，还不如说是指导实际操作的翻译方法论。"因此，这部教材重在"翻译教学理念和方法论"。其中的"关于译者的主体性地位——兼论翻译标准的设立原则"与发表于1997年第1期《上海科技翻译》上的"论译者的主体性地位——兼论翻译标准的设立原则"有直接关系。其实，在同年出版的《日语知识》也分三期（第6、7、8期）刊登了同名论文。该教程的第六单元为"翻译研究篇"，除了第三十八章"汉诗与误读"外，其余四章，即第三十四章："论译介学与翻译研究空间的拓展"（《中国比较文学》，2002年1期）；第三十五章："'和文汉读法'与翻译方法论"（《中国翻译》，2002年4期）；第三十六章："词义流变与译语的历史选择"（《日语学习与研究》，2002年4期）（此篇为高宁、黄珺亮合著）；第三十七章"让例句说话"（《日语学习与研究》，2002年2期）均有同名论文发表。

最后一部《日汉翻译教程》（2008）是高老师主编、四人合编的翻译教材。据高老师在"前言"中所述，从2003年起接受任务。前一部《新编汉日翻译教程》出版于2003年，诚可谓是马不停蹄、无缝对接的速度。前三部翻译教材均获奖，给高老师带来的不仅仅是荣誉，更是压力。为此，高老师"基本停下了日本文学的研究，绝大部分精力都扑在这本教程编撰之上"。此教材的特色在于加了一个以纯理论研究为主的"绪论"，包括三章内容。即"第一章 教与学的互动与制衡——日汉翻译教学理念探索"；"第二章 论译文的审美制约机制"；"第三章 整装出发——让翻译成为你的专业"。

仔细翻看高老师主参编著的前几部翻译教程，有一个共同点就是所选译文较难，特别是选自文学作品的译例很多。这首先与高老师本人就是一位文学作品的创作者和日本文学的研究者这一特殊身份有密切联系。高老师曾在《清明》《小说家》《朔方》和《希望》等刊物发表原创中短篇小说、散文10

余篇。对文学的喜爱深深烙印在高老师的系列翻译教材中，这也是高老师所编著的系列翻译教材与其他老师编撰的翻译教材的不同之处。

反过来看，亦可视此为高老师探索翻译教材框架模式的一个初级阶段。在2008年出版的《日汉翻译教程》里，高老师团队接受了读者的批评，在"前言"中他这样写道："本教程例文的遴选范围与以往有很大不同，选自文学作品的例文比率已经很低，大多数选自国内近年来出版的各类附有译文的精读教材、泛读教材和对译文选，另有一部分选自北京日本学研究中心制作的语料库，其中非文学类作品备受关注。"这种改变不仅仅是因为读者的批评，也是时代变化的驱动使然，即读者层次和对翻译教材的需求越来越多样化。

选自文学作品的例文虽然有时更具典型性，但依赖语境程度较大，用词以及语法结构一般都比较难解复杂。伴随着国内日汉翻译学科建设速度的加快以及读者层次、需求等方面的多样化，探索适用面广、操作性更强的翻译教学框架模式成为时代要求之必然。也就是说，从探讨汉日句法结构本质上的不同着手，或许更容易达成以上目标，更能让学习者掌握汉日日汉翻译的一般规律。于是，在潘文国等汉外对比研究大家的影响下，探索汉日对比与汉日翻译之间的关系便成为高老师关注的焦点问题之一。在2014年成功申请到国家社科基金项目"汉日对比与翻译研究"之前，高老师已有相关论文发表，收录在前述2014年出版的翻译论文集《翻译教学研究新探》里的几篇论文即是。此外，还有与王建英合写的《名词重叠的汉日语对比研究——从"处处闻啼鸟"谈起》（《外语教学理论与实践》，2010年3期）。

说起汉文训读，高老师也是很早就开始关注了，并有论文发表。如《"和文汉读法"与"翻译方法论"》（《中国翻译》，2002年第4期）、《论训读法与日本人的翻译观》（《东方翻译》，2011年第6期）。前述发给我看的"关于'可译/不可译'的形而上与形而下的思考"论文也提到了训读内容。

总之，高老师编著的日汉汉日翻译教程具有以下三个特点：

第一，高老师一般是先写论文，形成若干具有原创性和深刻内涵的核心点，然后将其连缀成文，这样有助于探讨的深入。同时，高老师对例文的甄选也是异常挑剔的，这种做法如同严谨的学者撰写专著一般，体现了高老师的用心和一丝不苟的治学态度。

第二，高老师先后主编或参编了四部翻译教程，他与时俱进，不断调整框架结构，积极尝试融入新的内容，反映出高老师认真对待读者反馈，勤于

思考探索，教学科研上精益求精、追求卓越的职业操守和匠人精神。

第三，高老师的翻译教材，特别是后几部具有很强的思想性、学术性，同时又兼顾不同读者的需要，勇于探索、精心打磨，总之为后人编撰翻译类教材树立了典范。

高宁老师笔耕不辍，著述甚丰，同时在教书育人方面更是体现了启功先生所倡导的"学为人师，行为世范"。高老师曾长达10余年连续被毕业班评为"学生心目中最优秀教师"，并于2003年11月获宝钢全国优秀教师奖。2010年10月，他主讲的"日译汉"课程获上海市精品课程称号。2015年荣获"明德教师奖"。2018年获得华东师大"杰出教学成果奖"。

有的老师精于学术，但疏于教书育人；有的虽一心扑在教学上，但在研究方面不肯下功夫。高老师兼顾科研与教学，在做人方面也给同事同学做出了榜样，为人做事几近完人，永远值得我们后辈学习。

高老师生病是在2017年秋，我是通过微信朋友圈得知消息的，当时十分震惊，因为前不久我还在西安见到过高老师，当时并无留意，但现在再看当时拍的照片，高老师的面容确实较之从前更加瘦削。我2018年8月参加于苏州大学召开的第十届汉日对比语言学研讨会时，遇到彭广陆老师，他刚去上海看望了高老师。之后，我时不时地通过华东师大的尹松老师和邱根成老师得知高老师的近况。

2019年11月，华东师大日语系为高老师举办了荣休庆祝会。华东师范大学外语学院公众号文章（标题为"新闻 日语系举办高宁教授荣休庆祝会"）这样评价高老师：

他著作等身，同时又低调儒雅、为人谦和。他在教学和科研上取得的成就以及他为人处世的方式都已经成为典范，鞭策并激励着更多的后辈教师和学生勇往直前。

国内日语界做翻译研究的学者实在太少。具有较大影响力的，恐怕只有高老师、陶振孝老师，还有福建师范大学的林璋老师。陶老师和高老师各自都编写了若干部汉日日汉教材，但风格迥异。陶老师有大量的翻译实践，但高老师也许是因为过于慎重的关系，虽有多部中文小说创作发表，但除了早期一些作品外，后来很少有翻译实践成果问世。

这里顺便交代一下高、陶两位老师的交集。记得有一次，高老师偶然和我提起，他不认识陶老师，但陶老师对他写的东西提出了批评，问题是陶老师似乎曲解了他的本意，属于断章取义，对此高老师颇有怨气。后来，我将

此话委婉地传达给了陶老师。陶老师非常大度，认识到自己的失误，及时向高老师道歉。所以，高老师后来出的两部翻译教材，均及时寄送给了陶老师。

高老师对毕业于北大东语系日语专业的日本文学翻译家高慧勤的翻译赞不绝口，撰写了《高慧勤翻译艺术研究——兼论文学翻译与形象思维的关系》（《东方翻译》，2009年2期）一文。高老师是认真对比了几个译本后，才做此评价的。之前，高老师采访过高慧勤老师的丈夫，我国著名的法语翻译家罗新璋先生，并发表了访谈文章《高译的法式港湾——访罗新璋先生有感》（《日语教育与日本学》，2011年第1辑）。当时我读了这篇文章后颇受震撼，印象深刻。

陶老师、高老师相继离开了我们，但他们留下的皇皇巨著以及对学术孜孜以求、对后辈扶持提携的精神却是一笔难以估量的财富，必将激励后人奋发前行。

高老师的二位高足陈红、陈彪老师整理高老师遗著，作为高老师2014年申请到的国家社科基金项目"汉日对比与翻译研究"的结项成果付梓出版，一来可谓尽弟子之责告慰高老师在天之灵，同时又能为学界贡献另一部凝聚高老师心血的研究成果，我想这也是高老师最愿意看到的结果吧。

本书《汉日对比与翻译研究》是高宁老师在翻译研究方面的又一力作，也是我国翻译学界近年来难得的佳作，代表了国内日汉翻译研究的最高水平。

关于"汉日对比"与"翻译研究"二者的关系，高老师认为"前者主要为研究路径，后者是目的所在。简言之，'汉日对比'是为'翻译研究'服务的"。此项研究"最重要的出发点有两个，一是意义，即抓住对意义的转达有重要影响的语法现象、语法范畴进行考察，理清汉日双语的特征，以探求它们与翻译之间的内在关系"。"二是从问题出发，即抓住申请人多年来已经意识到或感觉到对翻译实践与研究有重大影响的句法、篇章和词汇等问题进行对比研究，探究它们对翻译所造成的正负面和显性、隐性影响"（见"结语"）

全书以专题论文集形式呈现，凸显了高老师从小题目入手的一贯严谨务实的学风。该著分为"绪论""词语研究篇""句子研究篇""篇章研究篇"四个部分。开头处的"绪论"部分是高老师撰写的题为"汉日双语总体特征与翻译研究"的论文。

高宁认为：比起具体地把双语特征转化、吸收进翻译研究及翻译实践之中，或者把翻译研究中遇到的语言问题引入语言学领域，笔者以为首先需要

11

从认识论、方法论的角度,去探索两者之间的跨学科研究方式,思考两者之间相通相融的大原则。否则,缺乏宏观层面认识论、方法论的观照,微观层面或具象层面的研究也难以走远,难以深入。

这一观点十分深刻,也是高老师从事该研究的重要依据和价值所在。

"词语研究篇"中,如"'不许'探微"所示,有不少看似小问题,但却是日汉翻译及翻译教学实践中的瓶颈问题。高老师通过大量例句,抽丝剥茧、深入浅出地进行绵密分析和深入论证,所得出的结论极具启发意义。

"句子研究篇"中,诸如"句长、定语、语序、主语省略"等看似老生常谈的汉日翻译问题,经高老师辅以大量实例,或深入探讨,发前人所未发;或不拘前说,展示新的观点,从而获得了新意和张力。"流水句与翻译"和"语义指向与翻译"这两篇论文更是展现了高老师紧追前沿、不避困难的探索精神,也为我们集中展示了高老师所具有的深厚汉语研究素养和严谨缜密的逻辑思辨能力。

"篇章研究篇"的内容尤其丰富,既有理论性较强的论述,也有前人鲜有涉足的问题,但所收论文无不高屋建瓴、言之有物,读了发人深思。如就日本翻译研究未能由"论"升"学"的几个成因,高老师在"'学'与'论'之间的日本近现代翻译研究"一文中认为:

第一,要归之于训读法,它遏止了日本人翻译意识的早期萌芽;第二,佛经日译的缺失,使日本人错失翻译实践与理论研究的良机;第三,明治时期,对"翻译语"创译的大量投入,虽然彪炳青史,却也妨碍翻译研究多角度展开;第四,与对外来文化及原型的崇拜和模仿的岛国心理有关;第五,明治维新以来,翻译始终带有实业和商业的色彩,妨碍人们走出"术"的视野去看待译中之"学"。总之,作为"意见、见解"的「翻訳論」尚有待于朝"成体系化"的「翻訳学」发展。

以上结论看似简单,但得来绝非容易,这是高老师一生在翻译教学与研究事业上孜孜以求、努力探索换来的结果。

总之,高宁老师重要的学术观点以及就日汉翻译问题所进行思考的广度和深度都在这本著作中得以充分体现。

故此,我愿将此书郑重推荐给从事汉日翻译研究及日语研究、汉日对比研究的广大师生阅读学习,相信大家会从中得到诸多启迪和教益。

我虽与高老师交往不多,且属晚辈,但当华东师范大学日语系尤海燕主任问我可否将我6月2日写就发表的同名公众号推文作为本书序时,我还是

毫不犹豫地答应了下来，最主要的原因是出于对高老师为人为学的深深敬佩，为其为人谦和、奖掖后辈的大家风范所倾倒，愿以我对高老师点滴往事的回忆以及对高老师编著翻译教材等学术研究成就的评介，激励更多后辈老师同学向高老师学习，关注吸取他的丰厚学术成果，继承他一丝不苟、务实求真的治学精神。

是为序。

2023 年 7 月 31 日

潘钧（北京大学外国语学院教授）

目 录
CONTENTS

绪论　汉日双语总体特征与翻译研究 ………………………………… 1

词语研究篇 ………………………………………………………… 19
　"不许"探微 ……………………………………………………… 21
　汉语隐性性别词语初探
　　——从文化翻译学的角度谈起 ……………………………… 31
　关于汉日隐性否定词语成因的考察
　　——兼与石毓智先生商榷 …………………………………… 44
　汉日同源成语释义歧出成因考 ………………………………… 59

句子研究篇 ………………………………………………………… 75
　语感与翻译 ……………………………………………………… 77
　句长与翻译 ……………………………………………………… 94
　定语与翻译
　　——兼论汉日对比与翻译研究的关系处理 ………………… 108
　语序与翻译
　　——从鲁迅直译观的语学基础谈起 ………………………… 120
　流水句与翻译 …………………………………………………… 135
　缩扩句与翻译 …………………………………………………… 150
　有定无定与翻译 ………………………………………………… 161
　语义指向与翻译 ………………………………………………… 175

1

主语省略与翻译
　　——以日译汉为例 ·············· 193

篇章研究篇 ·············· 213
外语功力与翻译研究
　　——从文学翻译批评谈起 ·············· 215
常识与直译/意译之争 ·············· 223
视点与翻译 ·············· 237
对译方式与汉日语对比 ·············· 253
关于引用的本质探讨
　　——以汉日语为研究对象 ·············· 265
论训读法与日本人的翻译观 ·············· 279
逻辑素与翻译单位研究 ·············· 292
关于"可译/不可译"的形而上与形而下思考 ·············· 306
"学"与"论"之间的日本近现代翻译研究
　　——兼与我国译学研究做简要对比 ·············· 320
豆腐的"西游记"
　　——关于"中国文化走出去"之辩 ·············· 338

结　语 ·············· 351
后　记 ·············· 353

绪论　汉日双语总体特征与翻译研究

"汉日双语总体特征"①，分而述之，即"汉语总体特征"与"日语总体特征"。这是一种大而化之的说法，学者不同，视角不同，说法也大相径庭。至于日语，论及这一点的日本学者较少。从汉日对比角度看，探讨此话题的论著也不多。② 由此切入译学研究的更是寥寥无几。本文以中日语法学家和对比语言学家的论述为基础，进行跨学科背景下的翻译研究。

一

先说汉语总体特征。在国内，讨论此话题的学者大致上可分为汉语学界和外语学界。对前者而言，"汉语总体特征"主要是指汉语语法特征；在外语学界，往往采用对比语言学视角，所得结论更多涉及语用及语言心理等领域。当然，也有学者从两种视角去探讨这个问题。笔者首先对比了汉语学界吕叔湘、朱德熙、陆俭明、沈家煊、徐通锵、邵敬敏、张斌、钱乃荣、李临定、申小龙等学者的观点，发现相互之间观点差异较大，结论也是异大于同。③

吕叔湘之说④：

1. 没有形态变化。汉语语法的最大特点是没有严格意义的形态变

---

① 学界也有称为"现代汉语语法特点""汉语的特点"或"汉语最根本的总特点"的。就汉语而言，是指语法特征，还是语用特征，抑或是语义特征，学界并未明确界定。
② 如赵博源《汉日比较语法》、秦礼君《汉日语言比较史》、许高渝等《20世纪汉外语言对比研究》、鲁宝元《日汉语言对比研究与对日汉语教学》、藤田昌志的《日中对照表现论》、杨晓安的《中日両言語の比較研究》等，皆无这方面的内容。
③ 在晚清民国数据库上，最早的论述是陆志韦《在清华讲汉语特点》的概要，刊登在《燕大双周刊》1947年48期第372-373页。此外，胡裕树、张静等先生皆谈论过此话题，因篇幅限制，恕不一一列举。
④ 吕叔湘. 语法研究入门 [M]. 北京：商务印书馆，1999：466-469.

化。……

  2. 常常省略虚词。① 汉语里可以不用人称代词的时候就不用；即使因此而显得句子结构不完整，也不搞形式主义。……连词也常常省略。……介词有时候也省略。

  3. 单双音节对词语结构的影响。现代汉语里的词语结构常常受单双音节的影响，最明显的是"双音化"的倾向。……

  4. 汉字对词形的影响。汉语现在还是用汉字来写，这就不免要对现代汉语的书面形式产生一定的影响。……

朱德熙之说②：

  （汉语语法特点）要是拣关系全局的重要方面来说，主要只有两条：一是汉语词类跟句法成分（就是通常说的句子成分）之间不存在简单的一一对应关系；二是汉语句子的构造原则跟词组的构造原则基本上是一致的。

  1. 汉语的语素绝大部分是单音节的。

  2. 汉语和印欧语一个明显的区别是没有形态变化。

  （1）造成了词类多功能的现象。……词类多功能的必然的结果是相同的词类序列有时候代表不同的句法结构。例如"出租汽车"……

  （2）句子的构造原则跟词组的构造原则是一致的；句子不过是独立的词组而已。

  3. 汉语句法结构的特点还表现在主谓结构和动补结构（或称述补结构）上。……主谓结构的另一个特点是可以充当谓语。

  动补结构是现代汉语里非常重要的一种句法构造。印欧语里没有跟它相当的格式。

  4. 从词序方面看，汉语一个重要的特点是所有的修饰语都必须放在被修饰成分的前面，所以修饰语不宜太长、太复杂。③

  很显然，除了在汉语没有形态变化上意见比较接近之外，吕、朱两人视域重叠处较少。其他学者之间，也同样如此。

---

① 原文注：这里所说的"省略"，是可用而不用的意思，不是该用而不用的意思。
② 吕叔湘. 语法研究入门 [M]. 北京：商务印书馆，1999：33-35.
③ 朱德熙之说内的序号为笔者所加。

邵敬敏之说[1]：

    1. 语序的变化是一种重要的语法手段

    2. 虚词的运用是一种重要的语法手段

    3. 汉语的词类和句子成分不存在简单的一一对应的关系

    4. 短语结构跟句子结构以及词的结构基本一致

张斌之说[2]：

    1. 缺少严格意义的形态变化

    2. 虚词的使用有一定的灵活性

    3. 语句的结构与单双音节的选择有关

    4. 名词直接修饰动词

徐通锵之说[3]：

    1. "主语"表有定性，处于句首的位置

    2. 受事主语句特别丰富

    3. 句首的介词可以省略（"对这个问题我有意见～这个问题我有意见"）

    4. 主谓谓语句

    5. 周遍性主语句，特别是其中的重叠表周遍性（"家家都有一本难念的经"）

    6. "把"字句

    7. "被"字句

    8. 存现句（如"台上坐着主席团"）

钱乃荣之说[4]：

    1. 现代汉语是以单音节为基本单位的语言

        （1）音节结构紧密，长度确定

        （2）"音节——语素——汉字"三位一体

---

[1] 邵敬敏，任芝锳，李家树，等. 汉语语法专题研究：增订本 [M]. 北京：北京大学出版社，2009：6-10.

[2] 张斌. 现代汉语描写语法 [M]. 北京：商务印书馆，2010：2-4.

[3] 徐通锵. 语言论：语义型语言的结构原理和研究方法 [M]. 长春：东北师范大学出版社，1997：568-569.

[4] 钱乃荣. 论现代汉语的特点 [J]. 上海大学学报（社会科学版），1989（1）：68-72.

2. 现代汉语是一种缺乏形态的语言
  （1） 缺乏形态而有助词系统。
  （2） 虚词和语序是主要的语法手段
  （3） 词类与句子成分不一一对应
  （4） 意合为主
3. 现代汉语的构词法和造句法是一致的
  （1） 语素、短语、句群三级单位结构稳定
  （2） 语言单位界限较模糊
  （3） 词结构和短语结构一般都用复合式构成
4. 现代汉语词和句子的长度短
  （1） 单音节词、双音节词并重
  （2） 语言的节奏性强
  （3） 修饰语前置

四人之间，同样是所见大不相同，① 其中，邵敬敏之说对朱德熙的传承相对较为明显。相比较之下，徐通锵之说最为独特。不过，在对比语言学家的眼里，上述部分汉语特点并不能视作汉语的特点。

1. 助词不是汉语"所独"
2. 词序和虚词不是汉语的特点
3. 词、短语、句子采取相同的结构方式不是汉语的特点
4. 主语经常不用不是汉语的特点
5. 人文性不是汉语的特点。②

看来，要从语法角度列出几条被广为接受的汉语总体特征并不是一件易事。

---

① 再如，沈家煊（2011）的意见：一、重叠是汉语最重要的形式，一种不同于印欧语的形态手段，双音化也是一种形态手段。……二、印欧语是"名动分立"，汉语是"名动包含"。三、汉语的语法和用法分不大开，讲汉语语法离开用法就没有多少语法可讲。……四、汉语构词法以复合为主、派生为辅，汉语的造句法也更多地采用复合的手段。……五、汉语语句的"主观性"强，"移情"的成分多。……六、英语看重"是"，汉语看重"有"。……不过，"其中（二）、（五）、（六）这三点还可斟酌"（陆俭明，2013）。

② 潘文国. 汉英语对比纲要 [M]. 北京：北京语言文化大学出版社，2005：104-108.

二

另一方面，与语法学家对比语言学家列出的汉语总体特征，视角有较大差异，有些学者列出的总体特征相当繁复，并明显偏向语用、语言心理等领域。当然，汉语语法学界也有学者们指出"在句子平面，句法规则与语用规则难以从形式上加以区别"①；"语言大同而大不同，大同在语用上，大不同在句法结构上。语言共性何处觅？不在句法在语用。"② 总之，语言的总体特征应该如何归纳，哪个视角的总结更加科学、可信，尚是一个有待研究、解决的学术问题。

戴庆厦之说③：

汉语在宏观上至少有四大特点值得重视：一是汉语属于超分析性语言；二是汉语属于隐性特征丰富的语言；三是汉语的语义属于具有超强伸张力的语言；四是汉语是特别注重韵律的语言。

张春柏之说④：

英语主语突出，汉语主题突出；英语常用无灵主语，汉语多用有灵主语；英语叙述多呈静态，汉语叙述多呈动态；英语组句多焦点透视，句式呈树式结构，汉语组句多散点透视，句式呈竹式结构；英语思维重逻辑，句式严谨规范，缺少弹性，汉语思维重语感，句式长长短短，灵活多变。

---

① 陆俭明. 现代汉语语法研究教程：第四版 [M]. 北京：北京大学出版社，2013：8.
② 沈家煊. "零句"和"流水句"：为赵元任先生诞辰120周年而作 [J]. 中国语文，2012 (5)：403-415. 汉语学界申小龙 (2011) 之说更接近对比语言学家：（一）灵活与精确：1. 灵活、多义的解释；2. 不言自明的表达；3. 顺其自然的叙述。（二）综合与分析。（三）具体与抽象。（四）动态与静态：1. 时间型建构与空间型建构。2. 主观性断句与客观性断句。（格式有调整）李临定之说有点另类：总的来看，现代汉语语法结构的特点是简略而繁复。说它简略，是因为它较多地采用了省略、综合和紧缩形式，这便使语句构造显得相当简练。……说它繁复，是说现代汉语语法结构是相当复杂的。"现代汉语语法特点"部分设七节。"第一节 省略""第二节 综合与紧缩""第三节 语序变化的特点""第四节 句子格式的多样性""第五节 句子成分的自由和受限制的特点""第六节 类与类渐变的特点"，"第七节 语义关系的隐含性"（李临定. 现代汉语句型：增订本 [M]. 北京：商务印书馆，2011：455-544. 格式有调整）.
③ 戴庆厦. 汉语的特点究竟是什么 [J]. 云南师范大学学报（哲学社会科学版），2014 (5)：8-14.
④ 张春柏. 英汉汉英翻译教程 [M]. 北京：高等教育出版社，2003：107.

潘文国之说①：

1. 汉语语法是隐性的，英语语法是显性的

这是翻译理论家刘宓庆先生提出来的。（刘宓庆，1991）这句话与汉语"缺少严格意义的形态变化"本质上并无二致，但比后者要合理。

第一，它回答了汉语有没有语法的问题，是在肯定汉语有语法的前提下再讨论特点的；第二，它也指出了汉语语法的基本特点——隐含性。这也就是"缺少严格意义的形态变化"的意思，但换了个角度，没有从形态出发，就掌握了主动。

2. 汉语语法是柔性的，英语语法是刚性的
3. 由汉语特点得出的汉语观

    （1）汉语是语义型语言，而英语是形态型语言

    （2）汉语是一种音足型语言，而英语是一种形足型语言

4. "隐性"与"显性"的表现

    （1）词类的标记，首先是所谓的构词词尾

    （2）语法中的形态标志

5. "隐性"与"显性"造成的汉英差别

    （1）偏重语义和偏重形式

    汉语的语法离不开语义，一离开语义就毫无意义

    （2）语法单位的模糊性

    汉语句子的界限不好定，其组织原则又迥异于词或短语的组织原则，讲其中有一致性是一种简单化的认识。说到底，这是结构主义词组本位说的产物。

    （3）词法和句法拼不拢

    （4）词序和虚词的问题

    汉语没有形态，因此不得不以词序和虚词作为语言组织的主要手段。

    （5）语法体系的可塑性

    汉语语法隐性带来的直接后果是汉语描写语法体系的可塑性特别大

---

① 潘文国．汉英语对比纲要 [M]．北京：北京语言文化大学出版社，2005：102-380．

6. 汉语语法的柔性

   (1) 古今汉语都有一些形式词，……但这些词的使用往往缺少强制性

   (2) 几乎所有汉语单词都有可能形成单双音节的等义词

   (3) 缩略更是现代汉语最具有生命力的造词方法

   (4) 与缩略相反的是，汉语的词又常常可以扩展

7. 汉英句子的宏观对比

   汉语不存在一个主干结构，也没有主干和枝杈之分

   汉语句子的构造方式就像竹子一样是一节一节拔起来的。……竹式结构说的实质是指汉语的造句法是"积顿以成句"。这个"顿"，可能是词、词组、分句。……

   不存在主干的汉语句子，在扩展的时候会引起结构的不断变化。……汉语的扩展方向一般是向左的，而英语的扩展方向一般是向右的。

8. 主语—谓语型和话题—说明性

9. 汉英话语组织法的对比

   意合与形合

   省略、替代与重复

   散行与骈偶

10. 汉英语言心理的对比

    悟性与理性

    主体意识与客体意识

    整体思维与个体思维

    动词优势与名词优势[①]

---

① 1~10 的序号，是笔者为叙述方便根据原著编排的。

刘宓庆之说①：

1. 汉语语法的隐含性（covertness）：语法范畴无形式标定以指示出，(1) 基本语法范畴：指词类。汉语的词（除有限的几十个词尾外）在形式上不具备显示出自己的词性的形态手段。汉语词无屈折式后缀。(2) 从属语法范畴：指名词的格、动词的时态、语态和语气。汉语除了附加助词以外，词语本身无从表示从属语法范畴。尤其是汉语的动词，它的形态属于非活性类型。(3) 功能语法范畴：指句法中的语言成分。汉语句中词语在形式上看不出主语、谓语、宾语、补语等。

2. 词语的句法功能取决于语义、句法和语用三个平面的描写和解释，已如 (1) 至 (3) 所述。这样就突出了语义结构的作用：S、V 及 O 的可辨认性有时很弱，模糊性很突出。视觉分辨率低。

3. 汉语 SVO 及 SAV 自然语序的强制性很强，语序的语法功能很突出；语序成为语义结构的重要手段；汉语语序的基本特征是"顺序线性（LR）集结或简单对接"占绝对优势，"倒装"在汉语中只是一种功能性变异，不成其为常规。

4. 意合重于形合；汉语语段中的接应手段，即结构上的粘着性（cohesion）较弱；句子的功能层次（主、从）不能见之于形式，主要仰仗语义。

5. 汉语语法与语音关系很小。汉语语音体系中的音律系统的功能指向意义而不是语法；除意义而外，就是审美。

6. 汉语语法歧义比英语多，这与以上诸特点特别是与形式约束力弱很有关系。

7. 汉英思维方式比较

   整体思维与个体思维

   悟性与理性

   主体意识与非人称主语②

一方面，与语法学家相比，对比语言学家的最大特点是双重跨界。第一

---

① 刘宓庆．新编汉英对比与翻译 [M]．北京：中国对外翻译出版公司，2006：61-62, 487-498.

② 序号 7 为笔者所加。

重跨界是从语法层面跨越到语义、语用,语言心理以及话语组织法等层面;第二重跨界是从汉语跨越到其他语言,所谓汉语特征也可以说是另一种语言映射的结果,并产生双语之间"观照"与"参照"这一重要问题。另一方面,对汉日翻译学界而言,汉英对比也自然成为一个有效的学习对象和研究参照系,合理、科学地把汉英对比里的英语置换成日语,可以提升目前汉日对比的视野、格局与高度。

三

现在说日语。一方面,对比下列三位学者①的观点,不难发现呈现出与国内学界相同的倾向,即从语法向语用、语言心理过渡的特点比较明显。如果说金田一春彦之说基本属于语法层面,到玉树文郎,已经含有一些语用和语言心理层面的内容,如(1)与(2)。在森田良行那里,语法层面的内容已经不多,语用与语言心理占据主导地位。

金田一春彦之说②:

第一,表示句子根本性质的词语原则上出现在句子的最后。……在日语中,有一个铁的法则:"在连接两个词语时,主要的成分放在后面。"……

第二,……日语中表示主观的词语多出现在句尾这一现象看作是日语显著的特色。……

第三,日语句子结构上的第三个特色是:所谓的"主语"非常不显眼。……

---

① 此外,大野晋、金谷武洋等学者也曾论及此话题。如"日本語の文のもっとも基本的な条件は、(1) すでに知っていること(既知)と、(2) 知らないこと(未知)というこの二つを要素として文を組み立てるところにあるのではないか。それが日本語の構文の基本のようだと私は見ている"(大野晋. 日本語の文法を考える[M]. 東京:岩波書店,1978:19);"日本語の基本文は盆栽型で主語は要らない。述語だけでも文である。……「は」は主題(日の丸)であり、その後に基本文(盆栽)がいくつ続いてもいい。……日本語は自動詞的な表現を他動詞よりもはるかに好んで多用する。それは、自動詞文では行為者としての人間が消せるからである。日本語の方は、自/他動詞からのそれぞれの派生形が、受身と使役なのである"(金谷武洋. 日本語文法の謎を解く—「ある」日本語と「する」英語[M]. 東京:筑摩書房,2003:50-181)。

② 金田一春彦. 日语概说[M]. 潘钧,译. 彭广陆,校. 北京:北京大学出版社,2002:407-415。

第四，日语的句子可以分为两部分。主题语——叙述语。具有这种构造是日语句子的第四个特色。
……

日语词语的排列方式，堪称是"在一个非常大的法则下面保持着一贯性"。这个所谓的法则就是："假定 A 词语从属于 B 词语的话，那么 A 总是出现在 B 的前面。"……这一雷打不动的原则，其适用范围大到构成句子的分句，小到由两个词一起构成的词组。①

玉树文郎之说②：

1. 主语。……主语是句子必要成分的想法，……未必适合日语及其他亚洲语言。

在日语里，不可忽视人际关系表述与句子能否成立关系密切。

2. 关注结果与崇尚自然的表达方式。……即便施动者的动作是有意识的，日本人也喜欢把这种意识当作背景而聚焦于动作结果的表达方式。

3. 语序。……日语被视作〈S+O+V〉语序，但是，重要的是，除及物动词句外，谓语（多为动词）也位于句末这一事实。……因此，断言日语是单纯的〈S+O+V〉语言并不正确。……

可以说日语句子的语序，从〈客观性·素材性成分〉过渡到〈主观性·陈述性成分〉。

4. 助词的作用。助词在日语表达与理解上是极为重要的词类。……这种句末助词（群）承担着句子的主体化·具体化等功能。

森田良行之说③

1. 为什么日语难以进行客观叙述？

语言行为依赖于语境　总是从现时现刻把握现状　主观性的表达方式支撑着日语　……

2. 以"我"为中心的视点

——何为日语式的内与外

"我"不在"人"之内的日语　在意他人的日语·日本人　日本人心中的自己·对方·第三者

---

① 格式有改变。另，本文引文如非摘自译著，皆为笔者所译，其中包括我国学者的日语著作。
② 玉樹文郎. 日本語学を学ぶ人のために [M]. 京都：世界思想社，1994：9-12.
③ 森田良行. 日本語の発想 日本語の表現 [M]. 東京：中央公論社，1998：目录.

……

    3. 表达方式基于人际关系……

    4. 日语的心性与文学

    ——体现在把握对象中的言者心境

    5. 基于被动思维的语言

    ——如何用被动表达客观性

    ……说话人的视点导致被动　被动的态度是日本文化的本质吗？

    6. "取向"理论

    ——外力式的思维方式与近视眼式的思考

听从自然取向的日语　不及物动词的作用　说话人视点下的惯用语　说话人视点下的比喻句……

    7. 会话逻辑与表达的逻辑

    ——临场型语言的立脚点

……

另一方面，从事汉日对比研究的中日学者，虽然人数有限，也提出了一些有价值的意见，值得认真对待、研究。

中川正之之说[①]：

从结论上说，汉语完全介于英日语之间。比起英语，感觉汉语离日语近。

……

日语是文脉依存性语言，英语是文脉独立型语言，汉语属于两者之间的语言，……

也可以说日汉双语皆喜欢"主题+说明"型表达方式。

……

日汉双语主语原则上皆无标，但是，这种倾向日语比汉语更加彻底。

……

某种要素是作为场所来把握，还是作为事物来把握，日语是场所，英语是事物，汉语则可以说处于两者之间。

池上嘉彦（いけがみ よしひこ）指出，日语动词仅指涉"行为"，英语动

[①] 中川正之. 類型論からみた中国語・日本語・英語 [M] //大河内康憲，編集. 日本語と中国語の対照研究論文集（上），東京：くろしお出版，1992：6-19.

词则不仅是"行为",也包括"结果"——用池上的话说,即"结果的〈实现〉"这种倾向很显著。……在这一点上,汉语比日语更倾向于只关注"行为"。①

吴大纲之说②:

　　汉语词完全没有格变化,其语法关系虽有借助前置词等虚词的部分,主要依赖语序。……对日语而言,「てにをは」之类的格助词发达,可接在名词等自立词后面,表示自立词之间的语法关系。……总之,日语是黏着语,汉语是孤立语,这是双语在语法上的根本不同点。

彭广陆之说③:

　　将日语语法与汉语语法相比较,不难看出,二者之间既有相同或相似之处,又有不同之处。

　　1. 共同点

　　（1）词类与句子成分的对应关系均为一对多的关系,三大实词都具有多功能性。

　　（2）与英语不同。形容词都具有谓词的性质,即都可以做谓语。

　　（3）都有语气词,而且不仅用于句尾,还有用于句中的提顿的用法。

　　（4）都有表示"量"的形式。不过汉语中表示计量单位的是"量词",它属于实词的一类;而日语表示计量单位的形式虽然与汉语相似,但它缺乏独立性,属于语素的性质,准确地说是后缀。

　　2. 不同点

　　（1）日语兼有黏着语和屈折语的特征,形态较为发达,汉语属于孤立语,形态不发达。

　　（2）日语有许多语法范畴,汉语多为意合。

　　（3）日语属于SOV型语言,谓语居于句尾,因此句子的语义中心在句子的末尾,而且越往后面,其形式所表达的意义的主观性越强。

　　（4）由于日语的形态比较发达,词语之间的关系大多是通过形态来表示的,所以语序比较自由,但汉语的语序相对比较严格,它是重要

---

① 我国学者张岩红（2014）说:"相对于汉语属于概念优先的语义型（論理型）语言而言,日语则属于场合优先的谦恭型（配慮型）语言"。
② 吴大纲. 汉译日翻译问题［M］. 上海: 华东理工大学出版社,2009: 22-23.
③ 彭广陆. 语法学与语法教学［M］//曹大峰,林洪,主编. 日语语言学与日语教育. 北京: 高等教育出版社,2014: 50-51.

的语法手段。

（5）日语主观性强，汉语客观性强。日语有人称限制，第一人称占有绝对优势。汉语的人称之间是平等的。

（6）日语存在连用和连体的对立。汉语中没有这样的对立。

（7）日语句子的完了（结句）是强制性的，而汉语的句子多为流水句，汉语母语者对句子的判断主观性较强。

（8）日语敬语发达，语言表达与人际关系密切相关；汉语则不然，敬语不发达，主要通过称呼语或第二人称敬语形式来表示敬意。

（9）日语句子的主语经常省略，尤其是在口语中，甚至有时以不出现主语为常态，但汉语的句子中出现主语的频率要高得多。

（10）在日语中区分有生命（animate）和无生命（inanimate），它的不同导致使用的动词不同，汉语中没有这种区别。

（11）日语属于视点固定型的语言，汉语则属于视点移动型的语言，这种差异表现在方方面面。……

（12）日语的指示词是三项（"こ""そ""あ"）对立，汉语的指示词是两项对立（"这""那"）。①

中川正之的"汉语完全介于英日语之间。比起英语，感觉汉语离日语近"之说，对把握汉日双语的区别与差异有方向性指导作用，对英日兼修的人来说，更是一条了解汉日双语的捷径。吴大纲的"日语是黏着语，汉语是孤立语，这是双语在语法上的根本不同点"则是导致汉日双语异同产生、不可能进行体系对比的重要根源。彭广陆之说是笔者所见汉日对比各家之说中最详尽的，说中要害之处甚多，对从语法、语用、语言心理等多角度认识汉日双语多有助益。

四

至此，论题前半的考察可以暂告一段落，现在着眼于"汉日双语总体特征"与"翻译研究"的关系之上。从跨学科的角度看，两者的关系建构非常

---

① 笔者也曾做过简单概括："就汉日语而言，它们属于不同的语系。汉语'富于感性、重在意念和语法隐含'（刘宓庆. 新编汉英对比与翻译 [M]. 北京：中国对外翻译出版公司，2006：25），属于意合形语言；日语则是既富于感性，也重意念，但语法外显，属于半意合、半形合的语言。所谓半形合，比较容易理解，它的用言词尾变化，各类助词，尤其是格助词决定了句子基本结构和各成分间的关系，使得日语语序相对自由。所谓半意合，不仅因为语序相对自由，还因为日语话题化现象比较明显，主语省略或无主语现象比较普遍"（高宁. 缩扩句与翻译本质 [J]. 东方翻译，2012（2）：16–21）。

复杂，并非是简单的对接，事实上也无法进行简单的卯榫对接。目前，从事这项研究的学者非常有限。对比语言学者中关注翻译研究的人不多，翻译研究者里兼攻对比语言学的则是更少。"两张皮"的现象始终没有得到根本改善。因此，比起具体地把双语特征转化、吸收进翻译研究及翻译实践之中，或者把翻译研究中遇到语言问题引入语言学领域，笔者以为首先需要从认识论、方法论的角度，去探索两者之间的跨学科研究方式，思考两者之间相通相融的大原则。否则，缺乏宏观层面认识论、方法论的观照，微观层面或具象层面的研究也难以走远，难以深入。具而言之，窃以为以下七点对本论题的跨学科研究具有指导性意义。

第一，需要面对跨学科研究的起点问题。所谓双语总体特征，即意味着语言水平业已达到"一览众山小"的程度，是对语言本质特征的提取与概括，而不是对语言学习初级阶段零星感悟的归纳与总结。相应的，翻译研究也不是外语初学阶段的教学翻译，而是以出版的翻译文本或研究论著为对象的专业研究，所面对的是双语成文本。简言之，对跨学科研究来说，语言学习上的组词造句等基础知识早已隐退，研究的重中之重是双语要点、难点、问题点的碰撞及其与翻译研究的结合。跨学科研究不同于双语的语文教学和二语习得，不能起步于听说读写的语言学习层面。相反，它的出发点要高得多，是建立在听说读写之后的"译"字之上。这是两者的根本不同之处。否则，研究层次低，难以推进学术意义上的跨学科研究。目前在高起点上进行汉日对比研究的著述还比较有限，初级阶段的语言对比时常可见，与翻译研究的结合也欠深入。

第二，一方面，必须明确"汉日双语总体特征"与"翻译研究"这两部分孰轻孰重的问题。作为跨学科研究，似乎两者地位平等，没有主次之分。其实，学术背景与研究目的的不同，必然形成不同的价值取向。站在语言学立场与站在译学研究立场，研究指向、研究路径、研究结果大不相同。从笔者的立场出发，当然是立足于翻译研究之上，"汉日双语总体特征"的探讨终究是为"翻译研究"服务的。换言之，与翻译实践和研究关系不密切的，主要为汉语、日语或对比语言学的研究内容不在跨学科研究范围之内[①]；从语言

[①] 譬如，"我没有看过这本书了"的"了"字误用，是汉语学界和对外汉语学界关心并研究的问题，也很有研究的价值，但是，却与翻译研究关系不大，因为翻译的成文本里出现这种误用的几率很小，不宜纳入跨学科研究之中。当然，另一方面，怎么判断这类问题，也是因人而异，因人的双语水平而异，是个见仁见智的问题。

类型学的角度对汉日双语进行全方位系统对比也非跨学科研究的目标所在。只有影响或牵动翻译实践与研究的"汉日双语总体特征"才是关注、研究的重点。因此，梳理、设定跨学科研究的整体思路，解决整个研究的定向、定位问题十分重要。

另一方面，既然双语总体特征研究服务于翻译研究，因此切不可用前者规制、压迫后者。两者之间应该是相互参照、相互吸收、相互促进、平等互惠的关系。即便在密切相关之处，也不能强求翻译家约束译笔，绝对服从语言规则，走以形驭义之路。因为支撑翻译的理论基础不仅有语言学，还有文史哲等众多学科。从文学翻译角度看，承认译者的主体性就是一个不可忽视的问题。①

第三，换一个角度看，两国学者对双语总体特征的描述，相互之间视角差别颇大，没有一位学者的观点可以覆盖其他学者的观点。这不仅是因为学者不同，眼光有异，关注点不一样，也是因为研究对象本身有语言言语、共时历时、语言类型等一系列复杂因素的存在。因此，即便单一语言，事实上也难以列出几条被普遍认可的总体特征，不可能在完全对等意义上进行汉日双语对比。更何况从语法层面切入和从语义层面、语用层面切入，所提炼的总体特征也不尽相同。但是，从认识论与方法论的角度看，双语特征虽有待于进一步探究、凝练，却业已勾勒出双语的大体面貌，有着不可小觑的航标意义：即跨学科研究应置于这个大背景之下，使所有微观层面的探讨都不脱离这个宏观层面的观照，并有意识地去思考、把握所做研究处于学术链的哪一段及其价值所在，而不是非建构性地、随意地、打一枪换一个地方式地从事研究工作。因此，找出潜藏在汉日双语之间、能对翻译研究及翻译实践产生实际影响的问题点，并逐步建构对比翻译学，便是跨学科研究的重中之重和终极目标。②

---

① 如"彼は彼女を恋人の代理として取り扱い、そういう風に彼女を愛した。/译文一：他把她当成爱情的代理人，就用这样的态度爱着她。/译文二：他李代桃僵，拿她权且充当自己的意中人，跟她不过是虚应故事而已"（高宁．日汉互译教程［M］．天津：南开大学出版社，1995：165）。对比两个译文，无论是「代理」，还是后半句话，译文二的神来之笔就需要从文学翻译角度进行解释、研究。

② "对比翻译学"的说法最初出现于"试论翻译学"一文（谭载喜．试论翻译学［J］．外国语（上海外国语大学学报），1988（3）：22-27）。之后，数度现身于方梦之（方梦之．译论研究的系统和系统性原则：译学方法论思考之二［J］．中国翻译，1997（3）：8-11）、贺爱军，尤其达（尤其达．翻译专业建设的世纪回眸与前景展望——《我国翻译专业建设：问题与对策》述评［J］．外语界，2009（2）：50-55）、罗列、穆雷（罗列，穆雷．翻译学的学科身份：现状与建设［J］．上海翻译，2010（4）：11-15）等学者的论文中。但是，时至今日，尚未见到有专著出版。

15

第四，反观上述中日学者对双语特征的描述，另一个发现是，汉语语法界各家的总结对翻译研究虽有助益，启迪作用却相对有限。当然，这一点也因人而异。同时，学者不同，判断也会不同。相比之下，笔者以为，对比语言学界所提出的"汉语总体特征"更多地源于与其他语言的对比，具体而微，也更加强调应用，对翻译研究的启发及其可操作性也更强一些，如潘文国之说、彭广陆之说等。日语也同样如此。如让笔者排序，窃以为森田良行之说对译学作用最大，玉树文郎、金田一春彦次之。森田良行说，日语是一种偏向主观的语言，是以自我为视点的语言，是注重临场型的语言，十分在意人际关系对语言的影响，并好用被动表达方式，体现出日本人的文化特点。这是一种对语言特征的杂合性描述，却对跨学科背景下的翻译研究和实际的翻译实践有着较明显的指导作用。

第五，另一个不可忽视之处是，跨学科研究背景之下，翻译研究的语言方向性问题，即所谓翻译研究是着眼于汉译日，还是日译汉。取向不同，研究手段、结果也不同。从双语角度看，对中国人而言，汉语可以"用活"，日语"用对"已经不容易。从译文语言的纯正度上说，对中国人而言，当然是日译汉超过汉译日。汉译日，做到日语文通字顺，不出大错已经可圈可点，要想出彩，想要与日本翻译家媲美，恐怕不是易事。实际上，汉译日的主力从来都是日本汉学家，而非中国人。相反，中国人无疑是日译汉的主力，汉语用对已非目标，用好、用活、用到极致才是翻译家的追求。回到翻译研究层面，也同样如此。日译汉的研究成果，无论在量上，还是在质上，都超过汉译日。因此，笔者以为，研究的方向性，无论从学理上，还是从现实状况上说，都应以日译汉为主，以汉译日为辅。所谓扬长避短是也。对中国人来说，在日译汉研究的维度上，探讨的是"译得好"，在汉译日的层面上，则很难逾越"译得对"的圈子。

第六，在具体操作层面，还存在是聚焦词语翻译研究之上，还是主攻句子及以上层面翻译研究的问题。从方法论上说，两种选择皆无可厚非。当然，双管齐下最为理想。不过，即便如此，仍然需要明确意识到"词汇是最容易的突破口，但核心是语法（真正的语言组织法，不是课堂上用的教学语法）"[1]。事实上，进行汉日词汇层面对比的著述明显比语法及以上层面的

---

[1] 潘文国，谭慧敏. 对比语言学：历史与哲学思考 [M]. 上海：上海教育出版社，2006：235.

多，且不在一个数量级上，与翻译结合的研究也同样如此。譬如一个同形汉字词的研究成果就汗牛充栋，数不胜数。因此，更多地关注语法及以上层面的跨学科研究恐怕是有待推进的主要研究方向，也是我国日语学界不可回避、推卸的责任所在。

第七，从事跨学科背景下的翻译研究，另一个不可忽略的问题是，需要明确意识到这种研究不过是翻译研究模式中的一种，并非全部内容，不能夸大其作用与意义。研究者还需要了解其他语言学派和译学研究流派及其研究方式。前者如系统功能语言学、语用学、认知语言学，后者如与比较文学密切相关的译介学，德国功能主义翻译学、文化翻译学、多元系统论，等等。从文科大视野审视、思考翻译研究，尤其是从语言哲学层面探究译学的奥秘，也非常有必要。"翻译学如果真要建立独立的学科体系，其最上层的'翻译哲学'从某种程度上看也属于语言哲学"①。简言之，对比语言学与译学研究的结合不过是多种研究方式中的一种，不可能涉及更不可能解决所有问题。研究者应以开放的心态看待整个翻译研究，避免学界常见的唯我独尊的狭隘心态，不歧视、不回避，甚至是主动地开展其他视角下的研究，以促进译学研究不断推陈出新，走向深入。

综上所述，本文梳理、分析了有关汉日双语总体特征中日部分学者之说，并从宏观层面提出跨学科背景下翻译研究的七个原则。由于篇幅关系，微观层面的相关研究没有涉及。毋庸讳言，如何在微观层面探讨双语总体特征与翻译研究的结合，同样具有重要意义，同样是一个不容忽视的研究领域。没有微观层面深入细致的研究，宏观层面的原则只能沦为空谈；反之，没有宏观层面的高屋建瓴，微观层面的研究也容易缺失方向。总之，宏观与微观，抽象与具象，对翻译研究来说，是不可或缺的鸟之两翼、车之两轮。

---

① 潘文国，谭慧敏. 对比语言学：历史与哲学思考［M］. 上海：上海教育出版社，2006：233.

01

|词语研究篇|

"不许"探微

在汉语里,"不许"是一个另类,却一直缺乏关注,本文拟从对比语言学的角度,以非平行对比的方式进行探讨,以期勾勒出其语义、语法、语用等方面的特点。研究方式以汉语为本位,以日语为参照。

有一篇短文,题目叫"历史不许重演"①。从语法上看,是 SVO 结构,意思不言自明。但是,如果追问一句"不许"究竟是什么意思,什么用法,问题就来了。在《现代汉语词典》(第 6 版)(以下简称《现汉》)里,释义如下:"动❶不允许:～说谎。❷〈口〉不能(用于反问句):何必非等我,你就～自己去吗?"《现代汉语大词典》(以下简称《现汉大》)的释义与《现汉》相同。②《辞源》《辞海》《近代汉语大词典》《现代汉语八百词》(增订本)等则未收录。笔者拟从同义词词典里找到更精确的释义,同样无果。③中国期刊全文数据库里也没有"不许"的研究专论。

回到"历史不许重演"上,其中的"不许"既可以当"不允许"讲,主语是抽象名词"历史",也能理解成无主句——"不许历史重演",甚至还可以把"不许"看作无标记被动词语,表达意念被动,意即"历史重演是不被允许的"或"历史是不被允许重演的"。这一类词语还有"不准""禁止""不容"等意思,根据需要,本文有所涉及。

---

① 胡企林. 几种揭露日本垄断资本集团的书 历史不许重演 [J]. 读书, 1960 (5): 27-28.

② 13 卷本的《汉语大词典》有 3 个义项——"不允许""不赞许,不佩服""不能,用于反问句,强调其否定性"。其中,第 2 个义项是《现汉》和《现汉大》所没有的。但使用例较少。

③ 如《同义词大辞典》(辞海版)、《现代汉语同义词词典》(朱景松主编)、《现代汉语同义词词典》(刘叔新主编)、《新华同义词词典》《近义词应用词典》《简明同义词词典》等。

一

虽然《现汉》释义只有两项，但是，在实际语言生活中，从词义的角度说，"不许"，也包括"不准"，除"不允许"和用于反问句的"不能"之外，还有"不可以""不能够"之意。譬如，"历史不许重演"中的"不许"就可以这样理解。又如"农民不许进城——《十七岁的单车》"① 的"不许"同样如此。当然，看作倒装句——"不许农民进城"或无标记被动句——"农民没有被允许进城"／"农民进城没有被允许"，皆无问题。但是，"农民"不同于"历史"，是有生命、有意识的人，绝对不能把这句话理解为SVO结构。"农民"虽然是语法上的主语，但是，"不许"的逻辑主语却不是"农民"，"农民"在语义上也不是"不许"的施事。再如：

（1）要不我们两个人斗拳，我只许防守，却<u>不许</u>进攻，你打中我的身体一拳我就伸一回小指头，就算我输。②

这例中的"不许"，理解成《现汉》所言的"不允许"或反问句中的"不能"之意，十分勉强，因为主语是"我"自己。也不能看成听话人"不允许""我"，更不能误读成无标记被动。退一步，即便看作是"许"字的否定式，也有问题。据《现汉》，"许"字有5个释义，即❶称赞；承认优点❷动答应（送人东西或给人做事）❸动许配❹动允许；许可❺副也许；或许。无论作为哪一个义项的否定式，皆不合适。因此，最合理的办法，就是给"不许"添加一个"不可以""不能够"的义项。例子如下。

（2）十年前，按规定农民<u>不许</u>贩卖花生米，但城市居民们还是几乎家家都有花生米——一个地下的花生米供求网顽强地存在着。

（3）小鲍庄只留下了孩子们，小孩是<u>不许</u>跟棺材走的，大人们都去送葬了。

（4）另外宋家规矩森严，男做活的<u>不许</u>到中间的正院去，更不用说后院了。女客人呢，即使是宋贵堂的女儿，出了嫁的姑奶奶也<u>不许</u>住在他的正院，而只能住跨院的女客房。

---

① 袁蕾．农民不许进城：《十七岁的单车》[J]．电影评介，2002（5）：47-48．
② 本文译例，未注明出处者，皆摘自北京日本研究中心2003年版的《中日对译语料库》。另，译例所有底线均为笔者所加。恕不再一一注明。另，「」括号内文字皆为日语。

不过，从语义角度说，"不许"和"不可以""不能够"之间还是存有语感差异的。一方面，(2) 中的"不许"一词虽然可以解释为"不可以""不能够"，但是，强制性语感要弱一些。即"不允许"强调按规定农民不能卖花生的口气更强。另一方面，"农民"虽为语法主语，在语义上却是受事，可以移位到"不许"之后。"不可以""不能够"却不能放到"农民"之前。(3) (4) 也可以把"不许"解释为"不可以""不能够"，同样"不允许"的语感减弱。再看一例"不准"的例子。

(5a) 所有群众活动，都<u>不准</u>你参加，也<u>不准</u>你到处串，老老实实地去劳动，听见没有？

(5b) 所有群众活动，你都<u>不准</u>参加，你也<u>不准</u>到处串，老老实实地去劳动，听见没有？

此例 (5a) 是原文，(5b) 是笔者调整了语序。两相对比，基本意义没有变化，但是，可以明显感受到"不准"既含有"不允许"的意思，又带有"不可以""不能够"的语感。

(6) 路易乔治压迫英国人民<u>不许</u>说反对帝国主义战争的话，任何表现这种民意的机关和集会都<u>不许</u>存在；……

一方面，(6) 中的第 1 个"不许"，与 (1) (2) (3) 例不同，语感上很难由"不可以""不能够"替换，甚至也不能解释成这两个意思。同时，在语法上，"不许"也难以置于"英国人民"之前，除非删除"压迫"二字。另一方面，"英国人民"在语法上也无法看作兼语，因为"不许"并非"英国人民"有意识的言行举动。它的语义，只能说是"不允许""不可以""不可能"的结合体。由此看来，关于"不许"类的词语，辞书释义需要补正。但是，如何要言不烦地给出准确释义，恐怕也不是易事，需要继续研究。下面参照日译。看看翻译家是如何理解上述词语的。

(1) 译文：それともボクシングにするかい。パパは守備だけで<u>攻撃はしない</u>。パンチの度に指を立てて、パパの負けにカウントしよう。

(2) 译文：十年前、農民が南京豆を個人に売ることが<u>禁じられた</u>が、町に住む人たちで南京豆のない家はほとんどない。闇取引の網が根強く張られている。

(3) 译文：小鮑荘には子供たちだけが残った。子供は棺桶についていくことが<u>許されず</u>、大人たちが野辺送りした。

(4) 译文：このほかに宋家の掟はひじょうに厳しく、男の雇われ人たちは、本屋敷の中庭にはいることを<u>許されず</u>、奥底はなおさらのことである。では女の客はといえば、たとえ宋貴堂の娘でも、他家にとついだ者は、かれの本屋敷に泊ることは<u>できず</u>、奥のわき屋敷の女客用の部屋にしか泊れなかった。

(5) 译文：おまえはな、どんな大衆活動にも参加<u>してはならん</u>。それに、やたらに人の家へいくのも<u>ご法度</u>だ。そんな暇があったら、まじめにおとなしく働くんだ。いいか、わかったな？

(6) 译文：ロイド・ジョージは、イギリス人民に、帝国主義戦争反対というようなことばを口にすることを<u>ゆるさず</u>、そうした民意を表明するいかなる機関や集会の存在もゆるさないといった抑圧をくわえました。

先要说明的是，本文所附译文，皆非原文的唯一译法，也非"原生态"的日语。因为译笔之下很难保证绝对不受外语干扰。借用日译的最主要目的，是由此反观汉语的问题。回到译文上，（1）中的"不许"，简单地译为「する」的否定式，既没有用可能态，也没有体现"不允许"的意思，似乎把"许"字虚化了。这个译法，是没有问题的。但是，能否反过来说，汉语"不许"里的"许"字也存在虚化现象，就值得进一步考察、研究了。（2）（3）的"不许"直接译成被动态，一个是"禁じられた"，一个是"許されず"。（4）的第 1 个"不许"也译为被动态，第 2 个"不许"则是译成可能态"……ことはできず"。（5）的两个"不准"，一个译为命令句"してはならん"，另一个则用了含有被动含义的词"法度"。（6）没有拘泥于原文的句法结构，把"不许"译成主动态"許す"的否定式。由此看来，各位译家对"不许""不准"的理解比较接近《现汉》，只有（1）和（4）里第 2 个"不许"超出了《现汉》的释义，却与笔者对"不许"词义的思考相通。

二

前文提及"不许"可以出现在主语前或后。笔者暂未发现国内相关的前期研究，不过，日本出版的《中日辞典》（第二版），业已指出这一点"'不许'可置主语前，'别''不要'不可前置。‖你不许〔别，不要〕去/不许

〔×别，×不要〕你去"①。再看两例。

(7) 朝高大泉跟前凑了一步，又郑重地说："大兄弟你往后可不许再拿老眼光看人啦。我跟你说正经的哪！……"

译文：高大泉に近づいた。落着いた口調になっていた。「あんたな、もう二度とそういう目であたしをみないでね。これから本当の話をするから。」

(8) "铁汉，我跟你说个情况，你可不许发火呀。"

译文：「鉄漢、知らせとくことがあんだが、カッとすんなよ」

这两例里的"（可）不许"都可以像（5）一样，分别搬到"你"字之前，意义基本没有改变，对理解与翻译不会造成影响。

三

"不许"的另一个特征，前文也已提及——它是一个典型的无标记被动词语，如"农民不许进城"中的"不许"，可以理解成"农民进城是不被允许的"。上列（2）（3）（4）里的4个"不许"，前3个都译为被动态，也说明了这一点。再如下面两例里的"不许""不准"也都译成了被动句。

(9) 在太阳旗下，每个中国人只能当顺民，做牛马，不许有一丝一毫的中国气。

译文：日章旗のもとでは、あらゆる中国人は隷属の民となり、牛馬となるよりほかはなく、中国人としての気概をもつことはいささかもゆるされない。

(10) 接着，堂堂大学的大门口就被武装军警把守起来。学生们成了囚犯，不准出入。

译文：つづいて、かりにも天下の最高学府である大学の正門が、武装軍警によって封鎖され、学生たちは囚人に早変りし、無断出入を禁じられてしまった。

形成被动的主要原因是语义，在语法上则以无标记方式出现。在汉语里，"女生禁止喝酒，男生禁止抽烟"中的"禁止"既可以看作是因修辞原因形成的受事前置，也可以视"禁止"为无标记被动词语，即"女生被禁止喝酒，男生被禁止抽烟"。这样的句子，汉语也称为受事主语句。

---

① 相原茂. 中日辞典（第二版）[M]. 東京：講談社，2002：139.

不过，在汉语里，关于无标记被动词语，关注者较少。汉语各类专业工具书，如《中国语言文字学大辞典》《语言学名词》上未见"被动词汇"等相关说法。"意念被动"的说法也未收录。不过，《实用汉语语法大辞典》里收有"被动词"词条。释义为"指被动句中的'见、为'等字后面的述语动词。章士钊《中等国文法》：'夫以目的格为主格，是其主格必被动者也，……而其动词即为被动词。'如'桀见放于汤，纣见伐于武王'。'在此式，则"放、伐"字为被动词。'参见'受动词'"①。其实，这个"放、伐"并非无标记动词，前面已经带有"见"的标记，与本文所言不同。

一方面，在《中国期刊全文数据库》里，以"被动词""被动词语""被动词汇"等作为主题词或关键词搜索，发现绝大部分论文是研究英语的，只有 1 篇研究古汉语的论文，所举例句有"狡兔死，良狗烹""常惠后至右将军，封列侯""三军可夺帅也；匹夫不可夺志也"等。② 再以"意念被动"搜索，发现有 30 篇论文。研究英语、古汉语的仍旧占绝大多数，研究现代汉语的屈指可数，如《中国语文》的"现代汉语被动句施事隐现的计量分析"、《阴山学刊》的"现代汉语被动句的界定及其分类"等。不过，也只是提及无标记被动而已，并非这方面的专论。另一方面，如果改变视角，聚焦于受事主语句，则可以查阅到 74 篇论文，其中大部分讨论的是现代汉语。自然，无标记被动词语问题不可回避。

简言之，在汉语里，这一类无标记被动词语使用频率并不低，除本文"不许""不准""禁止"等词语之外，还有"（近海）休渔""（项目）叫停""（户口）注销""（执照）吊销""（汽车）召回""（合同）废止""（产品）免检""（协会）解散""（农民工）遣散""（干部）处罚""（道路）封闭""（存款）冻结""刻不容缓"等等。此外，像"禁果""贡品""封口费"等名词也都内含被动之意，可视作无标记被动词语，应了沈家煊先生的名动包含说。譬如，"封口费"，从给钱人的角度说，是让对方封口；从拿钱人的角度看，则是"被封口费"。其实，汉语受事主语句里的谓语动词和日语一样，也是可以分为有标志和无标记两类。前者有"被""为""受""遭""获""亟待"③；后者则是无标记的。这些无标记被动词语，正因为无标记，才难

---

① 陈高春. 实用汉语语法大词典 [M]. 北京：职工教育出版社，1989：176.
② 朱长瑶. 古汉语意念被动句刍议 [J]. 徐州师范学院学报，1987（4）：45-49，62.
③ 譬如，"好莱坞影星受审""'熊猫烧香'作者获刑""法官素质亟待提高"等。尹世超. 汉语标题的被动表述 [J]. 语言科学，2008（5）：291-299.

以确定其范围。原因当然在于汉语是意合语言，缺乏形合的特点。换言之，正因为汉语无标记被动词语难以划定范围，所以，大而化之地说，任何动词都有可能成为无标记被动词语，关键看语境。尹文举例有"电子信息产业统计方法调整""竞争挡不住""历史不容忘记""外国专家专场新年演唱音乐会举行""'美德故事丛书'出版"等。① 像"杯子打破了/衣服洗好了/信写完了/自行车修好了"② "刺刀捅弯了。鞭子抽短了。那把斧头砍钝了"③ 中的动词皆可归入无标记被动词语。总之，无标记被动词语，无论汉日语，皆有很大的研究空间。下面再看几个译例。

（11）手术极其顺利，最后一针<u>缝</u>好了。最后的一个结<u>扎</u>上了。那<u>移植</u>上去的圆形材料，严丝合缝地贴在了病人的眼球上。如果没有四周黑色的线结，你简直认不出那是刚刚才换上去的。

译文1：手術は頗る順調に進行した。最後の一針が<u>縫合され</u>、最後の結糸もうまくいった。<u>移植された</u>円型の材料も、ピタッと寸毫の間隙もなく、患者の眼球に貼り付いている。もし周囲の青い糸の結び目がなかったら、<u>今取り替えられた</u>ものとは到底思われなかった。

译文2：手術はきわめて順調に進行した。最後の一針、最後の一縫いが終わった。<u>移植した</u>円形の角膜はぴったりと患者の眼球に<u>縫合されている</u>。周囲に黒く見える糸がなければ、たった今<u>縫合した</u>ものとは思えないほどである。

（12）紧张的抢救<u>开始</u>了。几个大夫轮流为病人进行人工心脏按摩。人工呼吸器也<u>罩</u>在病人脸上，发出"咕哒、咕哒"的声响。心脏去颤器<u>打开</u>了，当用这特殊的器械向病人胸部一击之后，病人的心脏又开始了跳动。

译文1：急救措置が始まった。数人の医師が交替で人工呼吸を行った。人工呼吸器が患者の顔に<u>あてがわれ</u>、「ゴトン、ゴトン」と音を立てている。心臓打撃器が<u>開けられた</u>。この特殊な器械は患者の胸部に打撃を与えることによって患者の心臓に再び活性を呼び戻そうというのである。

---

① 尹世超. 汉语标题的被动表述 [J]. 语言科学, 2008（5）：291-299.
② 王家年. 受事主语句的生成理据 [J]. 语言教学与研究, 2008（3）：45-49.
③ 许红花. 汉语工具受事主语句研究 [J]. 求索, 2015（8）：178-182.

译文2：緊迫した空気の中で応急手当が施された。数人の医者が交替で病人に人工呼吸を行った①。人工呼吸器も患者の顔面に取りつけられ、「ボゴ、ボゴ」と音を立てている。心臓ペースメーカーも用いられた。この特殊な機械が患者の胸部を一撃すると、患者の心臓が再び鼓動を開始した。

另一方面，与汉语相比，日文也不乏类似的表达方式。先看一个译例。

（13）回首一望，自己的家乡，自己的祖先，自己的妻眷，仍在万丈深渊的黑暗重压之下。而他硬是睁开了几千年不准睁的眼睛！

译文：振り向くと故郷も祖先も、妻子も、万丈の深淵の闇に押しひしがれている。だが彼は数千年の長きにわたる禁断の眼を敢えて見開いたのだ！

汉语里含有被动"不允许"之意的"不准"，被简简单单地译成「禁断」两字，做「眼」的定语。表面上没有语态问题，实际上，「禁断」同样是一个无标记被动词语。《新明解国语辞典》（第7版）「禁断」的释义里出现了被动态——「絶対にしてはならぬと堅く禁じられている△こと（行為）」。在日语里，类似的词语还有「火気厳禁」「土足厳禁」「小便無用」「天地無用」「お出入り無用」「立入禁止」「輸出禁止」「発売禁止」「免許停止」（「免停」）、「鳴り物停止」「営業停止」「通行止め」「口止め料」「女人禁制」。这些词语，从语法上看，多为「名詞」+「動詞」，可看作「目的語（宾语）」+「述語（谓语）」结构。不过，其中的动词，在语义上，也可视为无标记被动词语。譬如「営業停止」，《大辞林》（第3版）解释为「免許・許可を必要とする営業において、業者が違法や不当な行為を行なった場合に、一定期間その営業を停止することを命ずる行政処分」。换言之，就是营业被强制停止，而非自主停业。「発売禁止」换一种说法就是「発売は禁止される」。这个词还有一个简略说法——「発禁」，《大辞林》（第3版）解释为「出版物の発売や配布を法によって禁ずること。『発禁処

---

① 两个译文里的「人工呼吸を行った」非误译。据《大辞林》，「人工呼吸」的释义为「仮死状態に陥った者を生き返らせるために、空気を肺臓内に送り込む方法。口移しで口または鼻から空気を吹き込む方法や、仮死者の胸部を手で押して呼吸を回復させる方法、人工呼吸器を用いる方法などがある」。《现汉大》的释义近似："用人工帮助呼吸的急救法。中毒、触电、溺水、休克等患者，在其呼吸停止而心脏尚在跳动时，可用人工呼吸的方法抢救。方法有口对口吹气，仰卧压胸，俯卧压背等。"不过，《现汉》的释义有点语焉不详。"用人工帮助呼吸的急救方法，一般中毒、触电、溺水、休克等患者，在呼吸停止而心脏还在跳动时可以用人工呼吸的方法来急救。"

分』」。在「発禁本」这个词里，根据说话人的立场，「発禁」也可以理解成无标记被动词语。「発禁処分」甚至可以理解成两个无标记被动词语的连用。

此外，像「禁足」「禁酒」「禁伐」「禁漁」「禁河」「禁食」「禁煙」「禁句」「鎖港」这些动宾结构的词语，都可以视为无标记被动词语。甚至像「保護林」「長生地」「囲い山」及「鳥獣保護区」等，看似与被动无关的词语，也皆与被动有着内在联系。有学者说"日语中没有这类无标记的被动句"①。其实不然，如上所述，还为数不少。日语的自动词，譬如「捕まる」，《广辞苑》里的释例「スピード違反で捕まる」，用本文的观点看，实际上也可以归为无标记被动词语。在数量上，以自动词方式表达被动的词语不在少数。当然，日语里有「受身動詞」、「受身の助動詞」的说法，不过，是指助动词「～（ら）れる」，与本文所言无标记被动词语不是一回事。笔者暂未发现日语里存在类似无标记被动词语的讲法。② 从语言学角度看，对无标记被动词语的判断，不少时候取决于词语的形态和语境。譬如，「禁煙」。在 a「禁煙の場所で、ちょいちょい煙草をふかしてゐる男を近頃みかける」、b「タバコがなくなつた、諦めて禁煙」、c「ベルリンでも電車の内は禁煙であったが」、d「パイプを叩きこわしてそれっきり禁煙を誓った」③ 4 句中，属于无标记被动词语的为 a 和 c。看两个译例：

（14）胎児を堕す場合は症状を役所に届けねばならない。産婆に依頼して胎児を闇に葬るようなことがあれば、産婆自体も<u>営業停止</u>を喰う、きびしい取締法規が出来ていて、妊婦もまた刑罰をうけた。人命をそれほど尊重したせいであろうか。

译文：

需要堕胎的话，必须向官署登记，说清症状。取缔法严厉规定：凡私下依靠产婆葬送胎儿者，<u>勒令产婆停止营业</u>，孕妇也得受罚。这可能是尊重生命的关系吧。

（15）序だからその結果を云うと、寄宿生は一週間の<u>禁足</u>になった上に、おれの前へ出て謝罪をした。

---

① 康玉华．汉日被动句式的异同［J］．语言教学与研究，1985（3）：151-160.
② 譬如在《新版日本語教育事典》《日本語教育事典》《日本文法大辞典》《図説日本語》《計量国語学事典》《ケーススタディ日本語の語彙》等专业图书里皆无类似的讲法。
③ 以上短语均选自《青空文库》。

译文1：

顺便说一说，事情的结果是这样的：后来寄宿生<u>被罚</u>禁止外出一周，并到我面前来赔罪。

译文2：

这里，让俺顺便提一下后来这件事处分的结果：住宿生<u>禁止</u>外出一周，此外还当面向俺道了歉。

译文3：

在这里，我顺便把后来处分的结果说一下：寄宿学生<u>禁止</u>外出一星期，并到我面前来认错赔礼。

（14）的"勒令产婆停止营业"是用主动态翻译的，当然没有问题。如果想表达出原文内的被动特点，也可以说成"产婆被勒令停业"或"产婆遭停业处罚"。（15）前一个译文采用了被动态，后两个译文均选用了无标记被动词语"禁止"。

本文从非平行语言对比的视角，考察了由"不许"引发的一系列问题。首先提出汉语辞书的释义有待完善，其次探讨了语法上"不许"句的语序问题，最后对无标记被动词语做了粗略考察。此外，还有一些问题，本文没有涉及，如"张江魁不许老婆抱儿子，伸手去抢"和"张江魁不许老婆抱儿子，嘴里却啃着周黑鸭"的否定辖域，就是一个非常复杂、十分艰难的问题，前期研究成果虽然不少，依旧缺乏明确的结论，不是一个"不许"能够承受的话题。总之，一个小小"不许"的背后，隐藏着深邃而又广阔的研究空间，等待着人们去探知、去发现。

汉语隐性性别词语初探

——从文化翻译学的角度谈起

有关汉语显性性别词语的研究,已不是一个有新意的话题。无论从语言研究的视角,还是从性别歧视或女性主义视角进行研究的论著都已见到不少。不过,在笔者所做的前期研究中,尚未发现对隐性性别用语进行研究的专论,觉得有必要撰文考察、探讨,以期抛砖引玉,和大家共同拓展这个研究领域。

隐性性别词语,是性别词语的一种,不过在字面形态上没有性别标志,表面上看不出是指涉男性或女性。在本文中,主要指不带"男""女""雄""雌"等语素和带有女字旁以及其他有明显性别暗示的词语,如"美女""妖艳""姿色""小子""内侄"和"坤车"① 等,但不排除词语里虽有"男""女"等字样,但所指正好相反的词语,如"男装""女里女气""娘娘腔"等。本文选词的主要依据是《现代汉语大词典》和《现代汉语词典》(第5版),凡是直接标注性向的词语,如"绰约""六甲""王老五"等,或以加括弧的方式解释的词语,如"标致""风度翩翩""枕边风"等皆

---

① "坤车"的"坤"字是源于"乾坤"一词。在汉语中,"乾与坤是《周易》中的两卦名。乾象征天、阳性;坤象征地、阴性"(《现代汉语大词典》),故这类词本文视作显性性别词,没有进行考察。另,像"小伙子""老头""老太""侄子""外甥"之类日常使用频繁的词语也没有考察。不过,这类词语的取舍比较困难,不容易排除个人主观因素。其实,隐性性别词语范围的确定还有待进一步研究。

为考察对象。① 另外，像"择偶""外遇""莞尔""强悍""丰满"一类可兼用于男女两性的词语②本文也暂不讨论。要言之，本文主要考察在形态上无标记的隐性性别词语。笔者目前暂时搜寻到这类词语480个，其中指涉男性的有159个，指涉女性的有321个。本文的切入视角如副标题所示，主要从文化翻译学的角度展开讨论。③

一

通过初步考察，笔者发现，汉语隐性性别词语研究同显性性别词语研究一样，有一个绕不过去的地方，即存在着严重的性别歧视问题，尤其是对女性的歧视和侮辱。男权社会的痕迹依旧浓厚，对女性的歧视远远胜过对男性的不敬。因为"几千年的男性话语霸权，男性始终是立法者，叙述者。而女性，则只是被迫的服从者，是'她'"④。关于性别歧视，在显性性别词语研究中论述颇丰，⑤有人从语言性别理论的"缺陷论""支配论""差异论"

---

① 需要指出的是，辞书释义也有欠周全之处，如"虎头虎脑"，《现代汉语词典》的解释是"形容健壮憨厚的样子（多指男孩儿）"，实际上却有女用的例子，如"她也长得虎头虎脑，因此吓住了男人，帮助父亲办事是把好手，可是没人敢娶她作太太"（《骆驼祥子》）。又如，"红颜"一词的解释也不完全符合汉语的实际使用情况。《现代汉语大词典》《现代汉语词典》分别解释为"指美貌的女子。也指年轻女子""指貌美的女子"。但是，《中日对译语料库》里有下面的例子。"你们知道吗，我听过德国的教育家斯普朗格的讲演，他是白发红颜，精神矍铄……"（《活动变形人》）"他们有的银丝红颜，有的乌发满头，他们紧紧地站在一起。"（《我的父亲邓小平》）这两例中"红颜"指的都是上了年岁的男人脸色红润，已非指代美貌的年轻女子。不过，在古代诗词中，"红颜"也曾指代年轻男子，如唐代刘希夷《代悲白头翁》中就有"……寄言全盛红颜子，须怜半死白头翁。此翁白头真可怜，伊昔红颜美少年。……"
② "桃花运""破瓜"虽然也是男女兼用，却意思有别。"桃花运"用在女性指"女子涉淫行为"；用在男人身上则"指男子得到女子的特别爱恋"。"破瓜"指女人为二八之年，即16岁；指男人则为64岁的代称，同时，它"旧喻女子破身"。可惜，在语料库中没有找到使用例。
③ 日语中也存在隐性性别词语，如「子女」「名花」「ベターハーフ」「山の神」「紅一点」「辻君」「紅涙」「芳紀」「大根足」「尻軽」「二枚目」「離縁状」「三行半」「千人並」「童貞」等。
④ 苏杰. 汉字中的性别歧视 [J]，语文学刊，1999（4）：38-41.
⑤ 刘福根. 汉语詈词研究：汉语骂詈小史 [M]. 杭州：浙江人民出版社，2008. 以时间为纵轴分别考察研究了从先秦到明清的詈词，具有较高的参考价值，可视为这方面的代表作之一。

"社团实践论""表演论"① 等角度进行研究，也有人从"语义性别原型"的视角②展开探讨，当然也可以从生理原因、心理原因、历史原因、社会原因以及语言性别歧视和语言性别差异的区别等方面深入探究。从本文的角度看，笔者最想了解的是日本翻译家能否把握住这种无标记的歧视语言的意义及其内在的文化因子。

在笔者搜寻到的隐性性别歧视词语中，歧视女性的词语约占七分之一。譬如有"拖油瓶、<u>祸水</u>、贱人、<u>偷人</u>、烂货、<u>糟糠</u>、无盐、水性杨花、河东狮吼、破罐、烂货、骚货、<u>狐狸精</u>、<u>野鸡</u>、做小、<u>养汉</u>、卖春、卖大炕、<u>私奔</u>、许字、殉节、<u>白房子</u>、半边人、赔钱货、未亡人、咸肉庄、仙人跳、交际花、青楼、私窝子、<u>半开门</u>、野草闲花、<u>卖身</u>、<u>回头人</u>、头发长，见识短、<u>人老珠黄</u>、<u>失节</u>、<u>破鞋</u>、风骚、<u>私门子</u>、<u>卖笑</u>、搔首弄姿、<u>窑子</u>、失身、第二性、<u>许配</u>、放白鸽、放鹰、<u>下三滥</u>、三陪、热客、走道、断弦、弄瓦、野花、<u>暗门子</u>、望门寡、花瓶、乐籍、乐户、外宅、外家、二手货、二河水、打野鸡、<u>三从四德</u>、花货"等。如果扩大视角，下列词语似乎也可以归入其中，如"陪房、二房、偏房、小房、侧室、二婚头、山荆、浑家、后宫、八大胡同"等③。

换一个角度看，上列词语中，同一个意思往往有数种不同的讲法，如对女性的藐视和不尊重，就有"第二性""赔钱货""许配""弄瓦"等；诋毁女性品行时则说"头发长，见识短""祸水""水性杨花""花货"；对女性再择偶的歧视，就有"拖油瓶""半边人""回头人""二手货""二河水"之类的说法；对女性生命的冷漠，则表述为"断弦""人老珠黄""放白鸽"；对妓女更是冷嘲热讽，如"破鞋""野鸡""卖大炕""私门子""野草闲花"等。

笔者就上列歧视女性的隐性性别词语检索了北京日本学研究中心制作的《中日对译语料库》。虽然只有24个词语（即划底线词语）找到了对译译文，

---

① 蔡晓春．语言性别理论研究初探［J］．怀化学院学报，2008，(5)：81-82．
② 钱进．论汉语词语的语义性别原型的模式差异［J］．江苏教育学院学报，2000 (3)：80-83．
③ 另一方面，对男性的歧视词语就要少得多。已查到的有"小白脸、倒插门、王八、贼秃、绿帽子、衙内、登徒子、光棍、面首、乌龟、色狼、色鬼、恶少"等。当然，上面列举的部分例子在具体语境里可能是真实表述而非歧视性语言，如"色狼、色鬼、恶少"等。当然，歧视女性的词语中也同样存在类似问题。

但结果却是，日译本理解都比较到位，没有明显误译。分析其原因，笔者认为这首先得归功于翻译家的良好中文功底，譬如，像"私门子""半开门""回头人"之类的词语，现在的中国年轻读者都可能理解困难，但是，在日译本里却无理解障碍。

例1：这些破靴党，更其是满嘴巴没半句正经，<u>私门子</u>，<u>半开门</u>，越是混账的事情他们越知道的多！

译文：あのごろつきどもときたら、もっとひどいんだから。<u>淫売屋</u>であろうと何であろうと、悪いことなら何でも知っているわ。

——《霜葉紅似二月花》①

例2：有时候他恨女儿，假若小福子是个男的，管保不用这样出丑；既是个女胎，干吗投到他这里来！有时候他可怜女儿，女儿是<u>卖身</u>养着两个弟弟！恨吧疼吧，他没办法。

译文：小福子が男だったら、まちがってもこんな恥さらしはせずにすんだものを、どうせ女に生まれるんだったら、なんでほかの家に生まれてくれなかったのだと彼女を恨めしく思ってみたり、<u>からだを売って</u>ふたりの息子を食わせてくれるなんて、彼女を不憫に思ってみたりしたが、ただ思ってみるだけでどうしようもなかった。

——《骆驼祥子》

其次，大部分隐性性别词语都得到了上下文的帮助或暗示，有助于译者正确把握词义进行双语转换。这个特点在本文的研究中特别明显，其他几节的例文也可以说明这一点。

例3：可是祥林嫂真出格，……太太，我们见得多了：<u>回头人</u>出嫁，哭喊的也有，说要寻死觅活的也有，抬到男家闹得拜不成天地的也有，连花烛都砸了的也有。

译文：祥林嫂の場合は、ほんとに例外でしてね。……奥さま、私たちはいやというほど見てますよ。<u>出戻り女</u>が再婚するときには、泣きわめくのもあれば、死ぬの死なぬのと叫ぶのもあります。婿の家にかついでいっても、いやがって天地の礼拝もろくにしないのもいますし、花ローソクをひっくりかえすのもいます。

——《彷徨》

---

① 本文所有例文均摘自北京日本学研究中心制作的《中日对译语料库》。下略。

例4："要不，日子艰难的人家就是不愿养闺女。养下小子顶门壮户，养下闺女<u>赔钱货</u>……"

译文：ですから、貧しい家では、みな女の子を生みたがらない。男の子なら家をついで、錢をかせいでくれるが、娘は<u>むだ錢使い</u>だって……

——《青春の歌》

最后，这也可能部分归功于日本汉日辞书的编撰。笔者利用手头的辞书对以上4例中的"私门子，半开门、卖身、回头人、赔钱货"5个词语进行了查证。结果如下：5个词语全部收录的有《最新支那語大辞典》（第一书房1935年出版）、《中日大辞典》（增订第二版、大修馆书店1987年出版）和《中国語大辞典》（角川书店1994年出版）。《クラウン中日辞典》（三省堂2001年出版）只收录了"卖身"一词。《中国語辞典》（白水社2002年出版）收录了"卖身、赔钱货"两词。《中日辞典》（第二版）（讲谈社2002年出版）也只收录了"卖身"一词，"回头人"虽然也是它的词条，但并非隐性性别词语。《中日辞典》（小学馆1992年出版）则只收录"回头人"一词，"卖身"和"赔钱货"两词条皆为非隐性性别词语。不过，考虑到辞书出版与作品翻译存在时差，同时，也很难调查每一位翻译家拥有的辞典，况且翻译家也很可能直接使用中国人编的汉语辞书。因此，这里只能做一个逻辑推测。当然，如果从纵向时间上考察、对比中日两国相关的辞书编纂，特别是隐性性别词语的收录情况，可能会有一些新的发现。但是，这已经超越本文的范围，这里不做考察。

二

如果超越译文正误层面，而从修辞学角度考察翻译表达效果的话，上述24个歧视女性词语的译文有一个比较明显的特点，就是大多数译文都把汉语隐性性别词语翻译成显性性别词语或变成没有性向特征的普通词语，如例1和例3。如果把词语搜索范围扩展到所有能在《中日对译语料库》里查到译文的隐性性别词语之上，这两个特点依旧存在。笔者在语料库里检索了所收集的480个词语，其中有176个词语找到对译。但是，译为隐性性别词语的约十之一二。看来，这个词"性"特征没有受到足够的重视。

例5："我早看着他们不是好东西！男的，害人精！女的，<u>狐狸精</u>！好得了?!"

译文：俺はとっくにあいつらがろくな奴じゃないと見抜いていたよ。男の方は疫病神、女の方は化けキツネ、ろくなことはないさ。

——《轱辘把胡同九号》

例6：鲍秉德家里的疯了有八九年了。她娘家是鲍山那边十里铺的人家，做姑娘时如花似玉。都说鲍秉德交了桃花运，娶了十里铺的一枝花。

译文：鲍秉德の女房が気がふれてから、もう八、九年になる。実家は鲍山の向こうの十里铺にあるが、娘時代は花のような美人で、鲍秉德は女運に恵まれて、十里铺から花を一輪手にいれた、と評判だったものだ。

——《小鲍庄》

例5的"狐狸精"译成「化けキツネ」似可商榷。这个译词性向不明，同时在日语里不是一个常用词，临时组合的特点比较明显，《广辞苑》和《大辞林》都没有收录。而汉语里"狐狸精"虽是隐性性别词语，但其性向十分明确。在《现代汉语大词典》里，解释为"狐仙、狐妖的俗称。常以喻妖冶淫荡的女子，或喻狡猾奸诈的人"；《现代汉语词典》（第5版）的释义是"指妖媚迷人的女子（骂人的话）"。例6的"如花似玉"和"桃花运"都译成了显性性别词语，前者不如原文含蓄、典雅；后者则少了原文的幽默和调侃，过于直白。另，"一枝花"的理解也有误。

例7：在李槐英的又像书房又像绣阁的房间里，摆满了各种书籍和灵巧的小古董玩意。

译文：李槐英の、書斎とも居間ともつかない部屋には、いろいろな書籍や、手のこんだ愛らしい骨董品などが、ところ狭しとばかりに飾られていた。

——《青春の歌》

例8：再说，你哪里懂得我们女人家看男人的眼光，那种油头粉面的"奶油小生"，没有几个女人喜欢！

译文：それに、女の人が、男の人をどう見ているか、あんたにはわかりゃしないでしょ。軽薄な感じの生っちょろい「優男」なんか、好きになる人、いくらもいやしないわ。

——《钟鼓楼》

这两例也同样消解了原文词语的性向特点。"绣阁"专指女子的住处，但是「居間」完全没有这层意思，"奶油小生"略带贬义，指那些"外貌俊美

而缺乏男子汉气质的年轻男演员或一般男青年"，「優男」不仅把"男"字写到了脸上，而且意思也不完全吻合。此外，"油头粉面"也是一个指涉男性的隐性性别词语。译者传达出原词的负面语感，但也未意识到它的"词性"问题。

例9：倒是宋先生说，意外是不会有的，光景是和什么三朋四友上哪一家的<u>私门子</u>打牌去了，那可不用再找；……

译文：宋さんは、そんなことはない、多分お仲間連中と<u>岡場所</u>にでも麻雀を打ちに行かれたのだろうから探すこともあるまい、とこういってましたわ。……

——《霜葉紅似二月花》

例10：逢场作戏去打几圈牌，倒也不大要紧，可是，你要是着了迷，恐怕这郭琴仙比什么四宝六宝一流<u>私门子</u>够你麻烦得多哪！

译文：暇つぶしに麻雀でもやりに行くというのなら、別に何ということもないのよ。でも、もしそうでないとなると、その郭琴仙という女、四宝だの六宝だのといった<u>商売女</u>とちがって、あとあと面倒なことになるわよ。

——《霜葉紅似二月花》

这两例出自同一位译者，显然根据上下文，译者进行了选择性翻译。前者译为「岡場所」，后者译作「商売女」，显示出译者对"私门子"的准确把握。前者指场所，选用同样隐性性别词语「岡場所」，后者提到人名（四宝六宝），自然不能再用同一个词语，故而改用「商売女」。站在本文的立场，后者如能选用一个日语隐性性别词语，则译文更加无可挑剔。

例11："热乎"讲起"<u>野鸡</u>"来眉飞色舞，口水四溅，说中有笑，边笑边说，笑得弯腰，前仰后合。

译文：「お節介」は「<u>夜鷹</u>」の噂となると唾をとばし身振り手振り、面白可笑しく、笑い転げながら話しまくる。

——《応報》

例12：算啦，别气我了！打一辈子<u>光棍</u>也不找啦！……那些女的，没几个不势利的！

译文：やめとけ、もう俺はたくさんだ！一生<u>チョンガー</u>を通してもさがすのはごめんだ。女っていうやつはどいつもこいつも打算的だからな。

——《鳳凰の眼》

例11 的"野鸡"译作「夜鷹」，非常贴切。《广辞苑》释义为「江戸で、夜間、路傍で客をひく下等の売春婦の称」，同样也是隐性性别词语。例12 的"光棍"，译作「チョンガー」，非常生动、准确。「チョンガー」本义为「独身の男子。独り者。もと朝鮮で丁年前の男子の髪形の名。丁年を過ぎても未婚でいる男性の蔑称として用いられた」。另外，笔者还在语料库里查到「独身、一人もの、独身男、独り者、男やもめ、悪党、ゴロツキ、一生ひとり暮らし、女気なしのやもめ父子、意地っぱりぶり、女房なんかあきらめる、まだお嫁さんをもらっていないの、嫁のきてがない、独り」等译法。下面比较一组内含"小白脸"的译文。

例13：他寻思着，我那就得罪她了？至于吗？我当时说啥来的？说啥了？哦，——我说她"是给小科长，写材料的小白脸儿，头头脑脑儿的儿子预备的"。

译文：もう一度あのときのことを思い出してみた。俺はあのとき彼女を傷つけるようなことをしただろうか。どんなことを言っただろう？そうそう——彼女は「若い管理職や、文書係の色男たちや、おえら方の息子たちのお相手」だと言ったっけ。

——《鳳凰の眼》

例14：我就知道你是盯上那个小白脸了！什么东西！他那眼神我瞅着就不对头，到底你们两个还是勾上了……你怎么不跟到他家去？

译文：俺が知らんと思うのか。お前、あの二枚目に気があるんだろう。なんだ、あの野郎は。あいつの目つきを見たときから、おかしいとにらんでいたが、お前たちやっぱりできていたんだな。……あの野郎の家までくっついてった。

——《鐘鼓楼》

例15：一套漫画讲胖太太和瘦先生各有外遇，胖太太假装在友人家打牌过夜实际上是搂到了一个小白脸。瘦先生假装在报馆上夜班实际上去了妓院……

译文：一組の漫画は太ッチョの奥さんと痩ッポチの旦那がそれぞれ男と女を外に囲った話。太ッチョの奥さんは友だちの家でマージャンをすると言う口実で若いツバメを抱き、痩ッポチの旦那は新聞社へ出勤だと偽って妓楼へいく話……

——《応報》

对比这3个译文，显然后两者比前者翻译得好，后两者相比，则是例15比例14更加切近原文，不仅意思，也包括语感、口气。在日语里，「ツバメ」为「年上の女の愛人になっている男」（《大辞林》），跟"小白脸"似有不谋而合之处。

三

通过上述例文的考察、研究，不难发现隐性性别词语与文化之间有着密切的关系，亦可以说它是一种依附于民族文化的词语，其中一部分还带有地方特色（如方言），具有较强的隐喻性。如果被词语表面意思束缚住，就有可能理解不到位，或理解脱节。在与日语译文的对照中，笔者发现了一些值得商榷的译文，① 其中大部分都和文化背景密切相关。先看几个典型误译。

例16：这有什么依不依。——闹是谁也总要闹一闹的，只要用绳子一捆，塞在花轿里，抬到男家，捺上花冠，拜堂，关上房门，就完事了。

译文：「ウンもスンもありませんよ！―そりゃ、ぐずぐずいうのは、誰だっていいますがね。でも、縄でしばって、花轎に押し込んで、婿の家にかつぎこんで、花冠をかぶせて、夫婦がためのお辞儀をさせて、それから部屋の戸を閉めてしまえば、それでおしまいですよ。

——《彷徨》

这一例就有两个明显失当之处。首先是"花轿"照搬进日语，但是，《广辞苑》《大辞林》皆未收录这个词，还不如翻译成「花嫁輿」。"花冠"虽然在日语里存在，但是已经和汉语貌合神离，所指大相径庭。日语的「花冠」为植物学意义上的花冠，汉语则是"旧时妇女所戴的装饰美丽的帽子"。

例17：公园里的牡丹芍药，邀来骚人雅士，缓步徘徊，摇着名贵的纸扇；走乏了，便在红墙前，绿松下，饮几杯足以引起闲愁的清茶，偷眼看着来往的大家闺秀与南北名花。

译文：公園の牡丹や芍薬に誘い出された文人墨客たちは、てんで

---

① 笔者也发现汉语本身误用的例子，如"蔡妈妈去世时，父亲送了花圈，母亲代表父亲参加了遗体告别仪式。这种长达几十年的友谊，是革命的友谊，它亲如手足之情，甚于手足之情"。《我的父亲邓小平》。据《现代汉语大词典》，"手足之情"是指"兄弟的情分"。另有学者指出"'手足'一词自古以来都比喻兄弟关系。……只能用来表示'兄弟'关系，既不能部分改变其性别部分来表示'兄妹''姐弟'关系，也不能完全改变其性别成分来表示'姐妹'关系"（盛书刚. 词语拾零（十二）：何谓"手足情"[J]. 中学语文教学，2003（12）：46.

に自慢の扇子をつかいながらのんびりと見物してまわり、歩き疲れると、皇宮の煉瓦塀の日陰や松の木陰にしつらえられた茶店で、雅趣を満喫させてくれる緑茶をたしなみながら、そぞろ歩くご大家の令嬢や南北検番の美形たちにそれとなく眼を走らせるのである。

——《骆驼祥子》

此例「南北検番の美形たち」译法有一些出格，匪夷所思。在日语里，「検番」为"艺妓管理所。日本指为游乐酒馆和饭馆介绍艺妓、结算艺妓费用的地方。最初为江户后期为监视艺妓卖淫而设置于吉原的机构"（《日汉大辞典》）。而在原文中，前后文谈的都是公园，如"南北海""崇效寺""陶然亭"等处的景致。这里所谓的"名花"不过是泛指各地游园美女而已，跟妓女并无联系。日文同形汉字「名花」也没有这个意思。译者似乎理解过度。

例 18：同时她本能地觉到一种危险，一种反感，原来就在丈夫任教的学校就有这样的花瓶！难怪男人要往邪路、坏路上走。

译文：彼女は本能的にある種の危険と反感を覚えた。夫が教鞭をとっている学校にも「職場の花」がいる！殿方が邪道、極道に逸れがちなのも無理はない。

——《応報》

在汉语里，作为隐性性别词语，"花瓶"意为"旧时对女职员的蔑称。意思是专供摆设用的"。这段原文的前文是"她走进学校事务处会计股。门口有一位娇小姐模样的人正对着镜子往唇上抹口红。这是一只'花瓶'。静宜想。她从'369'画报上看到过这个词。她知道一些大的公司、官府、大学、银行都养着少数这样的人。像花瓶一样地做摆设。"日语的「職場の花」则「はなやかで人目をひくもの。多く女性についていう」（《大辞林》「花」词条下）。显然两者语域不一样，意思有别，不可完全划等号。

例 19：然后是新媳妇，也骑了驴（要是骑骡子就更排场），经常也并没有盖头，脸反正是垂到众人看不明白的程度。

译文：その後に花嫁がやはり驢馬に乗って（見栄をはるならラバに乗る）進むが、どのみち顔がはっきり見えない程度にうつむくのでふつう頭には何も被らない。

——《遥かなる大地》

显然译者不知道"盖头"为"旧时妇女结婚时蒙在头上的遮面之巾"而误以为是动宾结构。其实在日本也有"盖头"，叫「角隠し」、「綿帽子」，但

是它们并无遮面的功能，也不能用来翻译。

相比较而言，这类硬伤在数量上不是很多，对中国学者来说，也比较容易发现。至于误译的原因，则要根据具体例文进行分析。与以上典型误译相比，比较难以发现的是翻译不到位的译文。不少时候，原文与译文表面上是对应的，但如果语言敏感度不够，并缺乏隐性性别词语意识，就很容易走眼。

例20：哥哥们在母亲的汗水和泪水里熬大了，到了娶亲的年龄，家里却出不起<u>彩礼</u>。大哥一跺脚离开了这穷乡僻壤，下了关东。

译文：兄たちを母は必死で育て上げたが、嫁取りをする年齢になっても<u>結納</u>を用意できない。長兄は貧しい片田舎に見切りをつけ、あとをも見ずに東北へ出て行った。

——《車椅子の上の夢》

这一例的微妙之处在"彩礼"上。汉语里，它指"订婚时男方送给女方的财物"，呈单向性的特点。然而，日语里的「結納」却是双向性的，「婚約の証として、婿・嫁双方からの金銭や織物・酒肴などの品物を取りかわすこと」(《広辞苑》)，所以，日语里可以说「結納をかわす」。因此，现在的译文表面上看是对应的，实则隐含着文化误读。日本读者不仅不了解彩礼在中国是单向性的，而且会误以为中国和日本一样男女双方互换彩礼。此外，从《広辞苑》的词条解释也可以看出，「結納」的范围比汉语广。在中国，彩礼是不包括酒菜在内的。这又是另一个层面的异同和误读。

例21：我的一个女同学，同人"<u>私奔</u>"了，当她的母亲走到我们家里"垂涕而道"的时候，父亲还很气愤，母亲却不做声。

译文：私の女の級友が「<u>かけおち</u>」をした。その母親が、私たちの家にきて涙ながらに訴えると、父はずいぶん立腹したが、母は黙っていた。　　　　　　　　　　　　　　《女の人について》

"私奔"与"彩礼"有点相似。在汉语里，它只能指女人私自离家投奔所爱之人，或跟着他一起逃走。但是，在日语中，「<u>駆け落ち</u>」却不像"私奔"只限用于女性，笔者已找到若干个男人"私奔"的例文，如「嘉村礒多 (1897—1933年) 小説家。……1918年（大正7）藤本静子と結婚し1子をもうけたが、25年山口市の私立中村女学校の裁縫助手小川チトセと東京へ駆け落ちし、翌年静子と離婚した」(《日本大百科事典》)。当然，上面两例的译文并没有大问题，只是背后潜藏着文化陷阱，需要译者更好地去疏导、化解。

例22：当天或第二天男方随女方"回门"，"回门"一般就不坐小轿

车而改为骑自行车或乘公共电汽车了。

　　译文：当日あるいは翌日、新郎もいっしょに新婦の実家に行く。そのときはたいてい乗用車に乗らないで、自転車かバス、電車でいく。

　　　　　　　　　　　　　　　　　　　　　　　　——《鐘鼓楼》

　　这一例的文化缺失是对"回门"的翻译，从字面上看，译文似乎没有错误，但是它却把中国文化里约定俗成的传统"风俗"翻译成一过性行为。至于回门时间，各地不一样，译者也有必要进行说明。

　　例23：她以为薛大娘原来请了澹台智珠而没有请她，只不过是图澹台智珠的名气和相貌，并不知道她同澹台智珠之间还有"全可人"和"缺陷人"的重大差别。

　　译文：この役目を自分に頼まず、澹台智珠に頼んだのは、彼女の名が売れており、器量良しだからだ、と思いこんでいたのだ。自分と彼女の間に「全福人」、「欠陥人」という重大な差別があるなど、考えてもみなかった。

　　　　　　　　　　　　　　　　　　　　　　　　——《鐘鼓楼》

　　这一例的问题则体现在表达上，"全可人"在汉语里指"公婆、丈夫、儿女齐全的妇女。民俗认为请这样的妇女协办嫁娶之事可图吉利"。但是，笔者在各种日文辞书上找不到「全福人」的讲法，甚至连「全福」一词也没有查到。因此，笔者有点怀疑日本读者能否理解中国作者的原意。

　　此外，还有一些例子，譬如把"童子鸡"译为「若鳥」，"从一而终"译成「愛情の専一を求める」，"刘海"对译为「お河童頭、珠すだれ、前髪」，"阳刚之美"译为「見せかけの美」等，因篇幅关系，就不再一一举出分析。最后举一个存疑的例句，请方家指教。

　　例24："文革"前有一回上体育课，全班在操场上站好队，体育老师说："女同学例假的出列。"四五个女生站出去。……忽然小彬也站了出去。体育老师一愣："你什么事？""请例假。"回答得有底气。

　　译文：文革前のある体育の授業の時、教師が「女子で見学の者は前へ出なさい」と言うと四、五人の女子生徒が立ち上がった。……すると突然小彬が立ち上がって前へ出た。体育教師はポカンとして「何だ？」と訊いた。「見学させてください」と彼は大きな声で答えた。

　　　　　　　　　　　　　　　　　　　　　　　　——《遥かなる大地》

　　此例之所以存疑，问题主要出在「見学」的词义认定上。据学者研究，

在英语中，visitor 作为委婉语有例假之意，① 但是，日语的「見学」在《日本国语大辞典》（第四卷）、《广辞苑》《大辞林》《新明解国语辞典》《岩波国语辞典》《现代国语例解辞典》和《日汉大辞典》上都没有类似的解释。但是，《大辞泉》上有这样的释义和例句——「体調などの都合で、体育実技などを実際に行わないで、見て学ぶこと。『風邪のため水泳を見学する』」。小学馆的《日中辞典》上也有「▲きょうの体育は見学させてください/今天的体育请允许我在一边看」的例子。由此看来，很难说译文有误。或许这个义项在日本并不普及，有待进一步研究。

总之，正如标题所示，本文只是初探，不少地方还需要进一步探讨。同时，笔者也意识到改变研究视角或许能有更多的发现，其中汉日语隐性性别词语的对比研究就是一片有待开耕的"黑土地"。

---

① 黄育才．英汉委婉语表达方式比较［J］．安庆师范学院学报，2003（6）：65-67．

关于汉日隐性否定词语成因的考察

——兼与石毓智先生商榷

所谓隐性否定词语可以从两个层面定义。一是指字面上不出现否定字词而表示否定意义的词语，如"从长计议""耳旁风""马后炮"「人見知り」「石部金吉」「総花」等。它们与显性否定词语①不同，虽包含负面的价值判断，字面上却不露痕迹。二是从搭配、共现等语法角度切入，指辞书上以肯定形式出现，但实际上如《现代汉语词典》（2002年增补本，以下简称《现汉》）、《现代汉语大词典》（以下简称《现汉大》）和《大辞林》所标注的那样，①"用于否定式"/「下に打ち消しの語を伴って」②"多用于否定（式）"/「多く下に打ち消しの語を伴って用いる」③或"多用于反问"/「下に反語や打ち消しの語を伴うことが多い」的词语，如"认账、介意、买账、善罢甘休"「計り知る」「数が知れる」「弛む」「仮初めにも」等。② 这也是本文认定隐性否定词语的首要标准。当词典没有明示时，则以语料库的统计结果作为判断标准。

目前，中日两国关于隐性否定词语的研究论著非常有限，但是，其中石毓智的《肯定和否定的对称与不对称》让笔者获益良多，不过，笔者对他隐性否定词语生成原因的阐述持有保留意见。本文拟聚焦于此问题之上，借用他的思路，从汉日双语角度进行探讨。

---

① 对汉语各家有关否定词语的说法和分类本文不做细分，统称为"否定词"，主要包括"不、没、无、莫、勿、非、未、否、亡、匪"等以及和它们组成的否定词语。石毓智把"'免得、难以、艰于、很少'等否定意味很强的词"归入"隐性否定结构"之中，笔者以为它们很难算作隐性否定词语。

② 这三本词典上还有"多用于否定词后""用于反问或否定式""只用于否定式或疑问式"、「あとに否定的な語を伴って」「多く下に打ち消し・禁止・反語の語句を伴って」「主に打ち消しを伴って用いる」等标注方式。

一

先看汉语。石氏在其专著中提出了"自然语言肯定和否定公理"（以下简称"公理"），并在实际论证过程中以此作为不二标准。公理原文为"语义程度极小的词语，只能用于否定结构；语义程度极大的词语，只能用于肯定结构；语义程度居中的词语，可以自由的用于肯定和否定两种结构之中"①。下面 A 组词语是石氏在书中举出多用于否定句的部分词语。

A 介意 认账 <u>理睬</u> <u>对茬</u> 景气 顶用 在意 <u>当（dàng）</u> 二话 声息 挂齿 好气儿 雅观 起眼儿 像话 相干 济事 打紧 得了（liǎo） 碍事 抵事 受用 中用 在乎 理会 吭声 作美 捉摸 容情 买账 照面 <u>务正</u> 问津 消受 罢休 招惹 打价 承望 插脚 绝（绝对） 毫（一点儿） 断（绝对；一定） 毫发（比喻极小的数量） 压根儿 <u>打岔</u> 经心 经意 答理 搭腔 做声 吱声 言语 言声 顶事 丝毫 要紧 得劲 <u>由得</u> 得已 勉强 顾及 红脸 饶人 <u>吐口</u> 肯 服气 通气②

以上词语经笔者一一查验，除划有底线的词语外，其余在《现汉》上都有"多用于否定词语后""用于否定式""多用于反问（如像话）"或"用于反问或否定式（如得了）"等说明。划线词语的《现汉》释例也多用于否定句。受此启发，笔者亦去收集了一批隐性否定词语，如下面的 B、C、D 组。确如石氏所说，汉语存在这样一批词语能表现出独特的语言特点。

B 断断 分身 分说 答话 地根儿 待见 见得 开交 落忍 理茬儿 聊赖 摸头 善罢甘休 善类 识羞 相提并论 一概而论 置辩 置喙 置信 置疑 言状 承想 尽然 名状 哪门子

C 大不了 搭界 顶数 定盘星 对头 对味儿 死活 万万 下台 根本 决 从 毫 并 又

D 耳性 穷尽 同日而语 相容 一蹴而就 正业 从来 体统 下问 动窝 青红皂白 痛痒过意 好惹 经传 理喻 企及 思议 向迩 枚举 凡响 边幅 凡几 值当 成话 两立 好景 全然 瓦全 休止 言笑

---

① 石毓智. 肯定和否定的对称与不对称 [M]. 北京：北京语言文化大学出版社，2001：53.

② 石毓智. 肯定和否定的对称与不对称 [M]. 北京：北京语言文化大学出版社，2001：53-63.

磨灭　讲理　忍心　一时一刻

　　这3组词语的区别如下。B组为单义词,《现汉》上注明"用于否定式""多用于否定（式）",或注明为"多用在否定词后面"。其中"分说"提示为"多用在'不容、不由'等否定语之后","见得"为"只用于否定式或疑问式"。C组是多义词,其中一个义项在《现汉》上可见与B组相似的提示。不过,"并""又"不像"决""从""毫"等词本身就有明确的意义,它们皆为语气副词,用来加强否定,并具有否定预设的语用功能,① 可参考《现汉》上的相关释义。这里从共现角度着眼,归入隐性否定词语。另,《现汉》（第5版）上"道德"的第2个义项也注明"多用于否定式"。D组词语词典上虽未标明只用于或多用于否定式及疑问句、反问句,但经笔者检索北京大学汉语语言学研究中心语料库（网络版）,即CCL语料库,发现它们也多与否定形式连用。此外,笔者见到了"都"字专论,②《现汉》尚未标明多与否定连用,这里暂不列入。

　　然而,在仔细研究、对比以上几组词语,并细读石氏公理及其例句和分析后,笔者注意到在石氏那里,否定词被定为"不"和"没",并且不包括"不是"类的否定。他说"只考察'不'或'没'直接加在其他成分之前构成的否定结构。说某个词语能否被否定,是看能否在其前面加上'不'或'没'",但实际上他已突破这个限定。譬如他说"'挂齿'是只用于否定结构的,表现在使用中,其前一般要有否定词'不'或'没'出现"③,但是数种汉语词典的例句中均没有出现把"不"或"没"直接加在"挂齿"之前的。《现汉》为"这点小事,何足挂齿";《现汉大》是"她自然觉得这班卑视女子的少年心理是不足以挂齿的"。石氏在研究否定性动词的语法特点时,也已经把"不"或"没"的使用范围拓展了,如他举了"不敢夸口""不好出口""没和你通气""无福消受"等例子。他书中也出现了否定标记"在否定性动词之后"的例句,如"禁受不起"及"V得C""V不C"结构中的不

---

① 胡清国. 否定形式的格式制约[M]. 武汉：华中师范大学出版社,2010：133-136.
② 袁毓林. 论"都"的隐性否定和极项允准功能[J]. 中国语文,2007（4）：306-320,383.
③ 石毓智. 肯定和否定的对称与不对称[M]. 北京：北京语言文化大学出版社,2001：56.

少例子。①

鉴于此，笔者认为可以适当拓宽这类词语的范围，即只要是以否定形式出现，并且是否定意义的词，都可以归入此类。当然，双重否定除外。因此，在 B、C、D 组里，既包含加"不""没"的词语，也包括像"（不容/不屑）置辩""（难以/无法）分身""（没有）定盘星"等词语。对隐性否定词语在句子中的位置，笔者也不做严格规定，既可前置，也可后置，甚至可以居中，如"（不）承想""断断（使不得）""分（不开）身"等。需要强调的是，上举词例皆出自《现汉》，并非笔者杜撰。这也是本文选词的首要标准。凡《现汉》《现汉大》未收录的词语本文暂不讨论，如"（不约）而同""一毛（不拔）""片甲（不存/留/还/回）""（不出）所料"等，因为它们尚不是独立的词，不同于已收录于词典的"挂齿""在意"等隐性否定词语。

据此研究石氏公理及其论证，笔者发现他对隐性否定词语认定方式存在问题。石氏是根据语义程度来判断一个词语的肯否特点，但并未提出合理的、科学的、确定语义程度的原则和办法。换言之，由于缺乏具体的语义特征描述，对语义程度的判断，就不可避免地带有较大的或然性。同时，也使得他所认定的一部分隐性否定词语经不起辞书和语料库的检验。先看他举出的一组例子：

"谈论某件事的几个词'叙说、提起、挂齿、说起、倾诉、诉说、谈论'，将它们按语义程度由低到高的顺序排列起来：

挂齿、提起、说起、谈论、叙说、诉说、倾诉

这时我们就会清楚地看到，'挂齿'是只用于否定结构的，表现在使用中，其前一般要有否定词'不'或'没'出现；语义程度最高的'倾诉'只用于肯定结构，表现在使用中不能在其前直接加'不'或'没'表示否定；语义程度居中的'谈论'可以自由地用于两种结构，表现在其前可以自由地增删否定词而在肯定式和否定式之间转化。靠近左端的'提起''说起'经常用于否定结构，靠近右端的'叙说''诉说'经常用于肯定结构，表现在对于前者，其前加上否定词'没'念起来更顺口，而后者加上'没'后读起

---

① 石毓智. 肯定和否定的对称与不对称 [M]. 北京：北京语言文化大学出版社，2001：45，72-84. 另，A 组里的"压根儿"也只能否定标记在后；"捉摸""消受""毫发"则前后皆可。

来很别扭。"①

关于"挂齿"的定性，笔者没有异议。但是"靠近左端的'提起''说起'"却"经常用于否定结构""其前加上否定词'没'念起来更顺口"的说法与笔者的查证不符。首先，词典上并未注明它们多用于否定式。其次，笔者以"提起"为检索词在《中日对译语料库》20部中文作品里搜索到139个例文，排除掉非"谈论"意义的"提起"用例（如"提起精神"等）36个，剩103个例文，其中采用否定表达形式的只有25例。"说起"的搜索结果为152个，排除用作其他意义的11例，实际例文为142个，其中采用否定表达方式的只有16个。换言之，从这个计量统计结果看，"提起"和"说起"并非隐性否定词语。

为慎重起见，笔者从石氏书中找出几个他明确断言的隐性否定词语，再次用语料库进行确认。石氏在举了"一丝、丝毫、一星星儿、一星儿、一丁点儿"几个词语的例句后说："我们从工具书和其他书面材料中共收集到'丝''星儿'和'丁点儿'三个量词的十余条用例，全部都是否定句。这也说明语义程度极低的量词是一般只用于否定结构的。由此可见，自然语言肯定和否定规律适用于语言内部的不同词类。"② 同样，他的说法在《现汉》和《现汉大》中找不到根据。检索《中日对译语料库》，则显示他说对了一半。

表1

	一丝	丝毫	星儿	丁点
检出用例	106	82	1	5
用于肯定式	56	0	0	4
用于否定式	50	82	1	1

"丝毫"和"星儿"与石氏结论相符，但"一丝"和"丁点"却是用于肯定句多于否定句。在CCL语料库上，"丝毫"几乎完全用在否定表达中；"星儿"则是肯定用法多于否定用法，肯否比为23/20；"一丝"和"丁点"

---

① 石毓智. 肯定和否定的对称与不对称 [M]. 北京：北京语言文化大学出版社，2001：57.

② 石毓智. 肯定和否定的对称与不对称 [M]. 北京：北京语言文化大学出版社，2001：180.

在 CCL 语料库首页上，肯否用法分别为 25/22 和 15/28。总而言之，两个语料库的检索结果都和石氏结论有差距。为此，笔者模仿石氏，从《现汉大》里找了一组程度副词，先假定它们的语义程度，然后用语料库进行验证。

一个　十分　十二分　一百个　十二万分　千万　万万

按照石氏确定语义程度的方式，也就意味着"一个""十分"与否定词语连用的频率最高，语义程度高的"千万""万万"应该主要用于肯定式。即语义程度由左向右递增。《中日对译语料库》检索结果如下。

表 2

	一个	十分	十二分	一百个	十二万分	千万	万万
检出用例	5	17	11	3	1	73	34
用于肯定式	5	11	8	1	1	14	6
用于否定式	0	8	3	2	0	59	28

"一个"使用率太高，所以笔者仅在《彷徨》和《棋王》两部作品中进行了搜索，得到 5 个作为程度副词的用例，如"或者索性撞一个死""我一定要给他们一个颜色看"等。《现汉大》给出的例句是"吃了一个饱；淋了一个透"。总之。它们都是用在肯定式中。"十分"使用率也很高。笔者搜索作品仅为《红高粱》和《骆驼祥子》。其余词语的搜索范围为语料库中所有 20 部汉语作品。总之，似乎应该多见于否定句的"一个""十分"却更多用于肯定句里，应该多用于肯定句的"千万""万万"却更多亮相于否定句，这明显与公理相违。不过，石氏认为"'千万、万万'等一般只用于虚拟句，可以说'万万不可大意'和'千万不要忘记带字典'。这两句都是祈使句，都不能去掉表祈使语气的'可'和'要'而成句"①。这个说法很有见地，其根据是把句子分为"现实句"和"虚拟句"。不过，"万万"还是可以用到"现实句"中的，如"虽然这么想，但我知道万万不可造次，一切须沿着女人的牵引进行"②。在《现汉》中"万万"的第二个义项注明"用于否定式"，释例之一是"万万想不到"。

总而言之，在实际语言生活中也存在着对语义程度高的词语进行否定的

---

① 石毓智. 肯定和否定的对称与不对称 [M]. 北京：北京语言文化大学出版社，2001：43.

② 胡清国. 否定形式的格式制约 [M]. 武汉：华中师范大学出版社，2010：131.

情况。石氏并非没有意识到这一点，他曾提到"极小和极大本来就是辩证统一的，实现完全否定的方法有两个全然相反的角度——'一点无'和'全部无'"①。只是他对后者"视而不见"，研究焦点始终聚焦在公理之上，造成视野偏差，导致一部分论证和例句有"为赋新词强说愁"之嫌。

现在回到 A 组词语上，通过语料库验证，不难发现，划有底线的部分词语也并非主要用于否定句。像"要紧"这样否定用例多的词语当然没有问题，但是，"顶用、勉强、通气"之类的词语则很难归入隐性否定词语。② 总之，笔者认为石氏确实发现了汉语的一些重要特点，对人们启发良多，不过，是否已经上升为公理，并由此可以推测词语的肯否特点，还有待进一步研究。

二

本文原来跟日文关系不大，但是，石氏说"我们也调查了日语中的个别用例，也证实了公理的正确性"③，从而引发了笔者的兴趣。一方面，替笔者打开一扇观察、分析、研究日语的窗户，另一方面又使笔者产生了用日语去印证公理的想法。

首先，日语里确实存在一批用于或多用于否定式的词语，以下是笔者利用《大辞林》（第二版）④ 的电子版，把它作为语料库，通过全文搜索「下に打ち消しの語を伴って」等关键词语找到的部分隐性否定词语。

a　一概に　一向　めったに　満更　取り立てて　兎も角も　とても　特別　到底　どうして　どうしても　ちっとも　ちょっとも　大抵　大して　たいした　そうそう　全然　敢えて　強ち　幾つも　幾許　幾何　幾ほど　いくらでも　いくらも　いささか　未だ　未だ嘗て　今に　いやしくも　うんともすんとも　大方　皆目　片時も　かつて　仮初めにも　仮にも　金輪際　それほど　毛頭　一切　全く　何とも　なにほど　八幡　一つとして　一人として　一人も　丸で　一つも　万に一つも　いかにも　いかんとも　いかにしても　どうにも　口が裂けても　間違っても　断じて　ろくろく　必ずしも　得て　万　ゆめゆめ　ゆめさら　夢にも　みじんも　まんじり　丸切り　まさか

---

① 石毓智．肯定和否定的对称与不对称 [M]．北京：北京语言文化大学出版社，2001：43．
② 在《中日对译语料库》20 部汉语作品里，这 4 个词的肯定/否定使用例分别为 53/149，8/6，105/19，9/2。
③ 石毓智．肯定和否定的对称与不对称 [M]．北京：北京语言文化大学出版社，2001：60．
④ 其他同类辞典收录情况有所不同。

別に 別段 根から 何等 何一つ とんと 恬として てんで ついぞ つや つや つゆ つゆほども さほど からきし おさおさ おいそれと 落ち落ち かつふつ 毫も さして 悉皆 少しも ずんと そう 前世 あまり 一円 まんじり

b 相済む 済む 満つ 離れる 計り知る 堪る 弛む 逸らす そぐなう 優れる 数が知れる 言うことを聞く 浮かばれる 受け取れる 動く 欠かす かまう 割に合う くださる かなう 染む 飽足る 妨げる 見当る 選ぶ 用いる 手が届く 争う たとえを取る 飽き足りる 意とする 意に介する 言いやる 惜しむ 死に切れる 目が合う 承知する 関知する 忌憚する びくともする 消えす 解せる 如く 知れる 好き好む そぐう 与り知る 言い遣る 一顧する

c 少ししか 誰一人 何時は からとて 二度と 二度と再び ばこそ よりほか 怪我にだっても ねば 其れ処 人っ子一人 掛かった を措いて なければ

d 物の数 ただごと ただもの 代り映え 比類 寧日 如在 毫末 果てし 申し分 へったくれ 人間業 並大抵 情け容赦 ことゆえ こればかり 寸分 毛ほど

e おもしろい 思わしい 芳しい 捗捗しい 生易しい 下安し

以上5组词语，单义词自不必说，多义词也至少有一个义项标明下接否定表达。a组是副词；b组是动词，包括动词结尾的惯用语；c组是日语的「連語」；d组是名词；e组是形容词。除此之外，还有与否定表达连用的「連体」，如「然した、然せる、然したる」；「係助詞」的「しか、はっちゃ」；叹词「なあに」等。此外，有些词是跨类的，本文只选择一个词性收录，如「並大抵、びくとも（する）、忌憚（する）」等。

回到本文主题上，在汉语里，石氏围绕"没"和"不"这两个重要逻辑小品词讨论肯否词语，但是日语的「ない」① 无法体现出"没"和"不"的区别。这是汉日语的重要不同点。本文继续聚焦石氏公理之上，考察（多）使用于否定式的隐性否定词语是否如石氏所言，是由语义程度决定的。② 下面

---

① 据『日本文法大辞典』，日语否定表达有5种方式，本文只讨论否定助动词「ない」和形容词「ない」。另，「~ではない」也不在研究范围之内。

② 石氏说《现汉》注明多用于或只用于否定式的词语约150个，"这中间动词和形容词占大多数，名词和副词只有一小部分"（石毓智，2001）。其中"副词为数有限。根据我们所收集的，共有13个，约占副词总数的3%"，即"并（表语气）、迟迟、从、断、断断、毫、决、绝（表语气）、丝毫、万、万万、压根（儿）、再也"（郑剑平，1996）。但是，从收集到的日语看，则是副词、动词居多，名词有限，形容词很少，与汉语呈不同分布。从语言类型学角度考察，或有新发现。譬如，本文收集到的日语隐性否定副词已经近百，与汉语反差极大。因超出本文范围，暂不讨论。

进行具体的考察。

先看副词。这一类副词通常或起加强否定，或起否定预设等作用，一般与后续用言否定式搭配。它们在形态上不像动词、形容词有否定式，日本传统语法归之于「陳述副詞」。《日本語教育事典》上有「否定の助動詞」的说法。① 另有学者称之为与否定呼应的副词。② 本文把它们归入隐性否定词语范畴进行考察。③ 下面从 a 组里选几个与汉语同形且基本同义的隐性否定副词来验证石氏公理。

「一概に 一向 特別 到底 大抵 全然 幾許 一切」

小学馆的『中日詞典』（第 2 版）未收「幾許」，其余 7 个词语除「到底」之外，释义里都用了同形汉字词。这说明它们在意思上比较相近，有的几乎没有大的差别，如「一切」。在《日汉大辞典》（上海译文出版社编译）中「一概に 特別 全然 一切」的释义里也用了同形汉字词。笔者查阅《现汉》，发现它们没有一个标有"多用于否定式"之类的说明。这里仿照石氏的做法，选出其中的「特別」，给它找出一组同义词，并按语义程度排列，如「一般的 普通 通常 普遍的 特別 特有」。然而，却不能用公理来解释为什么「特別」会多用于否定表达。此外，像「金輪際、八幡、丸で」等也很难用公理解释。符合石氏公理的只有一部分词汇，如「片時も、一つとして、毫も、根から」等。「連語」部分的词语类似于副词，也有一些不能用公理解释，如「掛かった、何時は、怪我に」等。

现在看动词。一方面，其中的「意とする 意に介する 弛む 一顧する」等词语语义程度低，似可用公理解释它们何以多用于否定表达中。但是，另一方面，像「満つ 優れる 飽足る 飽き足りる 好き好む」这类语义程度高的词语多与否定表达为伴，就难以用公理解释。譬如「優れる」，从使用实例看，基本集中在健康、天气、心情、脸色等几个方面，如「健康がすぐれない」「天気がすぐれない」「最近体調がすぐれない」「弟は、風邪で気分がすぐれないと言って、朝から寝ていた」等。显然，公理在这里也是失效的。「好き好む」是特别喜欢之意，却偏偏多用于否定式。「満ちる」和「満つ」同义，但是"分工"明确，前者常见于肯定表达，后者在现代日语中多用于

---

① 日本語教育学会. 日本語教育事典［M］. 東京：大修館書店，1982：207.
② 俞晓明. 现代日语副词研究［M］. 大连：大连理工大学出版社，1999：195.
③ 从意义角度说，这类副词可分为两类，即全面否定和部分否定。前者有「全然、絶対、二度と」，后者有「めったに、まんざら、強ち」等。因超出本文范畴，暂不讨论。

否定表达。同样，「計り知る」「推し量る」语义程度相同，在《大辞林》上，前者就用后者释义。但是，前者却多用于否定表达。同样的情况也见于「見当たる」「見つかる」这组同义词。有意思的是，另两组同义词「飽き足りる」「飽き足る」①和「相済む」「済む」，却全部多用于否定表达，使公理再次搁浅。

再看名词。「ただごと ただもの 寸分 こればかり」等词符合石氏语义程度理论及其公理。不过，「代り映え」是变得更好的意思，并非比较级的原级，为什么多用于否定表达？「物の数」在同义词组「値打ち 値 価値 真価 真骨頂 数 物の数 バリュー」里，语义程度已经达到"数得着"的程度，却与否定表达为伍，用公理难以解释。

最后看形容词。② 前3个词正好同义。笔者用3本辞书对其多与否定连用的义项做了一个简表。语义程度很难排定，似乎「芳しい」要高一些，却也同样多与否定式为伍。至于辞书释义中出现的「好ましい」「望ましい」为什么不是隐性否定词语，遍查辞书，也难以断言它们的语义程度要高于同义的3个隐性否定形容词。

表3

	《大辞林》	《広辞苑》	《国語大辞典》
おもしろい	心にかなう。好ましい。望ましい。	思うとおりで好ましい。	望ましい状態である。思うとおりである。
思わしい	思いどおりで望ましい。よいと思われる。	好ましく思われる。気にいる。	心に何かを思っている状態である。
かんばしい	高い評価が与えられるさま。感心すべきだ。思わしい。	りっぱである。おもしろい。結構である。	ほまれが高い。りっぱである。好ましい。望ましい。

---

① 承邱根成先生示教，这组词与其说是同义词，不如说是新旧说法，或者是方言与标准语之差。一段属于关东（标准）语，五段则为关西（上方）语。
② 形容词有点复杂，因为在公理背后，还有"定量"与"非定量"问题。按照石氏的研究，"定量形容词"没有否定形式，那么，e组用于或多用于否定句的形容词就应该是"非定量形容词"，在数量上具有连续性的特点，可以被"有点、很、最"等程度词切分。以此考察，「おもしろい 思わしい 芳しい」，皆是"非定量形容词"。

综上所述，石氏有关汉语肯定和否定的研究，具有开创性意义。但是，也并非完全如他所言，"从汉语中总结出来的自然语言肯定否定公理同样可以用来解释其他语言的有关现象"①。

三

研究至此，不难看出，石氏公理不够严谨，反例之多，已经影响到它的可信度。换一个角度说，它也只是隐性否定词语产生的原因之一。那么，除此之外，隐性否定词语的存在是否还有其他因素？经笔者研究，至少有以下六点有必要纳入研究视野之中。

（一）在前期研究中，笔者发现日本学者工藤真由美曾把「動じない、かまわない、たまらない、やりきれない、くだらない、すまない、そぐわない、解せない、否めない、欠かせない、いたらない、しまらない、おぼつかない、いたたまれない、にえきらない、おもいがけない、はかりしれない、みあたらない、ものたりない」等20个词语称为没有否定意思的派生形容词，并指出它们没有相应的肯定表达形式。② 从本文的角度看，她让笔者意识到隐性否定词语产生的另一种可能途径，虽与公理关系淡薄，却与词法和语言习得存在着某种内在的联系。譬如其中的「たまらない、かかせない、かまわない、みあたらない」四个词，在《大辞林》里，前三个词性皆被定为「連語」，第4个未收录。但是，值得注意的是，四个词的原形也都被《大辞林》收录在册，且注明多用于否定表达。换言之，我们既可以说「堪る」是一个多用于否定表达的隐性否定词语，又能说「堪らない」本身是「連語」，或者按照工藤的说法是「派生形容詞」③。此外，笔者还发现一组肯否同时存在，且词义相同的词语：「感に堪える/感に堪えない」。受此启发，笔者查阅《现汉》，发现也有类似情况，有一批肯否成对出现的词语。"不"字组48对；"没"字组3对；"未"字组2对；"别"字组1对。除"成器/不成器""非议/无可非议"等少数几对不是隐性否定词语之外，绝大部分肯定式都可归入隐性否定之列。下列甲组注明多用于否定式，或多用于疑问句等。

---

① 石毓智. 肯定和否定的对称与不对称 [M]. 北京：北京语言文化大学出版社，2001：370.
② 王华伟. 现代日语否定表达研究 [M]. 青岛：中国海洋大学出版社，2007：68, 101.
③ 因超出本文研究范围，暂不讨论其间的词性问题。

乙组除划有底线的五个词外，①其余也皆收录，虽未注明多用于否定式，但经检索CCL语料库，皆为隐性否定词语。

甲　得了/不得了 对茬儿/不对茬儿 吹灰之力/不费吹灰之力 含糊/不含糊 济事/不济事 见得/不见得 尽然/不尽然 开交/不可开交 聊赖/百无聊赖 名状/不可名状 摸头/不摸头 起眼儿/不起眼儿 置喙/不容置喙 置疑/不容置疑 像话/不像话 在乎/不在乎 怎么样/不怎么样 天高地厚/不知天高地厚 奈何/没奈何 准儿/没准儿 免俗/未能免俗

乙　成材/不成材 景气/不景气 体统/不成体统 对劲/不对劲 经传/不见经传 经意/不经意 理喻/不可理喻 思议/不可思议 窠臼/不落窠臼 了了/不甚了了 凡响/不同凡响 边幅/不修边幅 则声/不则声 边际/不着边际 挂齿/不足挂齿 做声/不做声 伦比/无与伦比 大雅/无伤大雅 为力/无能为力 正业/不务正业 痛痒/无关痛痒 不痛不痒 宏旨/无关宏旨 两立/势不两立 长物/别无长物 来由/没来由 苟同/未敢苟同 皂白/不分青红皂白 凡几/不知凡几 企及/无法企及

这就告诉我们，汉日语存在同样的情况恐怕不是偶然的。首先，从词汇角度看，隐性否定词语与显性否定词语同时存在，意味着它们各自拥有独立的"词格"，分合有致，各领风骚。有的词，用在否定式里不止一种形式。如，"得了"有"不得了""怎么得了""还得了吗"等；"对茬儿"有"不对茬儿""对不上茬儿"；"吹灰之力"可以是"不费吹灰之力"，也可以说"不用花吹灰之力"等。总而言之，除了个别词语外，它们都见于词典之中，同时展现在世人面前。因此，从语言习得的角度看，它们应该是以平行、交叉等多种形式进入学习者视野，带有较强的随意性。至少部分情况是，人们从肯否词语的对举中逐渐意识到有一些词语实际上只能用于否定表达。对他们来说，这不过是语言习惯而已，主要来源于语言习得过程和语言环境以及母语辞书等多方面的影响。但是，上升到理论层面看，则不能不说是隐性否定词语产生的另一条途径。

（二）由此探讨下去，笔者发现从词源上说，汉语有一些隐性否定词语是先有显性否定表达方式，然后在历史的长河中，表达否定的字词脱落，最终形成一个"新词"——隐性否定词语，但是两者之间却藕断丝连，互为表里，如"长物""经传""名状""思议""理喻""边幅""为力""伦比""了了""两立""长物""开交""置疑""体统""聊赖""凡响"等。这里略

---

① 前4个被《中华成语大词典》收录。

举数例做个说明。以下引文来源于考释成语最初出处的《汉语成语考释词典》（商务印书馆）。破折号前的两字词是笔者为对举目的而加上的隐性否定词语。

名状——不可名状：

原或作〔难以名状〕，……《尚书大传》（《太平御览·八·天部八·云》）：舜时卿云见于时……或以云为出岫回薄，而难以名状也。①

两立——势不两立：

苏秦《为赵合从说楚威王》（《战国策·楚一》一四^{501}、《史记》六九^{2260}）：秦之所害于天下莫如楚，楚强则秦弱，楚弱则秦强，此其势不两立。

理喻——不可理喻：

原或作〔无可理喻〕，……晋代戴逵《答周居难释疑论》（《广弘明集》二）：此乃未喻由于求己，非为无可理喻也。

为力——无能为力：

原或作〔无能为役〕，……《左传·成公二年》（《十三经注疏》本^{1894}上栏）：晋侯许之七百乘。郤子（克）曰："此城濮之赋也。有先君之明，与先大夫之肃，故捷；克于先大夫，无能为役，请八百乘。"许之。

经传——不见经传：

宋代洪迈《容斋随笔·三笔·一三·再书博古图》：（叔液鼎曰）考诸前代，叔液之名不见于经传，惟周八士有叔液，岂其族欤？②

从以上释义不难知道，这些隐性否定词语历史悠久，只不过第一次面世是跟在否定词语后面的。随着时间推移，渐渐地从显性否定词语中"出走"，成为辞书上的一个独立词条。③ 查阅《现汉》1978年版可以发现，它没有收

---

① 《中华成语大词典》标注的出处为：《老子》第十四章，"绳绳不可名，复归于无物，是谓无状之状，无物之象。"据两本辞书解释，后世多作"不可名状"，如晋代葛洪《神仙记·王远》："衣有文采，又非锦绮，光彩耀目，不可名状。"

② "不见经传"一例在意义上与前例有别，它否定的并非经传本身。"（不耻）下问""（无关）宏旨""（无伤）大雅""（不关）痛痒""（不着）边际""（不同）凡响""（不落）窠臼""（无理）取闹"等也属于这一类。虽非副词，却与日语里进行部分否定的隐性副词有相似之处，需另文研究。

③ 笔者也查到先有隐性否定词语，后有否定表达的显性词语，如"了了"。据《汉语成语考释词典》，《世说新语·言说》里已有"小时了了，大未必佳"之语；而"不甚了了"则始出于宋代叶梦得的《避暑录话》。此外，也有出处不同，后来成为对举连用的例子，如"天高地厚"和"不知天高地厚"。据《中华成语大辞典》，前者见于《诗经·小雅·正月》："谓天盖高，不敢不局；谓地盖厚，不敢不脊。"后者为《庄子·让王》："吾不知天之高也，地之下也。"

录"两立""名状""思议""理喻""凡响""取闹"等词。而第5版上这些词已经赫然在列。查阅《辞源》（2009年版），可以发现这些词仍未被收录。总之，这些词并没有能彻底摆脱与"本家"的亲缘关系，一旦回到文人墨客的笔下，仍旧与否定表达为伴。在笔者看来，这也是隐性否定词语形成的一个客观原因。

（三）换一个角度看，像「意とする」、「意に介する」、「一顾する」、「相容れる」、「名状する」、「忌惮する」、「宁日」这样的日语隐性否定词语也可能与它们为舶来的汉语词汇有关。前3个，如前所述，它们同时也符合石氏公理。就是说，这些从中国流传到日本的词语还带有中文本身的痕迹，表现之一就是用在否定表达之中。「意に介する」是中文"介意"的和语形式，它与否定连用可以看作"介意"用法在日语中的延伸。其实，日语里也有同形汉字词「介意」，《大辞泉》标明其"后接否定意义的词使用"。这些词中，尚需说明的是「宁日」，其同形汉字词"宁日"在《现汉》里虽未标明多用于否定，但是，经CCL语料库搜索，"宁日"几乎毫无例外都用在否定表达之中。由此看来，「宁日」的隐性否定词语身份也可以回溯到"本家"。不过，也有一部分词语如前所述，用法已经有别于中文，如「一概に、一向、特别、到底、大抵、全然、一切」等。

（四）从语言学角度看，日语本身的特点也造就了一部分隐性否定词语。除与否定呼应的副词之外，「连语」也具有与之相似的一些语法特点。譬如，「からとて　二度と　を措いて」等一旦出现，语法上就要求相应用言取否定式。从语言类型学角度看，似乎与日语的SOV结构特点有关。反过来看，中文里，隐性否定副词只有区区13个，是否也反映出中文自身的语言类型学特征。这还有待于进一步探讨。

（五）笔者还发现「満ちる」是一个没有否定表达形式的词语，不能说「満ちない」。《大辞林》称在现代日语中「満ちる」的否定形式采取五段活用，如「百人にも満たない」「意に満たない」。《类语例解辞典》则说得更明白：「『満ちる』は、打消表現の場合には、『意に満たない』『四人に満たない』『十に満たない子供』のように、『満ちる』よりも古い形の五段動詞『満つ』の未然形が多く用いられる」。结果，「満つ」成了隐性否定词语，其否定形「満たない」还同时作为「连语」被《大辞林》收录。「満ちる」、「満つ」语义程度相等，「満つ」为隐性否定词语，不能不说与「満ちる」没有否定表达形式有关。用「現代日本語書き言葉均衡コーパス」（少纳言）

验证,「満つ」的肯否比为 26/544。「満ちる」的否定式为零。

（六）笔者注意到日本语法学家在谈论"可能助动词"时指出,"可能助动词没有命令形。'可能'多在以反语或否定形式表示不可能之意的场合使用。"① 从中笔者意识到「浮かばれる」、「受け取れる」、「かなう」、「見当たる」与此语法特点有着某种内在的联系。前两个本身已经是可能动词,后两个虽然在形态上不是可能形,在意思上却是。「かなう」在《大辞林》里,其第3个义项为隐性否定,意为「…することができる。…することが許される」。其「連語」形式「かなわない」解释为「（1）（力や能力が）…に対抗できない。勝てない。かなわぬ。…（2）（「…て（は）かなわない」の形で,形容詞を受けて）負担が大きくて,それに耐えられない」。「見当たる」在《大辞林》里是「探していたものが見つかる」;「見つかる」在同一义项上的释义为「探しもとめていたものを見つけることができる」。《角川類語新辞典》的解释相同。因此,日本学者的观点不失为一个可以继续关注、探讨的视角。不过,「見当たる」与「見つかる」同义,且都含有可能的意味,前者却多以否定形式出现,后者肯否皆可,需要进一步研究。此外,工藤列出的20个词中,「やりきれない、解せない、否めない、欠かせない、いたたまれない、はかりしれない」6个词似乎也与动词的可能态有关。虽然工藤认为它们没有相应的肯定式,是派生形容词,但其间的关系恐怕值得进一步探讨。

本文围绕汉日隐性否定词语,对石氏公理进行验证性研究,认为其存在较大缺陷,同时提出汉日隐性否定词语产生的其他数种可能性,以期推动相关研究的深入开展。

---

① 松村明. 日本文法大辞典 [M]. 東京：明治書院,1972：126.

汉日同源成语释义歧出成因考

关于汉日同源成语，两国语言学界研究成果十分丰富，不断有同源异义词的"新发现"。不过，从汉日对比研究角度看，此类情况举不胜举，宛如一个无底洞。不入洞底，难以探得究竟。本文拟对汉日同源成语的语义歧出成因做一番考察，以期在"所以然"层面有所收获。

一

在语义层面，考察汉日同源成语的语义差异，实质是考证汉语成语在进入日语过程中的流变，汉语是源头，是根本。换言之，研究重点是日语在吸收汉语过程中的异化。通过多年的观察与思考，笔者以为，造成汉语成语进入日本，或明或暗遭到异化的重要原因之一是日语直译。[①] 不少时候，直译后的同源成语虽然形态上相差不大，核心意义或语感却会发生微妙变化。譬如，"他山之石"/「他山の石」的语义、语感演变过程就是一个比较典型的例子。先看双语的基本语义。

《现代汉语大词典》：

《诗·小雅·鹤鸣》："它山之石，可以为错。"本指别国的贤才也可用为本国的辅佐，正如别的山上的石头也可为砺石，用来琢磨玉器。后因以"他山之石"喻指能帮助自己改正错误缺点或提供借鉴的外力。

《广辞苑》（第6版）：(「他山の石以て玉を攻おさむべし」より) 自分の人格を磨くのに役立つ他人のよくない言行や出来事。「―とする」

＞本来、目上の人の言行について、また、手本となる言行の意では使

---

① 笔者认为传统上所说的"训读""音读"，本质上都是将汉语变为日语，还是直接用"直译"更好。

わない。①

很明显，两者语义有重大差别。在中文里，是"别国的贤才……帮助自己改正错误缺点"，到日语里，负面评价的对象正好颠倒过来——「他人よくない言行や出来事」，因而不可以用在「目上の人」身上，或指涉「手本となる言行」。从词语结构上看，两者十分相近："他山+之+石"和「他山+の+石」。那么，语义差异是如何产生的呢？

在中文里，"之"为助词，用以形成偏正词组，表示领属关系。日语的「の」亦如此。那么，问题是出在"他山"或"石"之上吗？在《汉语大词典》里，"他山"为独立词条，有4个意思。分别为"别处的山""引申泛指山石""指别处山上的石头。比喻磨砺自己，帮助自己的外力"以及"清查慎行的别称"。《大辞林》（第3版）、《广辞苑》皆收此词，释义为「他の山」「他の寺」。由此看来，与「よくない言行（や出来事）」没有关联。

"石"在《汉语大词典》里有22个义项。作为名词和形容词，主要义项包括："1. 构成地壳的矿物硬块。2. 指陨石。3. 指磨刀石。引申为磨平。4. 乐器名。指石磬。古代八音之一。5. 指碑碣。6. 指矿物类药物。7. 指道教用矿石炼的所谓长生的药。8. 指砭石。古时治病用的石针。9. 引申为针砭，用石针治病。10. 结石的省称。11. 坚固；坚硬。12. 形容声音重浊、不响亮。13. 投掷。14. 通'硕'。大。参见'石师''石画'等。……"② 在《大辞林》里，「石」的义项为「(1) 鉱物質の塊。岩より小さく，砂より大きいもの。礫。(2) 岩石・鉱石，また，石材などの総称。(3) 各種の宝石や鉱物の加工品。宝石・碁石・硯石・墓石やライターの発火合金など。また，時計の軸受けに用いる宝石。(4) 結石のこと。(5) トランジスターやIC などの俗称。(6) じゃんけんの手の一。握り拳で示す。ぐう。(7) 冷たいもの，硬いもの，寡黙なもの，非情なものをたとえていう。(8)〔「石御器の略」〕」。两相对比，也难以发现和「他人のよくない言行や出来事」有什么内在的关系。实际上，《大辞林》的（3）已经明确指涉「宝石」，《汉语大词典》倒未言明。

那么，现在需要回到源头进行考察，这也是译学研究的基本原则。其实，

---

① 下划线为笔者所加，下同。另，为节省篇幅，常用辞书不标编者、页码等信息，版次首次出现时说明。

② 因篇幅关系，例句未录入。

如中日两国辞典所示，"他山之石/他山の石"皆源于《诗经》，是"他山之石，可以为错/可以攻玉"的简略说法。如上所示，《汉语大词典》未对"石"字有负面评价，但是，在《大辞林》里，「他山の石以（モッ）て玉（タマ）を攻（オサ）むべし〔詩経（小雅，鶴鳴）「他山之石，可‐以攻‐玉」〕よその山から出た粗悪な石も自分の玉を磨くのに利用できるの意から、他人のつまらぬ言行も自分の人格を育てる助けとなりうることのたとえ」的释义已经形成价值对比，玉是自己的，「石」是他人的，所以沦为「粗悪」。进一步查阅专业辞书，依旧如此。

如在《故事・俗信ことわざ大辞典》里，同样是「他山の石 自分の石をみがくのに役にたつ他の山の石。転じて、自分の修養の助けとなる他人の言行。自分にとって戒めとなる他人の誤った言行。出典次項に同じ。」次条的词头及释义为「他山の石以て玉を攻むべし よその山から出た粗悪な石でも、自分の玉をみがくのに役だてることができる。転じて、人の誤った言行も自分の修養の助けにできるの意。出典「他山之石，可‐以攻‐玉」〔詩経・小雅・鶴鳴〕」。

在《大漢和辞典》第一卷里，「〔他山之石〕他山から出る粗悪な石も、それを用ひて我が玉を磨いて、美しくすることが出来る。不善の人も、善人の徳器を増す具となる喩。又、直接自分に関係の無いものでも、自分の反省の資料と為すことが出来る喩。」〔詩、小雅、鶴鳴〕他山之石，可‐以攻‐玉」。

至此，不难看出，日本人已经在直译过程中区分你我，进行价值判断。相对于自己，旁人、他物便自然被视为「不善」和「粗悪」。造成如此效果的，是隐藏于背后的，以"我"为中心的日语视点。「日本語が以上のように自己の視点を発想の中心に据える在り方を基本とするため、それが表現における自己と他者との関係意識と微妙に絡んで、はなはだ日本語的な表現を生み出す」①。因此，「当然のことながら、相手を対象として考えるときにも、自己を基準にその相手がどのような関係に位置するかをまず考え、その人間関係に応じた待遇を行なおうとするのである」②。简言之，上述辞书对「石」的负面评价或曰诋毁正源于此。日本人虽然采取异化的方式来阅读中文，但是，语言心理则没有异化，依旧是日语自身的传统与逻辑。就汉

---

① 森田良行. 日本語文法の発想［M］. 東京：ひつじ書房，2002：5.
② 森田良行. 日本人の発想、日本語の表現［M］. 東京：中央公論新社，1998：59.

语而言,"在一个词的意义系统中,词义产生的方式主要有三类:一是由核心义统摄的引申义,二是与语音相关的通假义,三是使用中产生的语用义"①。这里的"他山之石"显然用的是"由核心义统摄的引申义",即比喻义。而"比喻义是因比喻而引申出来的词义"②。换言之,中文里的"他山之石"的"石"至少也是半虚化的,不可完全看作实实在在的石头。"他山"也同样如此。在中文语境里,不少时候,"石"不仅不粗劣,而且可以与"玉"平分秋色,譬如,"钻石""金刚石""金石"中的"石"。而"玉"本身也叫"玉石"。在《汉语大词典》里,"玉石"有4个义项:1. <u>玉与石头</u>;2. 未经雕琢之玉;3. 指玉;4. <u>美石</u>。再如"赌石",《现代汉语词典》(第6版)解释为"在玉石交易中,交易双方用还没切开、无法预知<u>成色好坏</u>的<u>原石</u>做交易。这种方式风险大,像下赌注一样,所以叫赌石"。此时此刻,已经玉、石难分。因此,中国人读这个成语,不会对"玉·石"做严格区别,而仅仅把整个成语当作一个比喻、一个训诫来看。其方向是针对自己的。所以,有缺陷、有问题,需要改正、改进的是自己,而非对方。但是,一旦用直译方式来翻译"他山之石",心态与视角立刻改变,自然衍化为日本人眼里的「他山の石」。这一点需要中日两国双语学习者、研究者时时牢记,不可掉以轻心。

　　另一方面,面对日本人的这类误读,作为中国人,又必须无条件接受,因为它们已经在异国语境中被改造成日语,不再是当年的古汉语词汇。必须把"他山之石"和「他山の石」看做两个既有关联又不相同的词语,来正确理解、翻译汉日双语。遗憾的是,两国语言学界有一些学者并没有意识到这一点,这在辞书的释义中表现得非常明显。譬如,在日本学者编撰的《中国語大辞典》里,作为汉语"他山之石"的释义为「〔成〕他山の石.〔~,可以攻玉〕〔成〕他山の石、もって玉を攻めるべし;<u>他人の誤った言行も、自分の欠点を改める助けとなるたとえ</u>;(《诗经·小雅·鹤鸣》)」。特别是划线部分把中文成语用日语同源成语语义来解释,无疑会严重误导日本的中文学习者和翻译家。③ 同样,在中国人编纂的《新日汉辞典》上,「他山の石」释义为"(連語)他山之石。▲~以って玉を攻むべし/他山之石,可以

---

① 王云路,王诚. 汉语词汇核心义研究[M]. 北京:北京大学出版社,2014:16.
② 苏新春. 词典与词汇的计量研究[M]. 上海:上海辞书出版社,2013:143.
③ 《东方汉日词典》虽无"他山之石"的词条,但是"他山攻错"词条的释义则无问题——「他の山の石を使って、自分の山の玉を磨く:人の長所を活用して自分の短所を補うことのたとえ…」。

攻玉"。同样是语焉不详，没有点出汉日双语的异同。在翻译版的《日汉大辞典》上，释义是「与『他山の石以て玉を攻む可し』同义」。「他山の石以て玉を攻む可し」的词条释义为"他山之石，可以攻玉。object lesson"（出自《诗经·小雅·鹤鸣》）。译者也没有意识到这对汉日同源成语的重要差异。情况最严重的，当属下面的例子："他之所以失败，就是因为他见异思迁。希望你以此为他山之石，集中精力搞好一件事/彼の失敗は、気の多いことによるのだと思う。これを他山の石として、君はひとつの事に集中するように注意しなさい"。① "他山之石"用的是日语成语之意，已非汉语。

下面再看一个例子，"自由自在"/「自由自在」。

《汉语大辞典》释义为"无拘无束、<u>安闲舒适</u>的样子"。

《汉语成语考释词典》的解释"不受拘束，不受限制。形容<u>安闲舒适</u>。唐代慧能《六祖大师法宝坛经·顿渐品第八》：自由自在，纵横尽得，有何可立？｜明初陶宗仪《南村辍耕录·一二·连枝秀》：赤紧地无事生非，到大来自由自在。识尽悲欢离合幻，打开老病生死关"。

在《大辞林》和《广辞苑》上，分别解释为「自分の思いのままにできるさま」「思いのままであること。思いのままにすること」。

《大漢和辞典》第9卷的解释是「思ひのまま。心のまま。〔通俗編、性情、自由〕五燈會元、華光範有＿自由自在語＿」。

汉日语相对照，主要区别在于日文没有"安闲舒适/安详悠闲"这一语义。「自由自在」虽是音读，却已经摇身变成日语。很显然，它对汉语意义的摄取出现了问题。具体地说，出在这个成语的后一半"自在"之上。笔者曾百思不解，最近终于明白其中的奥秘。其实，查阅《现代汉语词典》，可以发现"自在"在汉语里本是两个独立的词，而并非一个词条拥有两个义项。

在1973年的试用版里，两个词条分别如下：

【自在】zìzài 自由；不受拘束；自由～｜逍遥～。

【自在】zì-zai 安闲舒适：主人太客气了，反而使他有些不～。

在1983年的第2版里，两个词条分别如下：

【自在】zìzài 自由；不受拘束；自由～｜逍遥～。

【自在】zì-zai 安闲舒适：<u>他们俩的小日子过得挺～。</u>

在1996年的修订第3版里，两个词条分别如下：

---

① 王永全. 实用例解汉日成语词典［M］. 长春：吉林教育出版社，1996：544.

【自在】zìzài 自由；不受拘束；逍遥~。

【自在】zì-zai 安闲舒适：他们俩的小日子过得挺~。

在此之后的3次修订没有更大变化。很明显，基本释义没有改变，例句却有所变动。譬如"主人太客气了，反而使他有些不~"在1983年第2版里被撤换。就是说原来这句话可以分别按照两个"自在"来理解，未必就绝对是"安闲舒适"之意，也有可能是"自由；不受拘束"的意思。此外，试用版和第2版的"自由~（自在）"的释例在第3版里被拿掉。换言之，汉语的"自由自在"根据语境，可以分别是第1或第2个词条的意思。

值得注意的是，《现代汉语词典》直到2012年的第6版也没有把"自由自在"作为一个词条收录。查阅《辞源》（修订本），也未收"自由自在"一词。2010年的《辞海》第6版同样如此。1937年出版、2011年影印重印的商务印书馆《国语辞典》也是如此。甚至连1958年初版、1972年第三次修订的《汉语成语小词典》也没有收录"自由自在"。换一个角度思考，或许与日本人误读"自由自在"有着某种潜在的关系，需要进一步考证、研究。不过，《辞源》（修订本）分别收录了"自由"和"自在"。前者释义为"谓能按己意行动，不受限制。……"。后者为"㈠任意，舒适。……㈡佛教指空寂无碍。……"。在《汉语大词典》里，"自由"的释义为"1. 由自己作主；不受限制和拘束。……2. 法律名詞。……3. 哲學名詞"。"自在"有4个义项，即"1. 安闲自得，身心舒畅。唐 杜甫《江畔独步寻花》诗之六：'留连戏蝶时时舞，自在娇莺恰恰啼。'……2. 自由；无拘束。……3. 犹自然。……4. 佛教以心离烦恼之系缚，通达无碍为自在"。不过，在商务印书馆《古汉语辞典》（第2版）里，"自在"只有一个释义："自由，不受拘束。"两个释例分别选自《汉书·王嘉传》和杜甫的诗歌"留连戏蝶时时舞，自在娇莺恰恰啼"。很显然，《汉语大词典》与《古汉语辞典》（第2版）对这句诗的解释有别。

在《大漢和辞典》第9卷里，「自由」的意思是「㈠我が意の欲するままなこと。思ふまま。氣まま。……㈡他の束縛を受けないこと。……」。「自在」的释义为「㈠心のまま。思ふまま。束縛、又は障碍のないこと。静かなさま。勝手。自由。隨意。……㈡佛 心が煩悩の束縛から離れること。通達無礙をいふ。……」。看来，日语的直译确实没有读取第二个词条"自在"里的"安闲舒适"之意。

在汉语里，有学者说"'自由'强调决定于自己的意志或意愿，和'受限制相反'，多用于人的言论、行为。例如，'想象是自由的天使'……'自在'强调没有拘束而随意、舒适，和'受拘束'相反，用于人的心情感受。常可以连接在'自由'之后。例如，……'要做，就得放开手，放开脚，自由自在地做，这就是在民主的基础上成立联合政府'（《毛泽东选集》，第四卷）"①。其中的"自在"就选用了"没有拘束而随意、舒适"之意。但是，日语同源成语「自由自在」却只摄取了第1个词条的"自在"，因此，日本人就没有从"安闲舒适"这层意义上去理解「自由自在」。所以，翻译出问题也很自然。譬如，以上《毛选》的例子，在《中日对译语料库》里被译为「なるなら、手足をのばして自由自在にやりたい。つまり民主主義を基礎にして連合政府をつくることである」。这个「自由自在に」已经完全没有"随意、舒适"之意。又如：

（1）柳原静了半晌，叹了口气。流苏道："你有什么不称心的事?"柳原道："多着呢。"流苏叹道："若是像你这样<u>自由自在</u>的人，也要怨命，像我这样的，早就该上吊了。"②

（2）学习之外，她和几个云南的老乡一起，经常出去郊游，去泡茶馆，去戏园子听戏，生活得<u>自由自在</u>，无拘无束，在家乡的那种沉闷之气一扫而光。

（3）我何曾不要来。如今你哥哥回来，那里比得先时<u>自由自在</u>的了。（《红楼梦》第79回）

前两例用的都是第2个词条"自在"的意思，第3例需根据语境、人物身份来理解香菱的这句话，很难说完全是第1个词条"自由"的意思，而与第2个词条的"自由"无涉。然而，几位译者似乎皆未意识到这一点，译文值得商榷。③

（1）译：柳原はしばらく沈黙したあと、フーッと溜息をついた。流蘇が聞く。「なにか悩み事でもおありですの?」「ええ、どっさりね」流蘇は溜息まじりに、「あなたのようになんでも思いどおりになさる方

---

① 刘叔新. 现代汉语同义词词典［M］. 天津：天津人民出版社，1987：631.
② 本文未标明出处的译例均选自《中日对译语料库》。
③ 与"自由自在"相近似的还有"落花流水"与「落花流水」。在中文里，"落花流水"与"落花有意，流水无情"在辞书上也是不同的词条。日语「落花流水」的接受史与语义流变可参见陈力卫《日本の諺・中国の諺》一书。

65

に不満がおありなら、わたくしのような者はとうに首を括ってなければなりませんわ」

（2）译：勉学のかたわら、彼女は雲南の同郷人たちといっしょにピクニックに出かけたり、茶館でお喋りをしたり、芝居小屋に通ったりして、<u>自由で気ままに暮らし</u>、ふるさとでの鬱屈した気分はもう跡形もなかった。

（3a）译：あたくし、それはもう来たくて来たくてたまりませんでしたのよ。でも今はあなたのお兄さま｛薛蟠｝がお帰りになってますので、以前みたいに<u>勝手気儘なまね</u>が出来なくなったのですわ。（松枝茂夫，1977）

（3b）译：来たいのはやまやまなんですが、いまではあなたさまのお兄さま｛薛蟠｝もお帰りになったので、以前のように<u>好き勝手には</u>ならないのです。（井波陵一，2014）

　　还有一种情况，即汉语古今语义发生流变，而日语保留了古汉语用法，造成汉日双语的同源不同义。典型的如"铁石心肠"与「鉄心石腸」。在《现代汉语词典》上，铁石心肠的释义为"形容心肠硬，不为感情所动"；台湾《重编国语辞典》（修订本）的释义则为"比喻意志坚定，不为私情所惑。<u>本为赞美之语</u>，后多有贬义。元代陶宗仪《南村辍耕·卷二十八·蕻梅花文》：「筠窗月淡，尚疑弄影之时，虽宋广平铁石心肠，忘情未得。」《儿女英雄传》第二十五回：「我便是铁石心肠，也该知感恩情，诸事听命。」……"。

　　日本辞典用的是古汉语的意思。如《大辞泉》，「いかなる困難にも負けない、鉄や石のように堅固な精神。鉄石心腸。『―の人』」。《广辞苑》为「鉄や石のように堅固な精神。鉄石心腸」。《国語大辞典》释义为「鉄や石のように堅固な精神。どんなことにも動かされない強い心。鉄石心腸」。所以，从翻译角度看，「二十歳になるまでは、どんなことがあっても鉄心石腸で飲酒と喫煙には走らないように」中的「鉄心石腸」就绝不可以照搬同源成语翻译。

二

　　如上所述，直译是汉日同源成语语义差异产生的重要原因之一，由此连带出现的一个问题便是日本辞书释义缺乏统一性，使得普通使用者在理解这类成语时，随机性过强。而且，即便普通使用者发现辞书间释义的不同，也

不知道该如何取舍。值得关注的是，这种情况在日本并非个案，事实上，业已成为同源成语误读的另一个原因。譬如，「他山の石」在《大辞泉》里，释义为「よその山から出た石。転じて、自分の修養の助けとなる他人の言行」，明显有别于同类辞书。《大辞泉》没有在「石」前加上负面评价。又如，「騎虎の勢い」，释义有别的辞书不在少数。

《大辞林》：〔隋書文献独孤皇后伝〕虎に乗って走る者が途中で降りることができないように、物事の勢いが盛んになって行きがかり上、途中でやめられないことのたとえ。やめるにやめられない激しい勢い。

《広辞苑》：〔新五代史唐臣伝、郭崇韜「俚語に曰く、虎に騎のる者の勢い下おりることを得ず」〕虎に乗って走る者が途中で下りることができないように、物事のゆきがかり上、中途でやめにくいことのたとえ。はずみのついた激しい勢い。

《新明解国語辞典》（第5版）：きこ【騎虎】[1][2]〔トラに乗る意〕
「―の勢い〔＝一度始めた関係上、途中でよすわけにはいかないこと。はずみがついて途中ではやめられないほどの勢いの意にも用いられる〕」。

《学研 四字熟語辞典》：ものごとにはずみがついて，途中でやめられずにまっしぐらに進んでいくようす。◆「騎虎」は，虎に乗ること。虎にまたがったら，途中で下りると食われてしまうので下りるわけにいかないの意から。〔例〕彼の麻雀は，一度つき出すと騎虎の勢いで，どうにもとまらないから要注意だ。〔出〕隋書「大事已（すで）ニ然リ，騎虎之勢，必ズ下ルコトヲ得ズ。之（こ）レヲ勉（つと）メヨ」。

《大辞泉》：《「隋書」独孤皇后伝から》虎に乗った者は途中で降りると虎に食われてしまうので降りられないように、やりかけた物事を、行きがかり上途中でやめることができなくなることのたとえ。

《明鏡国語辞典》：き-こ【騎▼虎】[名]〔文〕とらの背に乗ること。「―の勢い（＝とらの背に乗って走る者が途中でおりられないように、行きがかり上途中でやめることができないことのたとえ）」。

《現代国語例解辞典》：き-こ₂【騎▼虎】トラに乗ること。「騎虎の勢い〔＝虎に乗った者が、途中で降りることができないように、物事にはずみがついて、あとへ引けなくなったりすること〕」。

《日本語新辞典》：き-こ【騎〵虎】[名]例騎虎の勢い〔＝虎に乗った者が、途中で降りることができないように、物事にはずみがついて、あと

へ引けなくなること〕。

《故事・俗信ことわざ大辞典》：虎に乗って走れば、その勢いがはげしくて途中でおりることができないということから、物事の勢いがさかんになって、行きがかり上、中止したりあとへ引けなくなったりすること。途中で止めるとかえって損害を受けるおそれのあることのたとえ。

《新版漢語林》：物事の中止しにくいさま。虎に乗って走れば非常な勢いなので途中でおりることはできない意。乗りかかった舟。

上面所举辞典达10本之多，无非是想说明，这种潜藏在辞书里的差异是很普遍的，并非个别辞书的问题。仔细阅读释义，可以发现前4本和后6本有实质性差异。前者强调的是「激しい勢い」，后6本则与汉语原意相近。前4本中，相比较之下，《新明解国語辞典》又周全一点。在《汉语大辞典》上，骑虎难下"比喻行事虽遇困难，然迫于大势而不可能中止"。《现代汉语词典》的释义："比喻事情中途遇到困难，为形式所迫，又难以中止。"同时，又必须注意到，这10本辞典中，除《新版漢語林》属于阅读古典的专业辞书之外，其余皆为常用辞书，只是版型有大小之分而已。《大辞林》《広辞苑》《大辞泉》和《故事・俗信ことわざ大辞典》属于中型辞书，其余则属于小型辞书。① 然而，在这些常用辞书里，释义俨然可分为两派或三派，当然会使日文读者（包括日本人与非日本人）产生迷惑，而这种释义歧出也一定反映在日语著述之中。

(4) 中央アフリカ北東コンゴーのある地方の竪琴にクンディまたはクンズというのがある。ここまで来ると騎虎の勢いに乗じて、結局日本のコトをついでにこれと同列に並べてみたくなるのである。

（青空文庫：寺田寅彦「日本楽器の名称」）

(5) 加勢にもかかわらず、最前列の柴田隊が瓦壊し、浅井の一団が味方の堅陣を打ち砕いて、騎虎の勢いで信長本陣へ迫りつつある。

（現代日本語書き言葉均衡コーパス：谷恒生「革命児・信長」）

这两例中的「騎虎の勢」显然不是一个意思。一方面，如果读者文化水平不高，缺乏通过语境来把握语义的话，无疑会产生理解混乱。另一方面，如果要翻译成汉语，译者如何选择译词，也是一个问题。从语境看，前一例

---

① 《現代国語例解辞典》和《日本語新辞典》皆由日本小学馆出版，但释义文字之近，有点出乎笔者的想象。

接近汉语，后一例则是日语的「激しい勢い」之意。如果是日译英、日译法，语义判断就没有中国译者方便、容易。

"左顾右盼"和「右顧左眄」（或「左顧右眄」）。《现代汉语词典》从第1版到第6版的释义没有大变化，"向左右两边看：他走得十分慢，左顾右盼，像在寻找什么似的。"① 《现代汉语大词典》则为 "①左看看，右看看。形容得意的神态。……②仔细观察"。在《广辞苑》《大辞林》《国语大辞典》《新明解国语辞典》上，释义相近，可以《大辞林》为代表：「あたりの様子や周囲の思惑を気にして，決断できず迷うこと」。但是，在《角川新字源》（改订版）里则释义为「左を見たり右を見たりする。あたりを見まわして得意なさま」。在《新版漢語林》里，则是「左右を見わたす。①得意のさま。……②ためらうさま」。这个「得意なさま」是上述4本常用辞书里所没有的。但是，这种释义歧出必然引起读者的误读，即便对同时查阅几本辞典的读者来说，也一定会造成困惑。不仅如此，对中国的日语学习者乃至翻译家也会产生负面影响。

（6）［芥竜. 文芸］僕は或は谷崎氏の言ふやうに左顧右眄してゐるかも知れない。いや、恐らくはしてゐるであらう。僕は如何なる悪縁か、驀地に突進する勇気を欠いてゐる。しかも稀にこの勇気を得れば、大抵何ごとにも失敗してゐる

译文：也许恰如谷崎所云，我在"左顾右盼"。不，恐怕确实如此。不知源于何种恶缘，我做事欠缺勇往直前的勇气，即使偶尔有了这种勇气，做起事来大抵也是屡战屡败。②

很明显，译者已经察觉汉日双语间的异同，在"左顾右盼"上加了引号。不过，仅仅加一个引号是否能很好地转达日语「左顧右眄」的意思，似有讨论的余地。原文是难以决断之意。

（7）黄府后院太湖石边那几棵大树还在笃笃地滴着水珠。一丛芭蕉绿的更有精神。婉小姐站在太湖石上，左顾右盼，十分高兴。

译文：黄家の裏庭の築山のかたわらでは、数株の老樹がまだしずくを滴らせていた。芭蕉の葉もみずみずしく光っている。婉卿は太湖

---

① 这是第1版释义，第6版为"向左右两边看：他走得很慢，左顾右盼，像在寻找什么"。
② 芥川龙之介. 文艺的，过于文艺的 [M] // 高慧勤，魏大海，主编. 芥川龙之介全集（第4卷）. 济南：山东文艺出版社，2005：368.

石を積んだ築山の上にのぼって、<u>楽しげにあたりを眺めていた</u>。

（8）那天晚上，我们的同级有个联欢大会，

译文：真是济济多士！十余年中，我们一百多个同级，差不多个个名成业就，儿女成行（当然我是一个例外！），大家携眷莅临，很大的一个厅堂都坐满了。觥筹交错，童稚欢呼，大姐坐在主席的右边，很高兴的<u>左顾右盼</u>，说这几十个孩子之中，有百分之九十五是她接引降生的。

译文：その夜の懇親会の、なんと名士済々であったことか。十何年かの間に、百人余りの級友はそれぞれ功成り名を遂げて、子どもをもうけ（もちろん私は例外だが）、一家そろってやってきたので、大きな講堂はいっぱいになった。酒が酌み交わされ、子どもたちははしゃぎまわっていた。L姉さんは会長の右に座って、<u>楽しそうにまわりをながめていた</u>。この何十人もの子どもたちのほとんどは、彼女がとりあげたのだ。

这两个译文，最值得肯定之处，就是两位译者都没有照搬同源成语。不过，细究起来，前一例在原文里语境有"得意"之意，却没有译出，但也很难说是硬伤。后一例在这个语境中，译成「楽しそうにまわりをながめていた」非常合适。

总之，这类辞典释义的不同，实质上也是源于不同的理解方式，结果却造成成语意义的多解，带给两国读者的困惑远远大于上一节里所谈，经过日语直译改造、意义趋于稳定的同源成语。

三

与辞书释义差异造成的误读相近的是，不同的作家，对同源成语的不同读解方式，也会引发另一类的"语言混乱"。换言之，有一些日本人不按照辞书释义使用成语。据山田忠雄1996年的研究，「他山の石」实际上有5个义项。其中第一项是正面的——「見習うべき手本、好模範。『アメリカを他山の石としてわが国でも実りある教育論争が展開されるのを期待してやまない』」。其后的两个义项才是负面的，②「見習いたくない例。『マスコミは、この事件を他山の石として、いま一度、社会正義のために、真実の報道の何たるかを問いただすべきである』」。③「対岸の火災視出来ない、身近な教訓。『国の内外を問わず、乗客の安全輸送が鉄道関係者の第一使命であることに変わりはない。JRに対して、海外の事故を他山の石として生か

すよう求めたい』」。其余的 2 个义项则是中性的，分别是「何かの参考例」和「専門家の参考となる非専門家の意見・考察」①。显然，跟第 1 节里所引数种日语辞书释义有不小的区别。再补充 1 例。

（9）右のような次第であるから、この書には自分の気づかぬいろいろな誤謬があるかも知れぬ。が、自分が志したのは、いまだ孔子に触れたことのない人に『論語』を熟読玩味してみようという気持ちを起こさせることであった。それが成功しなければ、『論語』をいまだ読まない人が依然としてそれを読まないというだけのことであり、幸いにして成功しても、あとには専門家の注釈や研究が数え切れないほどあるのであるから、自分の誤謬が人を誤ることもなかろうと思われる。と言って、すでに『論語』を知っている人にはこの書は全然用がないというわけでもない。そういう人にも<u>他山の石</u>としてはいくらか役立つであろう。　　　　　　　　　　　（青空文庫：和辻哲郎「孔子」）

当然，此例中的「他山の石」当作日语谦辞去理解也无不可。不过，笔者以为还是按照上述第 4、第 5 个义项去把握，更加切合语境。至少，这种解读方式也是一种选项。前文（4）里的「騎虎の勢い」，寺田寅彦用的也是汉语的原意。

同类的例子还有"旗鼓相当"／「旗鼓相当って」、"天衣无缝"／「天衣無縫」、"朝三暮四"／「朝三暮四」等。譬如，在《现代汉语词典》里，"旗鼓相当" "比喻双方力量不相上下：这两个足球队～，一定有一场精彩的比赛。"《汉语大词典》有两个义项，"1. 两军对敌；对抗。……2. <u>比喻双方力量不相上下</u>。……" 在《大辞林》《广辞苑》上，日语以「旗鼓の間に相見ゆ」的形式出现，释义分别为「戦場で敵味方になって相会する。旗鼓相当（アイア）たる」、「戦場で敵味方となって対決する。」显然，日语只取了汉语的第 1 个义项，重点在「戦場」的「相会」与「対決」，汉语"双方力量不相上下"的意思被虚化了。《国语大辞典》的释义略有不同，「旗鼓相当たる　敵味方が対陣して勝敗を決する。転じて、技量を比べる。優劣を競う」。但是，一决胜负的语感仍然强过汉语。然而，在森鸥外的笔下，「旗鼓相当って」的意思比较接近汉语。

（10）相手も雄弁を弄することになれば、<u>旗鼓相当って</u>、彼の心が飽き足るであろう。彼は石田のような相手には始て出逢ったろう。そして暖簾に腕押をしたような不愉快な感じをしたであろう。（青空文

---

① 陳力衛. 日本の諺・中国の諺［M］. 東京：明治書院，2008：100-101.

库：森鸥外「鶏」）

再看"天衣无缝"/「天衣無縫」的例子。在日语里，「天衣無縫」只有两个意思，即「（1）詩歌などにわざとらしさがなく自然に作られていて、しかも美しいこと。（2）性格が無邪気で飾り気がない・こと（さま）。天真爛漫（テンシンランマン）。『―な人柄』」（《大辞林》）。《广辞苑》同样如此：「（天人の衣服には人工の縫い目などがない意から）詩歌などに、技巧をこらしたあとがなく、いかにも自然で完美であるさまの形容。また、人柄が天真爛漫でかざりけのないさま。『―な作品』『―の人』」。但是，在作家手下，却"多"出了意思。

(11) 一時は将棋盤の八十一の桝も坂田には狭すぎる、といわれるほど天衣無縫の棋力を喧伝されていた坂田も、現在の棋界の標準では、六段か七段ぐらいの棋力しかなく、天才的棋師として後世に記憶される人とも思えない。　　　　　（青空文庫：織田作之助「可能性の文学」）

(12) ところでここまでは誠に上出来であった。この辺で止めて置けば万事が天衣無縫で、彼女の正体も暴露されず、私の病院も依然としてマスコットを失わずにすんだ訳であったが、好事魔多し、とでも言おうか。彼女独特のモノスゴイ嘘吐きの天才が、すこし落ち着くに連れて、モリモリと異常な活躍を始めたのは、是非もない次第とでも言おうか。　　　　　　　（青空文庫：夢野久作「少女地獄」）

与日语相比，一方面，汉语没有"天真烂漫"的义项，另一方面在比喻"完美"时，使用范围更广，不局限于诗文的浑然天成，也可以泛指事物完美，不留破绽，有时甚至带有负面语感。如：

(13) 总编辑的便笺天衣无缝。我看见乌纱翅跳舞。轻轻地、慢慢地旋转，表示纱帽里面的脑袋轻松愉快，充满胜利的喜悦。

译文：編集局長のメモはまったく非の打ちどころがない。おれは烏紗の舞いを見ているのだ。軽やかにゆっくりと旋回させ、帽子のなかの頭がゆったりとして心地よく、勝利の喜びでいっぱいであることを示していた。

(14) 但是他从各方面都不断地遇到麻烦。今天中午接到的"告发信"，便是一例。固然傅善读把信上所揭发的问题，解释得"天衣无缝"，但要弄清整个情况，抓住事情的实质，显然既不能只相信那"两名外单位群众"，也不能光听信傅善读的"一面之词"。

译文：だが、たえず四方八方からやっかいなことに取りまかれる。昼に受けとった"摘発"がその一例だ。そこに摘発された問題を、傅善読はつけいるスキもないほどに釈明した。だが事情を明らかにさせその実体を見きわめなければならない。「他の部門のもの二人」だけを信用するわけにはいかないし、傅善読の"一面的な言い分"をうのみにするわけにもいかない。

两位日译者汉语功底很好，理解到位，没有使用同源成语翻译。这也从另一个角度证明了汉日"天衣无缝"/「天衣無縫」的差异。回到(11)(12)上，尤其是(12)，已超越日本人的普遍"语感"。这种用法，既有可能被日本人误读，也容易造成日本人的语言混乱。

本文围绕汉日同源成语语义差异的成因做了一点探讨，所涉及的3条，实际上皆指向直译方式，后两条不过是第1条的衍生物而已。当然，这3条并不能成为所有异同的根据，譬如，"倾国倾城"与「傾国/形成」的巨大语义差异，恐怕就与中日两国不同的历史、文化与审美有关；而"卧薪尝胆"背后人物故事的异同，则是另有原因。① 总之，这一方面的释义歧出成因研究尚有待进一步拓展、深入。

---

① 在汉语里，"倾国倾城"形容女子极其美丽，在日语里，「傾国」、「傾城」则是用来指代美貌的妓女。汉语"卧薪尝胆"是讲勾践一个人的故事，到日语里则为夫差和勾践两人所分享［参见《日本国语大辞典》（第2版）］。

02

| 句子研究篇 |

语感与翻译

"语感"不仅汉日语同形,而且是日源新词,这里对前期研究略做补正。在我国,它最早出现于"1926年8月夏丏尊《我在国文科教授上最近的一信念——传染语感于学生》"①里。进入辞书则较晚。《现代汉语词典》第1版(1978)未收,第3版(1996)始录入。1984年的《汉语外来语词典》也未收。在日本,"青空文库"的最早用例见于芥川龙之介的"芭蕉杂记"(1923)。《广辞苑》第1版(1955)、《新明解国语辞典》第1版(1973)、《学研国语大辞典》(1977)皆已收录。② 在研究论文方面,日本CiNii上最早的专论为新屋敷幸繁的「国语语感与国语教育」(1932)。国内为邢公畹的"论'语感'"(1981)。③

一

在前期研究中,笔者发现中日两国对语感的定义有很大的不同。在我国,"某一民族语言的说者对本民族的语言都有丰富的感性认识。这种感性认识,我国学者习惯称之为'语感'。……如果某一民族语的语法研究者本身就是这一民族语的说者,那么他对搜集到的论证资料的可靠性,两个句子之间的同义关系等问题,就会有一种锐敏的判断能力。这种能力就来自他的'语感'。"④ 在《语言学名词》里,语感"指人们对于自己使用的语言的判断能力,特别是判

---

① 黄河清,编著. 姚德怀,审定. 近现代辞源[M]. 上海辞书出版社,2010:912.
② 有待探究的是,10卷本《大汉和辞典》(1968)和3卷本《广汉和辞典》(1982)未收"语感",小型版的《新选汉和辞典新版》(1974)和《三省堂汉和辞典》第2版(1977)则已选录。
③ 关于语感一词在中日间的交流问题,可深入探讨。因不是本文的研究重点,恕不再深究。
④ 邢公畹. 论"语感"[J]. 语言研究,1981:15-19.

断一个句子是否能够接受以及句子之间是否具有关联性。既指对语言的直觉，也指如何对语言作分析的直觉"①。概而言之，在我国，语感的涵盖面广，既包括词汇，又超越词语，指向句法层面。这一点说得最清楚的当为吕叔湘。他说语感"里面包括语义感，就是对一个词的意义和色彩的敏感。包括语法感，就是对一种语法现象是正常还是特殊，几种语法格式之间的相同相异等的敏感。当然也包括语音感"②。

在日本，语感则指对词汇的感觉。如在1977年《国语学研究事典》里，语感的定义为"一个词不仅可以在意义层面表达某个事实，这个词还可以唤起说话人或谈话人的感情"③。1982年《日本语教育事典》为"每一个词都有它的核心意义，但是它周围缠绕了各种感觉，可以统称为'语感'"④。在2005年《新版日本语教育事典》上，这一定义修改为"把一个词所指涉物品的客观信息之外，可以从所指物品或这个词本身感受到的主观印象称作语感、对词的感觉"⑤。到了2011年，依旧是"所谓'语感'，即为这个词给对方什么样的感触、印象、气氛等与心理层面信息相关的选词用字方面的灵活选择"⑥。非常明显的是，所有定义都是围绕"词"⑦进行的，与汉语有不小的差别。简言之，「語感」一词进入我国后，已经历了语义扩充，大大地拓展了原来的语义范围。

这个认识论上的重大区别，使两国的语感研究走上不同的路径。在我国，词语、句子、语音甚至篇章都已纳入语感研究领域。但是，在日本，词汇层

---

① 语言学名词审定委员会．语言学名词［M］．北京：商务印书馆，2011：12.
② 吕叔湘．中学教师的语法修养［M］//吕叔湘文集：第4卷．北京：商务出版社，1992：181. 夏丏尊的定义是"一般作教师的，特别的是国文科教师，对于普通文字应该比学生有正确丰富的了解力。换句话说，对于文字应灵敏的感觉，姑且名这感觉为'语感'"（黄河清，2010）．西方的《现代语言学词典》的定义为"语言学用此术语指说话人对其语言的判断，特别是判断一个句子是否可接受，或句子之间如何联系"（戴维·克里斯特尔，2000）．
③ 佐藤喜代治．国語学研究事典［M］．東京：明治書院，1977：105. 本文所引日语文献，除译著外，皆为笔者所译。
④ 日本語教育学会．日本語教育事典［M］．東京：大修館書店，1982：291.
⑤ 日本語教育学会．新版日本語教育事典［M］．東京：大修館書店，2005：273.
⑥ 中村明．語感トレーニング［M］．東京：岩波書店，2011：前言（Ⅶ）．
⑦ 日语原文皆为「（ある）語」或「その語」。

级的语感研究始终是绝对的主流。《Case Study 日语词汇》①《日本语的视点》②《新版日本语教育事典》③《语感修辞》④《日本语语感辞典》⑤ 莫不如此。我国学者所撰《日源新词之"语感"》⑥ 一文所举十余例日文例句也没有超越词汇层面的。因此，对译学研究而言，意识到这一点，意义重大。相关研究一定要跳出日语的「語感」，按照汉语对"语感"的界定，从词语、句子、篇章等各个层面展开。只有这样，才能开阔视野，把对译文的关注、研究从词汇层面扩展开来，避免发生只见树木不见森林的视野偏差。此为汉日双语在语感问题上的第一个也是最基本的差异。

关于语感的理论与分类研究，中日相关文献很多。从译学角度出发，笔者赞同中村明之说，即语感分为两部分，一是核心意义，一是外围意义，但两者没有泾渭分明的界限，有时难以区分。⑦ 在翻译研究上，语感问题不仅指向外围意义，也同时指向核心意义，并且时常纠缠在一起，"剪不断，理还乱。"指向核心意义时，理解与达意是重点；指向外围意义时，探究其所带来的"感触、印象和气氛等心理层面相关信息"⑧ 则上升为第一要务。

二

站在译学研究的立场上看，汉日双语间词汇层面的语感问题还具有不同于汉英之间的特殊性，如由"汉字搬家"所形成的同形汉字词。

由此带来的语感问题，其特点，一言以蔽之，八个字：成也萧何，败也

---

① 森田良行，村木新次郎，相泽正夫. 日本語の語彙［M］. 東京：桜楓社，1989：124-129.
② 森田良行. 日本語の視点——ことばを作る日本人の発想［M］. 東京：創拓社，1995：90-103.
③ 日本语教育学会. 新版日本语教育事典［M］. 東京：大修館书店，2005：273-275.
④ 中村明. 語感トレーニング［M］. 岩波書店，2011：1-193. 中村明的《语感修辞》中有个别例句超越了词语层面。如"Q31 次の①~④について、謝罪の程度が深いと思われるものから順番に並べてください。① 過日の件、あらためて深くお詫びいたします。②この間は失礼しました。③先日はご迷惑かけてどうもすみませんでした。④先だっての件、まことに申し訳ありません。"作者给出的答案是"①→④→③→②"。另，因篇幅关系，版面有变。
⑤ 中村明. 日本語語感の辞典［M］. 東京：岩波書店，2010：1-1181.
⑥ 施建军，沈燕菲. 日源新词之"语感"［M］//谯燕，徐一平，施建军，编著. 日源新词研究. 北京：学苑出版社，2011：132-138.
⑦ 中村明. 語感トレーニング［M］. 東京：岩波書书，2011：181-183.
⑧ 中村明. 語感トレーニング［M］. 東京：岩波書店，2011：前言（Ⅶ）.

萧何。这同中日两国一千多年的文化交往密不可分。举一个耳熟能详的同形汉字词"知识分子"。2014年6月28日，复旦大学外文学院曲卫国教授发微信说："……，余英时就有知识人的说法：过去'分子'用得太可怕了，分子是右派分子、坏分子，什么都在里头。'知识分子'已经用了几十年，从前是一个中性的词，后来就变质了。所以我不想再用。……讲知识人等于中国人讲读书人一样，讲政治人、经济人、文化人都可以，为什么不能用知识人呢？"① 一经指出，笔者也掂量出"知识分子"一词的微妙语感，并开始了拓展研究。在辞书和《中日对译语料库》上搜寻一番后，有以下收获。

　　褒义的"分子"：骨干分子　积极分子　进步分子　先进分子　优秀分子　勇敢分子　爱国分子　工农分子　开明分子

　　中性的"分子"：中坚分子　狂热分子　活跃分子　活动分子　抗日分子　上层分子　共产主义分子　左翼分子　右翼分子　同情分子　革命分子　左派分子

　　贬义的"分子"：坏分子　落后分子　帮派分子　异己分子　反动分子　特务分子　犯罪分子　闹事分子　颠覆分子　投机分子　杀头分子　托派分子　投敌分子　变节分子　民粹分子　中间分子　反党分子　漏网分子　贪污分子　腐化分子　死硬分子　敌对分子　管制分子　不法分子　好战分子　地主分子　堕落分子　捣乱分子　颓废分子　消极分子　叛国分子　嫌疑分子　奸细分子　首要分子　动摇分子　匪特分子　不良分子　为首分子　破坏分子　贩私分子　变质分子　懒惰分子　整肃分子　极右分子　黑帮分子　腐败分子　激进分子　逃窜分子　顽固分子　富农分子　妥协分子　三反分子　左倾分子　右倾分子　右派分子　失足分子　恶霸分子　流氓分子　首恶分子　剥削分子　派性分子　残余分子　投降分子　胁从分子　民主分子　反革命分子　国民党分子　两面派分子　法西斯分子　打砸抢分子　投降主义分子　屡教不改分子　为非作歹分子　罪大恶极分子　投机倒把分子　机会主义分子　军国主义分子　扩张主义分子　官僚主义分子　自由主义分子　修正主义分子　帝国主义分子　资产阶级分子　小资产阶级分子　地富反坏右分子　无政府主义分子

---

① 据余英时说，他的这个语感也是来自外人。"大约是一两年前，我曾读到一篇谈'分子'的文章，可惜已忘了作者和出处。据作者的精到分析，把'人'变成'分子'会有意想不到的灾难性的后果。所以，我近来极力避免'知识分子'，而一律改用'知识人'（余英时. 士与中国文化 [M]. 上海：上海人民出版社，2013：新版序2）。"

以上分类是根据笔者的语感进行的，不同的人可能会有不同的分类法。在这里，需说明的是，所谓"中性的'分子'"，意为根据说话人身份或语境可上下调整，或褒或贬。余英时所提到的"知识①分子"，显然问题出在后两个字的外围意义上。其最早用例，见于1928年毛泽东的《井冈山的斗争》："一哄而集的群众会，不能讨论问题，不能使群众得到政治训练，又最便于知识分子或投机分子的操纵"②，似乎一出生就外带上贬义色彩，与几十年后的"臭老九"似有潜在的传承关系。

那么，「分子」在日语里又是什么意思，带有什么语感呢？《大辞林》（第3版）的释义（2）为"团体中的各个人。成员"。释例为「不平分子」。《广辞苑》为"集团中的各个人。成员"。释例「異分子」「不平分子」。《新明解国语辞典》（第5版）的释义（2）为"集团中立异的一部分人"，释例是「危険分子・破壊分子・妨害分子」。其余辞典释义大同小异，另见释例「反動分子」「不穏分子」「不良分子」「反政府分子」「尖鋭分子」「反社会的分子」「反日分子」「異端分子」「急進分子」「不満分子」「赤色分子」「反抗分子」「過激分子」和「積極分子」等。「積極分子」是一个例外，带有正面语感，其余皆带有负面语感，甚至没有一个词可看作中性词。要言之，与汉语相比，日语的「××分子」的负面特征更加明显。由此，笔者展开了两项后继考察。一是日文有无「知識分子」的说法，二是在此基础上考察"知识分子"的日译。在《中日对译语料库》的日文著作里，没有检索到「知識分子」。在EBwin系统里，《大辞林》《国语大辞典》《大辞泉》《广辞苑》和大型近义词词典《日本語大シソラース》皆未出现该词或用例。在《日本大百科》里找到2个用例。一个出自综述马克思主义阶级理论的文字，一个出现在介绍朝鲜「独立協会」的词条里。似乎可以说，在日语中，「知識分子」近乎异类。而"知识分子"的日译，《中日对译语料库》检索结果如下：

---

① 就"知识"一词而言，《汉语外来词词典》认为"源日 知識・智識 chishiki［古代汉语孔融《论盛孝章书》：'海内知识，零落殆尽。'意译英语 knowledge］"。《近现代辞源》则称"1819年马礼逊《华英字典・Part Ⅱ》：'知识，knowledge；information'"。查阅沈国威《近代中日词汇交流研究》、刘禾《跨语际实践》、刘凡夫·樊慧颖《以汉字为媒介的新词传播》，意见也不统一。因本文主旨的关系，暂不深究。

② 黄河清．近现代辞源［M］．姚德怀，审定．上海：上海辞书出版社，2010：955．

表4 关于"知识分子"的日译统计

汉语	日译1	日译2	日译3	日译3
知识分子 (369)	知識分子 (79)	インテリ （インテリゲンチャ） (58)	知識人 (194)	知識層 (38)

显然《中日对译语料库》的日译受到了汉语的影响，「知識分子」使用了79次，明显有别于日本人的原创作品，① 但是，与其他译词290次相比，也已经有所"收敛"。或许可以说，有相当多的日本汉语翻译家对「知識分子」的说法有所保留，而选用了其他译词。为此，笔者再一次利用EBwin系统，对同形汉字词「知識人」「知識層」进行检索。此外，鲁迅当年曾引进「知識階級」一词，② 故一并进行统计。结果如下：

表5 关于「知識人」「知識層」及「知識階級」出现数的统计

大辞林	国语大辞典	大辞泉	日本大百科	新明解国语辞典
52/8/16	22/4/12	30/1/7	490/35/50	4/0/2

很显然，这三个词在日本都比「知識分子」用得多，尤其是「知識人」③。日本学者说"日语'知識人'一词的骨子里，带有对这种'知识'（善知识，即指修行高僧）尊敬的意味"④。最后，笔者换一个角度，反向检索了「インテリ」「知識人」⑤ 的汉译情况。从汉译中可以明显感受到国内日语翻译家对"知识分子"的讲法缺乏敏感。"知识分子"已成为首选译词。而8个"知识人"的译词全部出自《利玛窦传》，似与时代语境关系较大。

---

① 这也是笔者一贯主张汉日对比不能简单采用原文对译文的方式进行的原因。受译出语影响，译入语的纯正性难以得到绝对的保证，虽然情况会因人而异，有所不同。
② 常晓宏. 鲁迅作品中的日语借词 [M]. 天津：南开大学出版社，2014：96.
③ 余英时认为"知识人"为 intellectual 的日译词（余英时，2013），有待考证。
④ 铃木修次. 漢語と日本人 [M]. 東京：みすず書店，1978：62.
⑤ 《中日对译语料库》的日文著作里没有出现「知識層」一词，故无法检索。

表6　关于「インテリ」的汉译统计

日语	汉译1	汉译2	汉译3	汉译4	汉译5	汉译6	汉译7
インテリ（21）	知识分子（14）	知识阶层（2）	知识人（1）	读书人（1）	学者（1）	知识（女性）（1）	姣姣者（1）

表7　关于「知識人」的汉译统计

日语	汉译1	汉译2	汉译3	汉译4	汉译5	漏译
知識人（36）	知识分子（23）	知识阶层（2）	知识人（8）	文化人（1）	学者（1）	（1）

概而言之，语感的外围意义有时也可成为核心意义天平上的风向标，不经意间就会或明或暗地改变其价值取向。

三

另一方面，如前所述，汉日双语在语感问题上最重要的差异是视野的不同。对翻译实践与译学研究而言，在大多数情况下，词汇语感把握的好坏是局部问题，对全局影响有限。通常，句子、句群和篇章层面上的语感把握，显然更加重要。

（1）墨水河盛产的白鳝鱼肥得像肉棍一样，从头至尾一根刺。它们呆头呆脑，见钩就吞。

译文：墨河名産の白鰻は男根のようにまるまるとふとって、頭から尻尾までしゃきっとした姿をしている。鰻どもは間抜けで、あっさりと釣り針にくらいつく。①

此例选自莫言的《红高粱》及其日译本。从语感研究的角度看，是一个由词汇层级过渡到句子层级的例子。首先是"肉棍"译为「男根」，但显然不是误读原文，而是平衡核心意义与外围意义之后的结果。值得玩味的是，译者的"改动"并没有局限在这一个词之上。"从头至尾一根刺"也没有直译，"刺"字译作「姿」，同时又将"一根"译作「しゃきっとした」，与

---

① 徐一平，等. 中日对译语料库［DB］. 北京：北京日本学研究中心，2003.

「男根」和「姿」呼应。由此，日译文的语感①发生了微妙的变化，是否可视为译者成功的创造性叛逆，值得进一步研究。下一例则是更典型的句子层级，甚至可以说是篇章层级的例文。

（2）棋呆子红了脸，没好气儿地说："你管天管地，还管我下棋？走，该你走了。"就又催促我身边的对手。（阿城《棋王》）

译文：Chess Fool went red in the face. "Always intruding into other people's business-can't I have a game without you butting in?" He said crossly. "Go away, just go away." And he urged his opponent beside me to continue. （MeDougall, 2010）

棋呆子王一生嗜棋如命，到处找人下棋。好不容易有人愿意陪他厮杀一盘，双方鏖战正酣之际，突然出现一位寻找牌友的同学，说了一通话扰乱了他下棋的心思。王一生颇有些不满，便斥来者道：你管天管地，还管我下棋？但马上集中精神回到棋局，便又催促对手道：走（棋），该你走了。……杜博妮的译文将两句话的听者当成了一个人。所以，"Go away, just go away"就变成了对新来者的逐客令，相当于"走开，快点走开"，从而与原文相去甚远。②

对于国人来说，特别是在相应的上下文中，即便没有体态语言的提示，原文里的引语是针对一人，还是针对两人，大概不会成为问题。更何况"该"字本身就有"轮到"之意。在汉语里，类似的情况并不罕见。譬如，《雷雨》里就有一句话分别对两个人说的台词。③ 但是，对外国人，即使是汉学家，哪怕完全掌握上下文语境，也不能保证语感不出问题。笔者查阅了日译文，比英译略好一些，但是语感仍然不到位。

译文：将棋屋はぽっと頬をあからめて、「余計なお世話だ。ぼくの将棋にまで口を出す気か。向こうへ行ってくれよ」と無愛想に言うと、「君の番だ」とぼくの隣の学生を促した。④

---

① 这里汉语所说的语感，在日语里用「ニュアンス」来表述较为妥当。
② 覃江华，刘军平. 杜博妮的翻译人生与翻译思想：兼论本文当代中国文学的译者和读者 [J] 东方翻译，2012（2）：49-58.
③ 如第4幕，周萍在得到鲁妈同意后要带走四凤时说的话："走，不早了，只有二十五分钟，叫他们把汽车开出来，走吧。"其中的"叫他们把汽车开出来"已经不是在对四凤说，最后的"走吧"又回到四凤身上。
④ 徐一平，等. 中日对译语料库 [DB]. 北京：北京日本学研究中心，2003.

把日译文回译成汉语，则是"棋呆子红了脸，没好气儿地说：'你管天管地，还管我下棋？到一边去。'然后又催促我身边的学生：'该你走了'"。显然，日译文把"走，该你走了"这句话翻译了两遍，既训斥了来者，又催促对手下棋。不过，原文并无双关之意。相反，正因为多此一举，才暴露出译者在语感上的困惑和无奈的双重选择。

（3）老王有个弟弟，在西安工作，前几天给他打了一个电报，说是孩子病了，怕是得了急性肝炎，估计这两天赶回北京。

译文：王さんには弟さんがいて、西安で働いていますが、数日まえ弟さんに電報を打って、お子さんが病気になった、おそらく急性肝炎にかかったのだろうと言ってやったので、ここ2、3日中に急拠北京へ帰ってくるものと思います。①

此例日译出自日本汉学家之手，在原文把握上也出现了较大的偏差。在汉语中，谁在西安工作，谁给谁打了电报，谁要回北京，谁是孩子的父亲，不用进行语法分析，仅凭语感就可以明白。现在的日译从打电报起，把后面几个要点全译反了。其实，单独抽出每一句话，相信日本学者不会译错。但是，把它们放到一起，语感就容易出现问题，致使发生理解偏差。从语感的核心意义与外围意义的关系看，以上3例不同于"知识分子"，核心意义成了问题的主要方面。总之，句子层级的语感问题，通常比词汇层级更重要，与核心意义关系也更密切，对全局影响更大，更需要花精力钻研。

四

语感研究的另一个重要内容，则是翻译实践与研究中从"外语→母语"还是从"母语→外语"的方向性问题。这个话题，时常出现，讨论却基本停留在感性或经验的层面。从语感研究入手，或许可以在理论层面上获得一些更为清晰、更为科学的认识。

从语感研究的角度看，如果一个人在母语环境里学习外语，外语能力再强，一般也难以超越母语。16岁后开始学习外语更是如此。通常他们是采用"各个击破"的方式，来分别学习并掌握外语的各个语言点知识，然后依靠理性分析能力将它们拼凑成型。但是，他们不可能像学母语那样，拥有充足的语言资源，并且具备学习"隐性语言知识"的能力，能够在母语典范的熏陶

---

① 高宁，杜勤. 汉日翻译教程（修订版）[M]. 上海：上海外语教育出版社，2013：221.

下，举一反三，在较短的时间内建立起自足、完备的语言体系。① 因此，对母语和非母语而言，人的语感不可同日而语，且有层次之分。一方面，对母语而言，语感的强弱不仅体现于外在的阅读理解上，而且也表现于内在的写作水平中，具有明显优势。另一方面，对外语而言，语感主要集中在阅读与理解之上，一旦落笔，语感能力迅速消减，有"言行不一"之嫌。要言之，一个人的母语语感通常强于外语语感；就外语本身而言，阅读、理解层面的语感又强于写作时的语感。由此看来，在翻译实践层面，应实事求是，扬长避短，以外译汉为主攻方向。在译学研究上，从认识双语特征、推进翻译理论研究的角度看，两个取向皆可。不过，毋庸讳言的是，在"外语→母语"方向上的研究，往往能够更快、更有效地指导外译汉的翻译实践，提高实际动手能力。其实，在译学研究上，有学者说"在'中西互译'中，我们留下的学术遗产主要是'外译中'，中国学术界的翻译实践并未留下多少'中译外'的经验，尽管我们也有辜鸿铭、林语堂、陈季同、吴经熊、杨宪益、许渊冲等前辈的可贵实践"②。

由此看来，以上两节，实际上走的是"母语→外语"的路径，靠汉语"主场"做理解层面的文章。但是，所举英日两个误译，皆没有全新的改译，显示出"言行不一"的无奈。对中国人而言，从意义层面去局部修正外国翻译家的误译之处并不难，但是，要跳出原译，拿出全新译文，不仅要文通字顺，达意无误，更要语言纯正，兼有文采，这就绝非易事了。换言之，这种"母语→外语"的研究取向，虽然可以发挥母语语感在原文理解上的优势，却往往无力在译文创作上推陈出新。

换一个角度，就同源译文的学习与研究而言，"外语→母语"与"母语→外语"两个走向也有着不小的差异。一言以蔽之，在进行汉译外的同源译文对比时，我们虽然能够有自己的判断，但是，要把这种判断变成译笔上的真功夫，对绝大部分人来说，难以达到炉火纯青的地步。在"外语→母语"轴线上，同源译文的对比不仅能提高翻译鉴赏能力，而且还能够潜移默化地提高母语的写作能力。对双语基础很好的人，这种同源译文的对比，会产生明显的点化作用。当然，这种提高与点化也并非可以一蹴而就。

---

① 此处讨论受邹为诚教授2014年11月22日在"第二届全国高校日语教师专业发展论坛暨日语骨干教师专业发展研修会"上的主题报告"二语习得（SLA）与英语课程的关系"，助益良多，特致谢意。

② 张西平."西译中"和"中译西"差异的哲学探讨［J］东方翻译，2015（1）：16-19.

要言之，对翻译实践而言，最为重要的是，要把译出语阅读理解上的语感充分结合到译入语"写作"之中，并尽可能地通过译笔再现出来，走向交合、重叠，甚至局部地合二为一。在"母语→外语"的路径下，很难做到双赢；在"外语→母语"的路径下，双赢的可能性则大幅度提高。

（4）赤ん坊ながら問題児ぶりは、すでにこの項から発揮していた。とにかく眠らない。夜泣きが激しく、たいして昼寝もしていないのに、夜通し泣き続けていたそうだ。1日中、子守で疲れ果てた母にとっては、ノイローゼになりかねないほどだったというから、その激しさが分かる。1日に3-4時間の睡眠で軍務をこなしていたと言われる英雄にちなみ「ナポレオン」とのニックネームが付いたほどだ。

原译：从那时起，我就是有问题的孩子。首先是怎么也不睡觉。夜里扯着小嗓子嚎哭，通宵不停；白天呢，稍睡一会儿，就又哭闹不止。母亲整天陪在我的旁边，因过度劳累患上了神经衰弱症，可见我那时的哭闹多么激烈。于是我得了一个外号叫"拿破仑"。因为据说拿破仑一天只睡三四个小时，仍能精力充沛地处理军务。①

此例原译几处语感有问题，首先最严重的一处为"母亲整天陪在我的旁边，因过度劳累患上了神经衰弱症"。译者没有把握住「なりかねない」和「ほど」的语感。前者只是说有这种可能性，后者不过表示已达到「なりかねない」的程度而已。其次是「昼寝もしていない」也被译反了。如果说这两处问题主要出在核心意义上，那么「問題児」的翻译，则与对外围意义的把握密切相关。严格地说，"有问题的孩子"在语感上比「問題児」轻，尚不能充分反映"与其他孩子相比，性格与行为异常之处甚多，需要在教育上特别关注与指导的孩子"（《大辞林》）的语义。最后就是「こなしていた」的语感。它不仅是"做"，而且是"做好、做到位"。原译的"仍能精力充沛地"反映不了这层意思。因为笔者是在"外语→母语"方向上工作，不同于（2）（3）两例，有能力跳出"小打小闹"局部修改的圈子，重起炉灶，实现双语语感新的对接与并轨，以争取双赢。

改译：我在襁褓中就已是问题儿童，发作得很厉害。一句话，不睡觉。白天不睡，夜晚哭闹，却能闹个通宵。听说母亲整日照看我，身心疲惫，几乎要得神经病。结果，我得了一个外号，叫拿破仑。据说这位

---

① 徐一平，等. 中日对译语料库 [DB]. 北京：北京日本学研究中心，2003.

英雄一天睡三四个小时，就能处理好军务。

（5）細く高い鼻が少し寂しいけれども、その下に小さくつぼんだ唇はまことに美しい蛭の輪のように伸び縮みがなめらかで、黙っている時も動いているかのような感じだから、もし皺があったり色が悪かったりすると、不潔に見えるはずだが、そうではなく濡れ光っていた。

译文1：玲珑而悬直的鼻梁虽嫌单薄些，在下方搭配着的小巧的闭上的柔唇却宛如美极了的水蛭环节，光滑而伸缩自如，在默默无言的时候也有一种动的感觉。如果嘴唇起了皱纹，或者色泽不好，就会显得不洁净。她的嘴唇却不是这样，而是滋润光泽的。

译文2：细高的鼻子略带愁闷神情，可是鼻子下如苞蕾似的小嘴唇，宛然像美丽的水蛭子轮箍滑溜溜地伸缩着，即使沉默的时候，还是使人感觉着它在蠕动，如果有皱纹或是颜色不好看，当然会觉得不洁净，可是这些一概没有，只显得光泽柔润。

译文3：笔挺的小鼻子虽然单薄一些，但下面纤巧而抿紧的双唇，如同水蛭美丽的轮环，伸缩自如，柔滑细腻。沉默时，仿佛依然在翕动。按理起了皱纹或颜色变难看时，本该会显得不洁净，而她这两片樱唇却润泽发亮。①

此例为同源译文的例子。原文摘自川端康成的《雪国》。很显然，无论是遣词造句，还是句型、句式的选用，抑或对句长的控制，对翻译技巧的处理，对修辞手法的运用，译文3皆胜一筹。不仅理解更精准，译文也更有文采，丝毫没有翻译腔，有效地把日语语感融入汉语之中，使它们合二为一，产生相似的美感。总而言之，对翻译而言，所谓语感，在实践层面，也是一种能力，是把对译出语的语感迁移、同化到译入语里的能力。这种能力在外译汉时可以获得更大、更快、更全面的提升。

五

以上分别从"母语→外语"和"外语→母语"两条路径探讨了语感与翻译的关系。进一步考察之后，笔者发现在这两条不同的路径上，语感与翻译的结合方式也有明显差异。如果按照中村明的说法，把语感分为核心意义和外围意义，那么，在"母语→外语"的路径上，两者都集中作用在"母语"

---

① 徐一平，等. 中日对译语料库 [DB]. 北京：北京日本学研究中心，2003.

身上，能够从"母语"跨越出去，投射到"外语"身上的，主要是语感的核心意义，外围意义则有被悬置的嫌疑——难以渗透具体的译语文字。反之，在"外语→母语"的路径上，首先在"外语"上起作用的，无疑是语感的核心意义。其次，基于理解层面的外围意义也被激活，且共同指向"母语"。这时，对"母语"而言，不仅要接受语感的核心意义，而且还要接纳语感的外围意义，并将两者有效地转码为母语译文。

那么，现在的问题就是如何有效地实现这种转换。① 笔者认为有两条原则。一是以核心意义转换为主，外围意义转换为辅，外围意义服从核心意义。一方面，这是因为核心意义的生存方式醒目，查询、确认方式明确，而且是外语学习的重点。换言之，外围意义依附于核心意义，没有核心意义，就没有外围意义。当核心意义和外围意义难以区分时，应以核心意义的捕捉为中心。另一方面，如前文所说，"语感的外围意义有时也可成为核心意义天平上的风向标"，对核心意义有反制作用，需要留意。二是译文的语感必须服从原文语感。两者相比，原文语感是"锦"，译文语感是"花"。母语语感再好，不过是锦上之"花"，切不可越俎代庖，天花乱坠。至于如何去锦上添花，不仅取决于译者的双语语感，同时也取决于对母语语感的限制性发挥。

(6) 土地を離れることのできた次男坊、三男坊はサラリーマンとなる。これなら別に縛るものはないわけだが、ついこの間まで田舎にいたサラリーマンはなお、縛られたい、じっと同じ所にいたいという気持ちが消えてはいないのであろうか。終身雇用制を発達させたのである。ごろごろあちらこちらへ動き回るのは、同じ所にいられなくなった流れ者である。社会はそういう人間を信用しない。

原译：次子、三子可以离开土地加入工薪阶层，对于他们来说不存在束缚他们的东西。可是，直至最近，在农村的工薪人员仍然想受到束缚，想呆在同一个地方的想法不曾消失。这种想法使终身雇用制度得到了最好的发展。四处漂泊的人都是些无法呆在同一地方的流浪者，社会不信任他们。

改译：不是长子的，可以离开农村和土地，成为工薪阶层，从此没

---

① 至于如何培养双语语感，前期研究很多，这里不再赘述。可参见吴梅《外语语感获得的神经心理机制及其培养策略》、戴昭铭《语感与语言系统》、王培光《语义感与语法感的关系》、汤富华《语感与语言本能》、胡学云《语感的概念和语感形成的规律》、贾文渊和贾令仪《论译感》、刘恪《论感觉，中国小说语言中的一个语感问题》等文。

有束缚。但是，这些出身农村的工薪族们却仍然有着很强的归属感，想安于一隅。结果，大大推动了终身雇用制度。东奔西走、四处谋生，是在同一个地方呆不下去的跳槽者。社会不信任他们。

原译出自研究生之手，最大的问题是没有抓住「この間まで田舎にいた」中「いた」的语法意义，导致对整段话失去感觉，误入歧途。如果"在农村的工薪人员"确实存在，就不仅与前文"离开家乡加入工薪阶层"相矛盾，而且也与后文"这种想法使终身雇用制度得到了最好的发展"产生龃龉。抓不住这层核心意义，第2句里的「じっと同じ所」也就没有着落，没有归属。这里，它不再指「田舎」，而是指托付一生的工作单位。所以，这些「次男坊、三男坊」才催生、壮大了终身雇用制度。再就是，原译最后一句也没有把握准原文的语感。在这个上下文里，「流れ者」的核心意义，也可以说是外围意义皆为「渡り者」，即"不断更换住处、职业、工作场所以谋生的人"（《日汉大词典》），与"四处漂泊"的"流浪者"并不相同。这些人的存在有违终身雇用制度。这里是从相反的角度回应前文。

从母语角度说，原译的"次子、三子"固然没有错，但笔者在语感上却觉得过实，以为改译成"长子"为好。虽然这样两者外表上差距很大，但实际上更能说清楚农民与土地的关系，并没有脱离原文的核心意义，属于母语语感的有节制发挥。为此，改译里加上了"农村"二字。之后的「サラリーマンはなお、縛られたい、じっと同じ所にいたいという気持ちが消えてはいない」这一部分，原译"工薪人员仍然想受到束缚，想呆在同一个地方的想法不曾消失"之所以被改译为"工薪族们却仍然有很强的归属感，想安于一隅"，除上述的核心意义之外，母语语感的斟酌也起了很大作用。笔者以为"想受到束缚"的译法虽然在核心意义上没有背离原文，但是作为汉语，却有欠自然，不如译成"有归属感"。但是需要加上"很强的"三个字。因为这一段话是在对比这些"次子、三子"们身份变换前后的心态，且与终身雇用制度有着密切关系。如果不加这三个字，"归属感"的所指对象在语感上就可能发生漂移，有变成指涉农村土地之嫌，影响核心意义的转达。而「同じ所」虚化成"一隅"，虽然在外围意义上与原文有别，却没有改变其核心意义。最后，「流れ者」笔者先后改译为"流民""游民"，但在语感上都有不妥之处，几番斟酌，最终选用了"跳槽者"。不过，在语感上仍觉得过实，尚不是最佳译词。总之，译者在语感上首先要服从原文，并以核心意义转换为中心，然后在此基础上进行双语互动，以保证译文的质量。

（7）けれども、死に方や死ぬときの気象条件にまで注文をつけるのは、<u>虫がよすぎる</u>というほかはない。<u>案の定</u>、死に方についての願望は叶わなかった。おふくろは、八十六のとき脳血栓で倒れて、その後五年も寝たきりで生きることを余儀なくされたのである。

ただ、秋冷の候とおだやかな好天に恵まれたことだけは、せめてものさいわいであった。火葬の日、燃えさかる炎の音が聞き苦しくて、建物の外へ出ると、おふくろを焼く煙は高く晴れた空へまっすぐに立ち昇っていた。<u>そのまま</u>コスモスの花野を前に佇んでいると、足元でコオロギが鳴き出した。

<u>おふくろはもういないのに、秋晴れの空はいまでもこんなに高い。ふとそう思ったりする。</u>①

原译：但是，连死法和死时的气候都要提出要求，这只能说有些自私。可是，死法的愿望并没有实现。母亲在八十六岁的时候因为脑血栓倒下了，之后的五年不得不卧病在床。

只有去世和葬礼的那几天适值秋冷季节和温和的好天气，这一点还算比较幸运。火葬那天，听到熊熊燃烧的火焰声，我觉得不舒服，走到外面，看到焚烧母亲的烟直直地升入高耸晴朗的天空。望着蓝天，驻足在大波斯菊的花丛前，脚下响起蟋蟀的鸣叫。

我情不自禁地想起了母亲，虽然她已经不在了，但秋日晴朗的天空却高耸如昔。②

改译：不过，对死法和死时的天气都提要求，只能说她在打如意算盘。结果，死法却未能如愿。母亲86岁时脑溢血倒下，之后的5年卧床不起。

不过，辞世倒是在秋凉时节，又遇上风和日丽的好天气，且算是小小的安慰吧。火葬那天，炉中的燃烧声着实让人痛苦，我便走到屋外——母亲的焚化炉冒出笔直的青烟，冲上晴朗的天穹。我就这样纹丝不动地站在大片的波斯菊前，脚边响起了家虫蟋蟀的叫声。

母亲已经不在了，却怎么能够如此秋高气爽呢。我忽然意识到这一点。

---

① 底线为笔者所加。
② 许慈惠，李波，徐志强．日语背诵文选［M］．上海：华东师范大学出版社，2009：32-35．

此例选自日本作家三浦哲郎深情追忆20年前母亲去世之文。首先，在此大前提下考察原译，可以发现在核心意义与外围意义的把握上存在一些问题。譬如「虫がよすぎる」，用汉语说，就是"自私""太自私"。可是，用在这里讲过世的母亲，笔者在汉语语感上不是很能接受。斟酌良久，改译为"打如意算盘"，虽然在外围意义上程度有所减轻，却也没有背离原文的核心意义。其次，「案の定」，《大辞林》释义为"跟想的一样，多用在不好的事情上"。《日语背诵文选》上的词语释义为"果然"①。在原文里是呼应前文「虫がよすぎる」。原译显然考虑到了语境，没有选用"果然"来翻译。不过，"可是"的译法又违背「案の定」的核心意义，在语感上略有区别。为此，笔者选择了中性语感的译词——"结果"。又如「さいわい」，原译的"幸运"当然不能说有问题。② 然而，笔者以为，对老母亲来说，葬礼遇上好天，与其说是"幸运"，不如说是对老人家的"安慰"更妥帖一点，因为满足了她生前的一个愿望。再次，就是「そのまま」，原译漏译，使得原文与译文在语感上产生微妙的不同。在原文里，作者听到焚烧炉燃烧的声音，十分不忍，便走到楼外，然后一动不动地站在大波斯菊前，仰望青烟冲上云霄。「そのまま」在这里把前后两个动作凝冻为一体，不可忽略。与它呼应的，则是动词的进行时——「佇んでいる」。最后，后面的「足元でコオロギが鳴き出した」也并非是对客观场景的简单描述。查阅《日本大百科》可以知道，「コオロギ」在日本民俗里被看作家虫，有一种亲近感。由此，作家再一次不露痕迹、曲尽其妙地表达出对母亲的思念。在这个大背景下，考察原文最后一段话，原译"我情不自禁地想起了母亲，虽然她已经不在了，但秋日晴朗的天空却高耸如昔"所表达的与原文有距离。另外，原文最重要的地方是「のに」，一方面，它的核心意义表示逆接，外围语感表示抱怨和不满。抓不住这一点，整个译文就有脱离原文之虞。另一方面，与「のに」呼应的是「いまでも」和「こんなに」，背后所隐含的语感依旧是对天高云淡的不满和对母亲的无限追思。因没有捕捉到这一点，末尾的「ふとそう思ったりする」的「そう」，也是顺势被误解成"母亲"。

综上所述，本文讨论了语感与翻译的关系，首先指出在汉日双语里，语

---

① 许慈惠，李波，徐志强．日语背诵文选［M］．上海：华东师范大学出版社，2009：33．
② 据《现代汉语词典》，"幸运"有两个意思，"好的运气，出乎意料的好机会"和"称心如意，运气好"。

感这一同形汉字词所指有别。在日语里，基本囿于词汇层面；在汉语，则扩展到句子、篇章和语音等层面。其次，探讨了同形汉字词的语感问题和"母语→外语""外语→母语"两种路径与语感研究的关系。最后提出在翻译实践中应把握的两条原则，一是以核心意义转换为主，外围意义转换为辅，二是译文语感服从原文语感，母语语感的发挥受限于外语语感。

句长与翻译

在汉语里，句长既是一个学术问题，又是一个常识问题。作为学术问题，已有一些学者做过研究；作为常识问题，却又并不普及，对很多人而言，它在知识结构之外。严格地说，这应该归咎于学术研究，因为学界至今对句长的认识尚不统一。所谓句长也就难以坐实，并有效地作用于翻译实践。因此，从译学角度看，尤其需要对汉语句长有个清楚的认识，使之与翻译实践产生有机的联系。本文拟从外译汉角度讨论汉语句长及其对翻译的意义。

一

先看一组有关句长的数字。有学者认为"一般说来，汉语语段较短，原因是汉语句子较短，最佳长度短句是 4 字或 9 字，长句是 11 字到 20 字左右"①。《红楼梦》的句长统计与"最佳短句"很接近："书中最短的句子由一个字组成，最长的却有 46 字，但这样长的句子是罕见的。其实，长度超过 10 字的句子已不多了，因此没有必要也不可能对所有长度的句子分布检验。这里我们只检验了 2 字句至 13 字句，它们共有 98,758 句，占总数的 95.13%，因此检验的结果是可靠的。"其结果如下：在前 40 回中，平均句长为 6.692；中间 40 回为 6.865；后 40 回为 7.073。② 而另一个学者研究英译汉范文——柯平译《费莉西娅的旅行》片段，结论则与"最佳长句"相似："译文总字数为 450 个，句子共 40 个，句平均字数 11.25 个，平均值之上的句子有 21 个，占 52.5%，平均值之下的有 19 个，占 47.5%。最长的句子的

---

① 刘宓庆. 新编汉英对比与翻译 [M]. 北京：中国对外翻译出版公司，2006：236.
② 陈大康. 从数理语言学看后四十回的作者：与陈炳藻先生商榷 [J]. 红楼梦学刊，1987 (1)：293-318.

字数为20个。"①

  然而，笔者找到的另一组句长统计则与前一组存在较大差距。如1980年代的实证统计结果为"政论文平均句长（字数）为60.01；小说为28.7"（张绍麟等，1986）。对5位作家平均句长的统计也超过了"最佳长句"：陈忠实的《白鹿原》平均句长为29.59；古华的《芙蓉镇》为27.25；路遥《平凡的世界》（一）为24.33；茅盾《子夜》为20.62；张贤亮的《感情的历程》最短，为16.18。② 计算一下5部作品的平均句长，为23.59。5位作家中，也只有张贤亮一人可归入"最佳长句"的标准内。而对北京大学出版社《博雅汉语》（中级冲刺篇Ⅰ）③ 课文句长的统计则与前一组有更大的差距。12篇课文的平均句长达38.09个字，位居前列的几篇则分别达到了64.94，50.00，49.50，43.29和42.92。最短的一课也达到了21.41。④

  当然，由于文体、写作者个体风格及文本难易程度等因素的影响，统计不可避免带有局限性。但是，即便如此，两组的结论依然相距较大。原因究竟何在呢？打开文本，做一个实例调查。

首先是陈大康所依据的版本——人民文学出版社1982年版的《红楼梦》。

  例1：且说薛蟠听见如此说了，气方渐平。三五日后，疼痛虽愈，伤痕未平，只装病在家，愧见亲友。

  展眼已到十月，因有各铺面伙计内有算年帐要回家的，少不得家内治酒钱行。内有一个张德辉，年过六十，自幼在薛家当铺内揽总，家内也有二三千金的过活，今岁也要回家，明春方来。

——《红楼梦》第48回

  例2：话说金桂听了，将脖项一扭，嘴唇一撇，鼻孔里哧了两声，拍着掌冷笑道："菱角花谁闻见香来着？若说菱角香了，正经那些香花放在哪里？可是不通之极！"

——《红楼梦》第80回

回过头来查阅刘宓庆所举例文，与《红楼梦》有如出一辙之感。

---

① 黄忠廉，等. 译文观止·例话篇 [M]. 北京：语文出版社，2009：10-11.
② 张宁志. 汉语教材语料难度的定量分析 [J]. 世界汉语教学，2000（3）：83-88.
③ 《博雅汉语》（中级冲刺篇）分Ⅰ、Ⅱ册，供掌握了3000左右词汇、由中级向高级冲刺的留学生使用。
④ 李燕，张英伟. 《博雅汉语》教材语料难度的定量分析：兼谈影响教材语言难度的因素和题材的选择 [J]. 云南师范大学学报（对外汉语教学与研究版），2010（1）：39-43.

例3：可是这种事情只在上海才会有。少时留居家乡，当春雨像鹅毛般落着的时候，登楼眺望，远处的山色被一片烟雨笼住，村落恍惚，若有若无，雨中的原野新鲜而又幽静，使人不易忘怀！……

——唐弢《故乡的雨》

例4：知彼知己，百战不殆；不知彼而知己，一胜一负；不知彼不知己，每战必殆。

——《孙子·谋攻》

但是，把这些例子与两人的句长概念相对照，似有差距。这里没有六七个字的短句，除了"可是这种事情只在上海才会有"不到20字，其余均在30字以上，甚至有超过70字的句子。问题出在哪里？

查阅张绍麟、李明和李燕、张英伟两文，前者未出现实例，后者实例摘录如下：

例5：蝉声也是如此，第二天我就会在繁鸟的欢呼声中醒来，使我想起童年时代的午睡，睡在系在树上的吊床上，一醒来，蝉声总是充满耳际。

例6：没想到声音到了我跟前停住了，"哈，原来你在这里，怎么不答应我？"

例7：上帝从来不给任何人"最幸福"这三个字，他在所有人的欲望面前设下永恒的距离，公平地给每一个人以局限。

这一组例子与作者的统计数据相符。然而，回过头再去分析研究例1至例4，很快就会发现问题出在句长的判定标准上。实际上，第一组的3位学者是以逗号等其他标点符号来认定句子的；第二组5位学者则是以句号来认定句子的。从汉语史的角度看，这两种句长就是郭绍虞所说的"音句"与"义句"。他说："所谓音句，实际上就等于一个词组。这种词组的组合必须进入义句，才能表达一个完整的意义，所以从音句进为义句，事实上就是积词组而为句的表现形式。"换言之，就是"积音句以成义句"。由此为据，可以进一步理解古人的章句学说、句读学说以及马建忠"顿"的概念。[①] 然而，问

---

① 潘文国. 汉英语对比纲要 [M]. 北京：北京语言文化大学出版社，1997：189-204.

题是上述8位学者皆未明确说出他们对句长的认定标准，① 也没有提及句长与逗号、句号的关系，以致形成一个盲点，造成人们以句号来把握句长，下意识把句号作为句长的唯一标识，而以逗号为句长标识的传统做法已经不在大部分人的知识结构之中。②

换一个角度看，"在有的位置上，用逗号还是用句号确实有语用表达和韵律上的不同；但在另一些位置上，用逗号还是用句号只是作者习惯的不同。也即，即使在语用、韵律都相同的情况下，母语者也会出现逗号、句号使用分歧的情况。"③ 曹逢甫曾做过实证研究。譬如下面只有一个句号的话——"曾经是历史最光辉的拳王阿里，近年来胜利以后，总是说要退休，但总未退休，结果败在刚出道的史宾斯科手下，本来可以光荣退休，却想不到落得这一个下场"，在18位受试者里，只有一位"与原文标点相同"，"学生确定句子数的平均值"为2.53，"最多句子数"为4句，以至于学界有了"真句号""准句号"的讲法。④ "句号常常是可替换为逗号的准句号，对于逗号在语篇分析中的作用却没有大的影响；……宋柔等学者所依据的'标点句'包括由逗号、句号、问号、感叹号等多种标点分隔开的语段，就是这个道理。"⑤

二

那么，应该怎样认定句长呢？站在外译汉的角度，笔者赞成并主张外译汉时以逗号等具有停顿功能的标点符号作为句长的标志。主要有以下六点理由。

---

① 刘宓庆同时提出过"语段"和"句段"概念，潘文国认为两者容易相混，而刘的语段"大致相当于一般说的'句群'"。因此，刘虽然说过"在从基本句到语段的组织过程中，汉语'句段'可以充当一个句子，形成词组与句子交替使用的句段，因此，汉语句段中既有句子，也有词组"。但是，从这个表述中也很难明确把握他的句长标准。他在书中的另一表述为"最佳句子长度一般是四字、七字、九字或长至二十字、二十五字左右"，但同样没有明确句长与"句""句子"和"音句""义句"的关系。
② 问题的关键在对句子的认识上，但是，这个问题十分复杂。本文且采取"音句""义句"并认的做法。
③ 王洪君，李榕. 论汉语语篇的基本单位和流水句的成因[J]. 语言学论丛，2014（1）：11-40.
④ 王洪君，李榕. 论汉语语篇的基本单位和流水句的成因[J]. 语言学论丛，2014（1）：11-40.
⑤ 王洪君，李榕. 论汉语语篇的基本单位和流水句的成因[J]. 语言学论丛，2014（1）：11-40.

其一，先从口译角度看，停顿并不像笔译那样有明显的逗号、句号之分，如果不把口译记录成文，逗号、句号难以成为评价译文的根据。这时，重要的是何时停顿及停顿的长短、次数，因为它会直接影响到听众的接受效果。

其二，以逗号为句长标识也符合人的生理特点。"一般情况下，人们每5秒钟呼吸1次，因此1分钟内一般呼吸12次。"① 那么，汉语的正常语速是多少呢？"正常语速不应该是一个数值点，而应该是一个不太小的数值段，如果划出一个幅度的话，我们认为200~300 字/分钟应该属于正常语速的范围。"② 另有学者统计中央电视台几位播音员的语速：邢质斌 325 字/分钟；张宏民 350 字/分钟；李瑞英 265 字/分钟；李修平 345 字/分钟；罗京 280 字/分钟；海霞 325 字/分钟；徐俐 340 字/分钟。他们的平均速度为 305 字/分钟，几乎是 20 世纪 60 年代播音速度的 1 倍。③ 先取"正常语速"的上限计算一下便可知道，人 5 秒之间所能吐出的字在 25 个左右；取最快的播音语速 350 字/分钟计算，也不过为 29 个字。如果各取下限，则分别为 16.6 个字和 22 个字。如果取 20 世纪 60 年代语速（以 153 计算），为 12.76 个字。把它们记录成文字，就成为句长。当然，人默读时，句长也会加大一点，但"对人的生理状态同样会产生影响。很多人可能有过这样的经验：在快速而逐字地看完一大段话语之后，会不由自主地松一口气。这其实就是对阅览过程中被压缩了的呼吸所作的补偿"④。同时，这也是人能够"屏住呼吸"，偶尔忍受长句的原因所在。而相声演员的快嘴表演之所以受欢迎，实际上是因为他们成功地向人的生理特点进行了挑战。

其三，以逗号来计算句长，也符合人脑短时记忆的特点。在心理学上，"短时记忆的容量是 7±2 个组块；其编码主要是听觉编码，也存在视觉编码和语义编码；在没有复述的情况下只能保持 20 秒"⑤。为防止超负荷运转，需

---

① 左思民. 汉语句长的制约因素 [J]. 汉语学习, 1992 (3): 16-21. 查阅百度百科网页，称成人呼吸频率为每分钟 16~18 次。取中间数，大约 3.5 秒呼吸 1 次。如取此数据，人 2 次呼吸之间所能说出的字则变得更少，与正文对应的结果分别为 17.64、20.58、11.76、15.58、9.11。

② 孟国. 汉语语速与对外汉语听力教学 [J]. 世界汉语教学, 2006 (2): 129-137, 4.

③ 谢正琼. 电视新闻播音速度的选择 [J]. 成都大学学报（社会科学版）, 2001 (4): 48-49.

④ 左思民. 汉语句长的制约因素 [J]. 汉语学习, 1992 (3): 16-21.

⑤ 韩璨璨. 短时记忆与长时记忆的神经机制 [J]. 社会心理科学, 2010 (5): 18-22.

要"对信息的组合提出一些要求。比如：第一，连续的信息流应该编制得能够分段处理，即把信息安排成一个个有限的组合单位，以便处理一个就可转移一个，让出空位来容纳后续信息。第二，避免无意义或意义不明的信息组合，以便维持一个较大的储存容量。第三，避免十分复杂的组合方式，以便节省加工处理的时间。第四，避免需要经过几次操作才能处理完毕的过长的信息组合，以便减轻记忆的负担。这第四个要求和句长的制约有直接的关系"①。

其四，无论是以逗号，还是以句号作为句长标识，在表示句子停顿这一点上，两者是相同的。即便以句号作为句长标识，只要句中加上些具有停顿功能的标点符号，如逗号、分号，给人以喘息的机会，再长的句子在理论上都是可以存在的，在实践中也是可以接受的。譬如毛泽东就写有长达 427 个字的长句。② 然而，这个长句，实际上被 45 个逗号分隔成 45 个小段。每一个小段的平均字数不过 9.48，已可归入"最佳短句"之列。其日语译文则是 6

---

① 左思民. 汉语句长的制约因素 [J]. 汉语学习，1992（3）：16-21.
② 在《中国革命战争的战略问题》中，"战略问题，如所谓照顾敌我之间的关系，照顾各个战役之间或各个作战阶段之间的关系，照顾有关全局的（有决定意义的）某些部分，照顾全盘情况中的特点，照顾前后方之间的关系，照顾消耗和补充，作战和休息，集中和分散，攻击和防御，前进和后退，荫蔽和暴露，主攻方面和助攻方面，突击方面和钳制方面，集中指挥和分散指挥，持久战和速决战，阵地战和运动战，本军和友军，这些兵种和那些兵种，上级和下级，干部和兵员，老兵和新兵，高级干部和下级干部，老干部和新干部，红色区域和白色区域，老区和新区，中心区和边缘区，热天和冷天，胜仗和败仗，大兵团和小兵团，正规军和游击队，消灭敌人和争取群众，扩大红军和巩固红军，军事工作和政治工作，过去的任务和现在的任务，现在的任务和将来的任务，那种情况下的任务和这种情况下的任务，固定战线和非固定战线，国内战争和民族战争，这一历史阶段和那一历史阶段，等等问题的区别和联系，都是眼睛看不见的东西，但若用心去想一想，也就都可以了解，都可以提住，都可以精通"。（徐一平，等. 中日对译语料库 [DB]. 北京：北京日本学研究中心，2003.）

句话，逗号多达60个。① 换言之，所谓逗号句长、句号句长，虽然表面形态有一些不同，但是，相当一部分以句号为标识的长句，实质上不过是以逗号为标识的短语集合体而已。这样一来，原先一些以句号为标识的超长之句，换一个角度看，已经缩水很多，有的甚至可以化身为"最佳短句"。此时，从译学角度看，需要特别关注，并防止经常出现的，主要是汉译里没有任何表示停顿标点的长句及超长之句。

其五，以逗号作为句长标识，不仅可以合理地解释现有各种句长统计数据，而且也能很好地体现汉语本身的一部分特点与优势。如可以充分反映汉语竹式结构的特点，拔节而上，又形如流水，变化多端，始终处于开放之中，无需在意西方语言所谓的主干结构；节与节之间虽可形合，却以意合为主；此外，它还很好地展现了汉语为话题——说明型语言的本质特点。②

其六，对外译汉而言，以逗号作为句长标识，在理论上也更加合理，可

---

① 戦争の全局の指導法則を学ぶには、頭を使って考えることが必要である。なぜなら、このような全局的なものは、目には見えないので、頭を使って考えてはじめてわかるものであり、頭を使って考えなければわかるものではないからである。ところが、全局は局部からなりたっており、局部について経験をもっている人、あるいは戦役や戦術について経験をもっている人が、もし頭を使って考えようとするならば、そうしたより高級なものも理解することができる。戦略問題、たとえば、敵と味方との関係について配慮すること、各戦役、あるいは各作戦段階のあいだの関係について配慮すること、全局にかかわる（決定的意義をもつ）あるいくつかの部分について配慮すること、全般的な状況のなかの特徴について配慮すること、前線と後方とのあいだの関係について配慮すること、消耗と補充、作戦と休息、集中と分散、攻撃と防御、前進と後退、隠蔽と暴露、主攻方面と助攻方面、突撃方面と牽制方面、集中指揮と分散指揮、持久戦と速決戦、陣地戦と運動戦、本軍と友軍、この兵種とほかの兵種、上級と下級、幹部と兵士、古参兵と新兵、高級幹部と下級幹部、ふるい幹部と新しい幹部、赤色地域と白色地域、旧地区と新地区、中心地区と周縁地区、暑いときと寒いとき、勝ちいくさと負けいくさ、大兵団と小兵団、正規軍と遊撃隊、敵を消滅することと大衆を獲得すること、赤軍の拡大と赤軍の強化、軍事工作と政治工作、過去の任務と現在の任務、現在の任務と将来の任務、ある状況のもとでの任務と他の状況のもとでの任務、固定した戦線と固定しない戦線、国内戦争と民族戦争、ある歴史的段階と他の歴史的段階などといった問題の区別や連係について配慮すること、これらはいずれも、目には見えないものであるが、頭を使って考えれば、みな理解することもでき、把握することもでき、精通することもできるのである。つまり、戦争あるいは作戦上のすべての重要な問題は、より高い原則にまでたかめて解決することができるということである。この目的を達成することが、戦略問題を研究することの任務である。（徐一平等．中日対訳語料庫［DB］．北京：北京日本学研究中心，2003．）

② 潘文国．汉英语对比纲要［M］．北京：北京语言文化大学出版社，1997：197-215.

以成为"分译、合译、简译、意译"等翻译技巧的上位理论，改变一部分既有观念，打破某些思维定势，提高人们对翻译技巧的认识，从知其然步入知其所以然的高度。

下面看一个具体的例子。

例8：彼は歌や発句が作れないとは思っていない。だから勿論その方面の理解にも、乏しくないという自信がある。が、彼はそう云う種類の芸術には、昔から一種の軽蔑を持っていた。何故かと云うと、歌にしても、発句にしても、彼の全部をその中に注ぎこむ為には、余りに形式が小さすぎる。だから如何に巧みに詠みこなしてあっても、一句一首の中に表現されたものは、抒情なり、叙景なり、僅かに彼の作品の何行かを充すだけの資格しかない。そういう芸術は、彼にとって、第二流の芸術である。

译文1：他不认为自己不会做短歌和发句。当然，他自信对这方面还是懂得不少的。但是他一向看不起这一类艺术。因为无论短歌还是发句，篇幅都太小了，不足以容纳他的全部构思。抒情也罢，写景也罢，不管一首短歌或发句做得多么出色，将其内容填到他的作品里也不过寥寥数行而已。对他来说，这样的艺术是第二流的。

译文2：他不认为自己不能写短歌和发句，自信对此道也不乏了解，可是他对这艺术形式一向轻视，以为把全部精力费在这种写作上，未免大材小用，不管一句一行表现得多么出色，抒情也罢，写景也罢，只够充当他小说中的几行，终究是第二流的艺术。①

"两个译文在传达原文意思上并无明显的高下之分，但是在文字表达上，显然后者汉语功底更好，是一个讨论合译的典型例文。……原文共由6个句子组成，其中第四、第五句为复句。译文1不增不减也译为6句，译文2却合并成一句。"② 然而，换一个视角，从逗号句长角度看，则有"风云突变"之感。先做一个计量统计。从句号句长角度统计，译文1与原文同步，③ 译为6句话，140个字，平均句长23.33；译文2只有1句话，108字，句长为108。由此看来，两个译文，相差巨大。译文2既是典型的长句，也是合译的典范。

---

① 高宁．日汉翻译教程［M］．上海：上海外语教育出版社，2008：352．
② 高宁．日汉翻译教程［M］．上海：上海外语教育出版社，2008：352．
③ 日文句长只能以句号做标识，日语文献中未见到以逗号为句长标识的做法。

但是，如果以逗号句长来看的话，两者结果却相差无几。译文1被句号和逗号分割为13个小段，平均句长10.77；译文2则有10个小段，平均句长为10.08。两者相差仅0.69，不到1个字。这样看来，译文2又是典型的分译，它颠覆了传统翻译技巧对分合译的界定，具有打破思维定势、拓展视野的意义。实际上，分合译本身就是辩证的，需要变换视角从不同角度去看，正所谓"横看成岭侧成峰，远近高低各不同"。换言之，以逗号为标识来考察译文句长，不仅不违背上述六大理由，还印证了它们的合理性和科学性。

三

再从翻译实践层面看，笔者以为在日汉翻译教学中，尤其是与句长关系较为密切的分译教学里存在三个问题。第一，仅仅以句号作为句长标识谈分译，如前所述，这本身就含有不合理成分；第二，即便在此前提下，也很少有人提出明确的、合理的句长字数标准；第三，更为重要的是，谈分译时往往以日语长句作为分译的讨论对象。其实，这是一个误区，含有不合逻辑的因素。从学理上说，所谓分译不言而喻是指汉语，它强调的是合理的汉译生成方式。它喜欢译文分节而下，短小精干；反对裹脚布式的又臭又长。它更不是说要去切分日语。所以，教材上的分译定义——"分译顾名思义就是把原文的一个句子拆分，译成两个乃至多个句子"①，就显得不严密，甚至有误导之虞。当然，碰到日语长句，译者容易跟着走，照猫画虎，译为长句。但是，日语依旧是日语，它本身不会有任何变化。即便它的长度影响了译者，也只是外因而已，起主导作用的无疑是译者本人和他的汉语水平。② 反过来说，如果日语长句能够影响汉译的句长，那么日语短句合译时，会不会又因此"合成"遭人诟病的超长之句呢？这种可能性当然也不能排除。总而言之，笔者认为无论是写作还是翻译，汉语句长本质上应该受制于执笔者和它自身的特点。换言之，执笔人要有主见，汉语本身要有标准，才不会轻易受制于日语，才不会把责任推卸给日语，也才能改变日译汉作品中长句过多的现状。

有鉴于此，我们不仅要提倡以逗号作为句长的标识，而且要提出合理的句长字数规定。综合考虑以上各家句长字数、语速与句长的关系以及短时记忆特点等因素，笔者以为汉语句长不宜超过20个字。也就是说，超过这个数

---

① 高宁. 日汉翻译教程 [M]. 上海：上海外语教育出版社，2008：342.
② 笔者前期研究中查阅到数种日语句长统计，因为这层关系，最终弃而不用。

字，译者就需要在其间加上逗号或在句末加上句号。因考虑到文体、原作风格等因素，这个字数规定当然不是绝对的，可以根据实际情况适当调整。但是，它也不可以沦为大而化之的空洞口号，失去应有的指导意义。关于这个句长规定，笔者还有几点需要说明。

第一，比照前文各类句长统计，这个数字规定尚不算严格，它已经是刘宓庆"最佳长句"的上限。因此，它还留有较大的"可压缩空间"，譬如它可以从 20 个字走向 15 个字，走向 11 个字，乃至走向 9 个字、7 个字、4 个字。换言之，这个规定只是句长的最低要求，可谓最低句长标准。

第二，它与句号句长并行不悖。笔者提出以逗号作为句长的标识，不仅是对句长的最低要求，同时也意味着逗号句长与句号句长并存。因为以逗号作为句长标识，并不表示句号不复存在。句号存在，当然就存在句号句长。两者的异同是由视角差异造成的，而它们的共存就使得两种句长并行不悖，交相辉映。从逗号句长角度看，一些长句不过是以逗号为标识的短语集合体；从句号角度看，它既不缺有容乃大的心胸，任由"小蝌蚪"们在长河中驻足停留，同时也不乏短小精干的美文佳句。换言之，句号句长本身也有很大的"伸缩性"。

第三，这个数字规定至少应该是半强制性的，使之能够逐渐成为译者不可挥去的译学理念或一种潜意识。换言之，无论是翻译长句，还是短句，也无论原文是简明易懂，还是复杂难解，只要译文到了 20 个字前后，译者就要意识到标点符号问题，留意译文的句长。只有这样，才能实实在在地提高译文的质量。也只有这样，才能避免一些生硬的长句出现。先看 3 个英汉翻译的例子。

例 9：The snow falls on every wood and field, and no crevice is forgotten; by the river and the pond, on the hill and in the valley. (D. Thomas)

译文：雪片纷飞。雪满树梢，雪满田野。河边、湖畔、山谷到处飘满雪花。每一条岩缝里，都有飞雪。①

例 10：They can be formal or casual. They can be tall or short or fat or thin. They can obey the rules or break them. But they need to contain a charge. A live current, which shocks and illuminates.

---

① 刘宓庆. 新编汉英对比与翻译 [M]. 北京：中国对外翻译出版公司，2006：262.

译文：可以正式，可以随意，高矮胖瘦，无所不能；或遵从规则，或打破常规，但一定要带着电，摄人魂魄，闪光发热。①

例11："And yet," I interrupted, "you have no scruples in in completely ruining all hopes of her perfect restoration, by thrusting yourself into her remembrance now, when she has nearly forgotten you, and involving her in a new tumult of disorder and distress."

译文1："可是，"我插口说，"你毫无顾忌地彻底毁掉她那完全恢复健康的一切希望，在她快要忘了你的时候却硬要把你自己插到她的记忆里，而且把她拖进一场新的纠纷和苦恼的风波中去。"

译文2："但是"我插嘴说，"你不惜闯入她的记忆而毁了她完全康复的一切希望，而现在她差不多已把你忘了，心中充满了新的混乱和烦恼。"

译文3：我插嘴说，"她现在差不多把你忘了，可是你硬要见她，让她再想起你，让她情绪波动，精神痛苦，这样她还有希望养好身体吗？你太不讲情义了。"②

有学者对照研究了英若诚译的《请君入瓮》、朱生豪译的《一报还一报》和梁实秋译的《恶有恶报》的句长。以句号为标准统计平均句长，英译为18.4293；朱译是21.1181；梁译最长，达35.8234。③ 如果以逗号为标准统计的话，也一定是成比率缩小。再看日汉翻译。

例12：罪は価値の内面化に由来し、恥は他人の非難に由来する、というベネディクトの定義は、このような近代西洋の傾向を反映したものに他ならなかったのである。しかし恥を認めることはそれこそ恥ずかしくて容易にそれを認めようとはしないかもしれないが、しかし西洋人でも実はひそかに経験しているに違いない。

译文1：本尼迪克特的所谓"罪恶发自个人的灵魂深处，受他人责难才知羞耻"之观点恰恰反映了近代西方的这种倾向，承认羞耻对他们来

---

① 周领顺. 散文翻译的"美"与"真"[J]. 中国翻译, 2015 (2)：117-119.
② 宗福常. 这话中国人会怎么说？[J]. 常州高专学报, 1999 (1)：97-102. 此例版式略有改动.
③ 任晓霏，朱建定，冯庆华. 戏剧翻译上口性：基于语料库的英若诚汉译《请君入瓮》研究 [J]. 外语与外语教学, 2011 (4)：57-61.

说恐怕还很不容易,尽管西方人也都经历过①。

译文 2:本尼迪克特的定义:罪恶感源自内心的价值观,羞耻心来自他人的责难。这无非反映出近代西方的价值取向。但是,承认耻辱本身也颇令人难堪,或许并非易事。其中滋味,西方人心中又何尝不知?

例 13:オーストラリアの不毛の地とされる内陸部に住む人達の暮らしの調査をするグループが一昨日出発しました。

译文 a:从事调查住在被称为不毛之地的澳洲内陆的人们之生活方式的调查团于大前天出发了。

译文 b:澳洲内陆被称为不毛之地,从事调查住在该地之人们生活方式的调查团于大前天出发了。②

对比原文和译文,无需多言,例 9、例 10、例 11 可以说是第一、第二点说明的注脚,尤其是例 11 的比较很说明问题。例 12 有点特别,划线部分虽然加有逗号,但因为夹在引号之间,停顿效果不明显,笔者把它归为长句(48 个字),且就逗号、冒号、句号并用进行了改译。例 13 作者认为译文 a 是直译,比较拖沓,译文 b 一分为二,比较干净利落。然而,在笔者看来,译文 b 也不够简洁明快,尚可进行强制性调整。下面是笔者的改译。

译文 c:调查组已于大前天出发,前往被称为不毛之地的澳洲内陆,调查当地人的生活。

译文 d:澳洲内陆被称为不毛之地。调查组于大前天动身,去调查当地人的生活。

译文 e:为了解当地人生活,调查组大前天启程,前往不毛之地的澳洲内陆。

最后再比较一个例文,芥川龙之介《蜘蛛の糸》中的经典文字。笔者的统计结果如下:划线部分,即犍陀多的内心独白,原文 3 句话,共 8 个标点符号,平均句长 17 个字。译文 1 平均(逗号)句长 8.09;译文 2 是 13.37;译文 3 为 15。整个例文原文 7 句话,平均句长 59.14。3 个译文平均(逗号)句长分别为 8.29、11.84、12.47。

例 14:ところがふと気がつきますと、蜘蛛の糸の下の方には、数

---

① 土居健郎. 日本人的心理结构 [M]. 阎小妹,译. 北京:商务印书馆,2006:72. 底线为笔者所加。

② 黄朝茂. 日中翻译研究论文集 [M]. 台北:致良出版社,2003:189. 笔者删除了此例中的几处下划线。

限もない罪人たちが、自分ののぼった後をつけて、まるで蟻の行列のように、やはり上へ上へ一心によじのぼって来るではございませんか。犍陀多はこれを見ると、驚いたのと恐しいのとで、しばらくはただ、莫迦のように大きな口を開いたまま、眼ばかり動かして居りました。<u>自分一人でさえ断れそうな、この細い蜘蛛の糸が、どうしてあれだけの人数の重みに堪える事が出来ましょう。もし万一途中で断れたと致しましたら、折角ここへまでのぼって来たこの肝腎な自分までも、元の地獄へ逆落しに落ちてしまわなければなりません。そんな事があったら、大変でございます。</u>が、そう云う中にも、罪人たちは何百となく何千となく、まっ暗な血の池の底から、うようよと這い上って、細く光っている蜘蛛の糸を、一列になりながら、せっせとのぼって参ります。今の中にどうかしなければ、糸はまん中から二つに断れて、落ちてしまうのに違いありません。

译文1：可是，蓦地留神一看，蛛丝的下端，有数不清的罪人，简直像一行蚂蚁，不正跟在自己后面，一心一意往上爬吗？见此情景，犍陀多又惊又怕，有好一忽儿傻不棱登张着嘴，眨巴着眼睛。<u>这样细细一根蛛丝，负担自家一人尚且岌岌可危，何况那么多人，怎么禁受得住？万一半中间断掉，就连好家伙我，千辛万苦才爬到这里，岂不也得大头朝下，掉回地狱里去吗？那一来，可乖乖不得了！</u>这工夫，成百上千的罪人蠢蠢欲动，从黑洞洞的血池底下爬将上来，一字儿沿着发出一缕细光的蜘蛛丝，不暇少停，拼命向上爬。不趁早想办法，蛛丝就会一断两截，自己势必又该掉进地狱去了。①

译文2：可是犍陀多忽然发现，有数不清的罪人跟在自己后面，简直和成列的蚂蚁一样，也沿着蜘蛛丝，专心致志地一点儿一点儿从下面攀登上来。犍陀多见此情景，吓得心惊胆战，有好一会儿像是傻子似地张着大口，只有眼睛在动弹。<u>一缕纤细的蜘蛛丝，承受自己一个人尚且岌岌可危，怎么能经受得了这么多人的重量呢？万一蜘蛛丝在攀登途中断了，毫无疑问，连我这费了九牛二虎之力才总算爬到这里的宝贵身体也就会一个筋斗重新坠入地狱。一旦发生这种事，那还得了！</u>犍陀多在这么想着的时候，成百上千的罪人，正不断地从漆黑不见光亮的血池里蠕

---

① 芥川龙之介. 蜘蛛之丝 [M]. 高慧勤，译. 青岛：青岛出版社，2013：69-70.

动着爬起来，并且沿着发出一线微弱光亮的蜘蛛丝，串成一长列，拼命地向上攀登。再不设法，蜘蛛丝一定就会一断为二，自己肯定又要坠入地狱了。①

译文3：不料忽然之间，他发觉蛛丝下端有无数罪人简直像一队蚂蚁跟在自己后面同样攀援不止，一心向上、向上。犍陀多见了，又惊又怕，只管像傻瓜一样久久张大嘴巴，唯独眼珠转动。<u>自己一个人爬都险些断掉的这条细蛛丝如何能承受那么多人的重量？万一中断，好歹爬到这里的关键的自己本身也必然大头朝下落回原来的地狱。果真那样，就非同小可。</u>而就在这时间里，几百几千之多的罪人们仍从漆黑漆黑的血池中缓缓蠕动着向上爬——在闪着细微光亮的蛛丝上列为一队一个劲儿攀援。若不当机立断，蛛丝肯定从正中间断开，自己随之掉下。②

综上所述，本文从外译汉角度讨论了汉语句长及其对翻译的意义，并提出20个字的标准。当然，对译文质量而言，句长不是唯一的因素，也不能说是最重要的因素，但却是一个不可忽视的因素，需要引起译者的充分重视。本文20个字的标准，主要是从翻译教学和研究的角度提出的。超过这个标准的佳译美文当然也是存在的。总而言之，我们既需要制定句长标准，又需要辩证地去看待这个标准，使强制性与灵活性有机结合，切实有效地提高译文质量。

---

① 芥川龙之介. 疑惑 [M]. 吴树文，译. 上海：上海译文出版社，1991：50.
② 芥川龙之介. 罗生门 [M]. 林少华，译. 上海：上海译文出版社，2010：73.

定语与翻译

——兼论汉日对比与翻译研究的关系处理

从译学角度看，汉外对比研究无疑与翻译研究关系密切。两者既你中有我，我中有你，又泾渭分明，各司其职。然而，在汉日对比和翻译研究之间，不当越界时有发生，需要引起足够的重视。主要表现为，（1）混淆两者的内在区别，简单地做一些浅层的文字游戏；（2）机械地以前者的研究成果来"管制"后者，并要求无条件执行；（3）把后者的翻译文字当作绝对根据来评判前者的得失，甚至提出削足适履式的规则。第一点明显缺乏学术性，既容易识别也没有学术影响力，第三点本人已有专文论述，[①] 所以本文不再涉及这两点。但第二点所谈的现象虽然不是很普遍，却具有一定代表性，有必要进行专门讨论。

一

认清并把握好汉日对比与译学研究的界限、联系与区别，对加强这两个领域的独立研究及交叉合作有着非常重要的意义。然而，在本文的前期研究中，笔者发现一些论著在这一关键问题上存在模糊认识，有意无意间混淆了两者的区别，似有把汉日对比研究成果机械引入译学研究之嫌。毋庸讳言，汉日对比研究的成果对译学研究有诸多助益，但是，两者之间应该保持"动态对等"、合理交流，既坚守本位，又积极吸收、利用对方的研究成果，创造双赢。从理论上看，两者的目标是不同的，前者是通过对比，加深对各自语言的认识，并由此走进语言哲学层面，思考语言的普世性与独特性问题，以探求人类语言的本质特征。后者则主要从思想文化的交流、双语转化规律等

---

① 高宁. 论对译方式在汉日语对比研究中的运用 [J]. 政大日本研究，2009（6）：71-85.

层面探讨译学理念、译学方法等专业课题。两者不是上下位关系，而是跨学科、横向交叉的"兄弟"。

不过，从目前国内日语界的现状看，同时从事汉日对比和译学研究的学者为数不多。大部分对比研究的学者不研究译学，从事译学研究的学者也少有人进入对比语言学界，虽然他们都是双语学者。但是，研究方向不同，关注点、擅长之处不同，一旦进入对方的领域，没有一番学习、研究和积累的过程，就有可能说外行话。学外语的人虽然天生就既与翻译有缘，又与语言对比有关，三者之间似乎存有一种天然的默契。但是，这只限于常识层面。一旦进入对比语言学或译学研究领域，这种想法便会碰壁，遇到强有力的挑战。因为常识也会同时告诉我们，会说母语的国人绝大部分当不了语言教师，更成为不了语言学家。下面以"定中结构"为例，就汉日对比与翻译研究的关系谈一点拙见。

近日读到的一篇论文①就与这个话题密切相关。徐文在介绍朱德熙、陆丙甫、袁毓林等学者对汉语多项定语顺序的研究之后，用《雪国》的三个中译本对汉语多项定语的顺序进行"验证性"讨论，考察它们"是否符合汉语规范"以及"译文与原文多项定语顺序的对应关系"，并"最终确定了如何在汉语语法规范下保留多项定语的顺序，形成了多项定语的翻译规则"。徐文从译文与原文一致与否、和译文是否符合汉语规范的视角具体讨论了若干例文。先看徐文所举的4个例子和最终结论，然后一并讨论。

例1：(16) [古い] [手押型の] [木の] ポンプだった。

a.＊那是旧式手压的木制水唧筒。

b. 这是老式手推木制水泵。

c.#是台用手压的老式木头抽水机。

这一例中，与原文多项定语顺序一致的是（16a，b）。（16b）对多项定语"老式""手推""木制"的处理都符合陆丙甫（1988）提出的"多项粘合式定语的顺序由大到小，由临时到稳定。越能使中心词外延缩小，越是表示事物稳定性状的定语越是靠后，即越靠近中心词。"（16a）不符合"组合式定语>粘合式定语"这一规则。（16c）把"手压"后加"的"使得粘合式的

---

① 徐敏光. 汉语多项定语的顺序及其在日汉翻译中的应用[J]. 外语研究，2006（2）：60-62, 68. 在该文的题注中，作者说"本文曾在第七届国际汉日对比语言学研讨会（北京外国语大学2005年8月20至21日）上宣读，会上高桥弥守彦先生、王亚新先生等提出了宝贵的意见，在此表示感谢"。

"手压"变成组合式，这样调整后就符合了组合式定语在前这一规则。但是这个句子在不改变原文定语顺序的条件下，同样能使译文符合汉语规则，所以没有必要改变顺序。……

例2：(17) [その] [美しい] 縮だけが残っている。

a.#只留下了美丽的皱绸。

b. 她们只留下了这种别致的绉纱。

c.#只有美丽的麻纱留存下来。

……(17 a, c) 没有将指示词"その"译出，使得原文的多项定语没有得到体现，这种处理在这个句子当中是没有必要的。

例3：(18) [そとの] [ほんとうの] 寒さをまだ感じなかったけれども、

a. 没有感到外界真正的严寒。

b. 还未感受到外面的真正寒冷。

c.#尚未真正感到外面的寒意。

……(18c) ……将多项定语中的一项"ほんとうの"改成了状语的用法。虽然在日语中"ほんとう"可以做为一个副词修饰"感じる"，而且在翻译过程中定语状语的转换译法也很常见，但这里"ほんとうの"明显是修饰"寒さ"的，完全没有必要改变原文的词性。

例4：(19) 島村は [女の] [こういう] 鋭さを好まなかった。

a.#她这么厉声厉气地讲话，島村很不高兴。

b.#島村不喜欢女子家这样厉害。

c. 島村不喜欢她这种泼辣劲儿。

……(19a) 把一个句子译成两个句子，完全改变了原文的句式，译文也体现不出多项定语。(19b) 没有做多项定语处理。这些调整是不必要的，原文的多项定语可以保留。

……

把日语的多项定语翻译成汉语的时候，首先要保证译文符合汉语多项定语顺序的规则。在这个前提下，尽量地保持译文多项定语的顺序，使它与原文一致。①

---

① 徐敏光. 汉语多项定语的顺序及其在日汉翻译中的应用 [J]. 外语研究, 2006 (2): 60-62, 68. 此段引文中"例1""例2""例3""例4"均由笔者所加，以便于讨论。

通过以上例文和作者的评述、分析，不难看出作者缺乏翻译实践经验，对译学基本理念把握不透，有混淆对比研究与译学研究，尤其是文学翻译研究之嫌。定中结构的确是汉语学界一直研究的课题，多项定语的顺序更是研究的重点之一。学者们从不同角度考察、研究，试图找出其中的规律，制定多项定语的排序规则。其研究特点在于语言事实的客观描述、语法现象的合理解释和语法规则的协商制定，是一种追求共性大于展现个性的学术研究。但是，从译学角度看，翻译，尤其是文学翻译融入了更多的译者主体性，是一种在原作基础上的再创作，要求尊重并强调译者自我个性的适度展示。因此，一旦要求译者笔下流淌出来的文字都要经过语法规则的检验，并"使它与原文一致"，那么，毋庸置疑，译者的文字灵性和创作激情恐怕会大受影响，甚至消失殆尽，成为一种苦不堪言的文字劳动，而不是文学翻译，更谈不上译者主体性地位、译者审美理念等译学话题。译学贵在创造，贵在不守"规矩"。更准确地说，贵在模仿之后的创造，既万变又不离其宗，潇洒自如，不拘一格。优秀的翻译家，一定崇尚"陌生化"的美学理念，一定是既别出心裁、不落俗套又让人无可挑剔、心悦诚服的高手。如果真像徐文所言，与语法规则寸步不离，世上还会有文学翻译存在吗？实际上，上面4例就出自川端康成的文学名篇《雪国》，用这种近似机械、死板、教条的翻译理念去评判、去要求3位著名的翻译家，不仅限制了译笔的挥洒空间，也是对翻译文学的轻视与钳制。从译学角度看，例1为什么就不能说"那是旧式手压的木制水唧筒"和"是台用手压的老式木头抽水机"呢？其实，只要有必要，这句话甚至可以在形态上做更大的改动，如译成定语后置——"是台用手压的老式抽水机，木头的"或"是台老式抽水机，木头的，用手压的"。例2如果在语境中没有歧义，为什么就一定不能省略"その"呢？例3是最不可思议的，一方面作者承认"翻译过程中定语状语的转换译法也很常见"，另一方面又坚持"但这里'ほんとうの'明显是修饰'寒さ'的，完全没有必要改变原文的词性"。那么，所谓词性转换的翻译方法在什么场合才有可能存在呢？实际上，汉语里还存在像"墙壁上，红的、绿的、黄的，贴满了标语"① 之类"不守规矩"的定中结构的句子。徐文的分析显然使译学沦落为汉日对比研究的验证对象，"误读"了汉日对比与译学研究的关系。此外，例4的批评也很难成立。笔者不禁要反问一句，为什么一个句子（19a）就不能译成两个

---

① 潘文国．汉英语对比纲要［M］．北京：北京语言文化大学出版社，1997：247.

句子呢？而（19b）"没有做多项定语处理"，又有什么不可以的呢？难道翻译仅仅是为了体现原文的多项定语顺序吗？这未免有些走极端。在以上4例的引文中，一共用了3次"没有必要"，1次"不必要"，充分体现了作者的主旨，至少反映了在作者的潜意识中，译学研究已然成为挂靠在汉日对比研究之上的附庸。这种想法既不利于汉日对比，也不利于译学研究，对两者之间的交叉与合作更是无益处可言，应该引起足够的重视。①

从研究方法论的角度看，徐文同样存在问题。最明显的是徐文并没有进行真正意义上的汉日对比。文章共四个部分，一为"前言"；二为"汉语界关于多项定语的研究"；三为"日译汉过程中的多项定语翻译问题"；四为"结语"。显然徐文仅仅从理论层面讨论了汉语多项定语的语序，却没有相应地讨论与此密切相关的日语多项定语的语序。所以，当作者把"汉语多项定语的顺序"与日汉翻译结合起来的时候，就难免不给人把汉语语序强加在日语之上的印象。当然，研究日汉多项定语的翻译，可以像徐文那样聚焦在汉语语序上，但是却不能用译文的语序去套、去假定日语内在的语序规律，并由此去评价译文在语序方面的问题。这样做，无疑有强加于人之嫌。徐文说"与原文多项定语顺序一致的"例1的"（16b）对多项定语'老式''手推''木制'的处理都符合陆丙甫（1988）提出的"规则，并视为合格译文，就等于变相地认定日语多项定语也应该是这个语序，并在有意无意间又用这个语序去作为评判译文优劣的潜在标准。这在方法论上是有问题的。如果例1原文「古い手押型の木のポンプだった」3个定语本身可以移位，也就从反面证明从汉语去类推、认定日语语序的不合理性。实际上"佐伯哲夫等多数研究者都认为，在日语中，当多项定语共同修饰限制同一中心语时彼此间不存在一定的顺序问题"②。另一方面，"日语语序的非自由性"问题也并非不存在，有学者提出5条"语序规则"，其中就包括"名词定语成分在形容词定语成分之前"这一条，虽然它"不具有绝对的约束力"③。从以上观点来看，例1的原文似又可以说成「手押型の古い木のポンプだった」或「古い木の手押型

---

① 该文没有举出由于汉日本身的语言特点而无法做到"译文与原文多项定语顺序的对应关系"的例子，笔者无法就这一话题展开讨论。
② 王彩丽. 论汉日英三种语言中多项定语语序的异同 [J]. 日语学习与研究，2005S1：33-36.
③ 陈百海，刘洋. 论日语语序的非自由性 [J]. 外语学刊，2006（6）：61-64.

のポンプだった」①。由此看来，原文语序本是"动态"的，徐文却要求译者故步自封，并用汉语学者提出的语序规则去"观照"日语，确实有悖学理。退一步说，即便所举数例在理论上中日文确实同序，这也并不能消解徐文研究方法论上的不合理性，其要考察"译文与原文多项定语顺序的对应关系"的初衷也失去了相应的理据支持。

二

其实，所谓汉语多项定语顺序的问题，国内学术界并没有定论。一方面，徐文所引用的 4 篇文献作者分别为刘月华、陆丙甫、袁毓林和朱德熙②，且部分文献观点相对比较接近，文中说"陆丙甫的研究其实是对朱德熙研究的发展"。另一方面，袁毓林的观点又没有受到应有的重视。譬如，袁文的核心观点是"对立项少的定语＞对立项多的定语""信息量小的定语＞信息量大的定语""容易加工的成分＞不易加工的成分"，并且明确指出"多项组合式定语也是遵循对立项由少到多的顺序进行排列的。……当两个定语的对立项的数目大致相等时，它们可以互换位置。……事实上，组合式定语在遵循对立项由少到多的排序规律方面远不如粘合式定语来得严格"③。但是，徐文中已经见不到这些观点。其实，用袁毓林的观点看例 1 的（16a）"那是旧式手压的木制水唧筒"和（16c）"是台用手压的老式木头抽水机"，也都可以成立。这是因为从对立项、信息量上看，"旧式"和"手压"差别不大，谁放前面都没有问题。

另一位学者陆丙甫则提出了"可别度领先原理"，即"如果其他一切条件相同，可别性高的成分前置于低的成分"（表述一）；"如果其他条件相同，可别度越高的成分越倾向于前置"（表述二）。同时指出这一原理适用于"修饰同一核心名词的不同定语之间"，并利用它和"语义靠近原理"分析形容词定语语序规则，所举例为"大型—白色—自动—洗衣机"，其内在机理是"语义紧密度原则和可别度领先原则都要求"这一语序。陆文指出，"'大型'

---

① 本系两位日本专家认为这两种说法在日语里都可以成立。
② 具体为刘月华. 定语的分类和多项定语的顺序 [C] //汉语语法论集. 北京：现代出版社，1989；陆丙甫. 定语的外延性、内涵性和称谓性 [C] //语法研究和探索（四）. 北京：北京大学出版社，1988；袁毓林. 定语顺序的认知解释及其理论蕴涵 [J]. 中国社会科学，1999（2）；朱德熙. 语法讲义 [M]. 北京：商务印书馆，1982.
③ 袁毓林. 定语顺序的认知解释及其理论蕴涵 [J]. 中国社会科学，1999（2）：185–201.

'白色'潜在可别度比'自动'高。在'大小'和'颜色'之间,'大小'的潜在可别度更高,因为'颜色'对光线环境更敏感,在暗处不容易识别,而'大小'的识别受光线影响比较小"。此外,陆文还举出了"那三个红的球""那红的三个球"和"红的那三个球"的例子,说明"形容词位置多变",并指出"综观语序现象,形容词定语跟核心名词的顺序是最不稳定的"①。从以上转述和实例看,陆丙甫一路走来,研究不断发展,不断深入化、具体化。② 用"可别度领先原理"反观例1的(16a)和(16c),徐文的观点也同样难以认同。比起"大型—白色—自动—洗衣机"来,"旧式—手压的—木制—水唧筒""手压的—老式—木头—抽水机"中形容词"旧式/老式"和"手压的"可别度不相上下,没有特别的语境,谁前谁后主要就依赖译者自身的判断。甚至把"木头"包括进去也可以这么说。实际上,两位翻译家并没有违反汉语规范。

一方面,徐文把汉语多项定语顺序规则的前期研究成果"排在一个线性序列里,即领属性定语>指别式定语>数量词定语>时间>空间(体积、面积、容积等)>颜色外观>质料功能>其他"。然而,在其他文献中,学者对多项定语顺序描述为"时间词语>处所词语>主谓结构>领属性词语>动词性词语>形容词性词语>非领属性名词性词语>不带'的'的名词性词语/形容词性词语>中心语;指示词和数量词可以出现在非领属性名词性词语之前的任一位置"。并且把多项定语顺序分为"常规语序"和"非常规语序",指出"除了领属性词语以外,其他各项成分在任一位置的出现都属正常"③。两文相比,虽然视角、术语有一些不同,但是,找出其中的共同项,如"领属性定语""时间(词语)""空间(处所词语)",不难发现它们的顺序已经大相径庭。

另一方面,就汉语语序研究而言,也存在着如潘文国先生所指出的情况——"正面举一两个例子,这类排列总是显得很有道理,也似乎很有说服力,但如果我们设法把例子变一变,恐怕就未必如此了"。他举的英译汉例子和例1略有近似之处,为"两张漂亮的硕大的古老的圆的红的木头桌子——

---

① 陆丙甫. 语序优势的认知解释(上):论可别度对语序的普遍影响[J]. 当代语言学,2005(1):1-15,93.

② 当然,把陆文与其他学者观点相比,异同之处也不难发现。

③ 苏岗. 多项定语的统计分析[J]. 河北师范大学学报(哲学社会科学版),2000(2):89-94. 为保持全篇体例的统一,笔者引用时把苏文中"<"改为">",但两者意思一样,都表示"先于"。

两张深红色古老漂亮硕大的木头圆桌——→两张圆形漂亮古老而又硕大的深红木桌——→两张木制的漂亮古老硕大的红圆桌——→硕大古老而又漂亮的两张木头红圆桌——→古色古香又红又漂亮的两张木制大圆桌",并说"这个排列组合似乎可以一直做下去。……这样一来,原先的规律似乎就难以起什么作用了"①。

综上所述,多项定语的语序至今没有定论,仍处在进一步探讨和研究之中,并不存在绝对的谁是谁非的问题。那么,一个很现实的问题:我们是否可以用尚未有定论的语法准绳来衡量翻译作品,并对不同的翻译家提出相同的要求?答案显然是否定的。不论是站在译学研究的立场,还是从对比研究的视角看,都是有悖学理的,有悖研究方法论的,不仅不值得提倡,而且应该有意识地扬弃。

三

那么,汉日对比与译学研究应该处于什么样的关系之中,具体到定中结构的翻译又应该遵循什么原则呢?第一个问题前文已经论及,这里不再赘言。关于后一个问题,从译学角度看,首先,笔者不赞成为"定中结构"的翻译制定任何具体而微的规则。因为这有悖译学自由奔放的治学理念与行事风格,会束缚住译者的手脚。其次,如果给"定中结构"制定一套翻译细则,那么,就势必为"主谓结构""述补结构""被动句""使役句"开出一系列"药方",造成译笔未动,号令已出的局面。"但是,这些ABCD的译法又不可能说全所有语境中某一句型、句式或词语(包括助词、助动词)的译法,同时,这些ABCD的译法也不可能为某一句型、句式或词语所专有。结果,难免出现以偏概全、重复啰嗦的现象。"② 如果让译学陷入这样盘根错节的泥潭之中,所谓"译者主体性"和"创造性"只有窒息一条路可走。

从汉日对比的角度看,语序研究对翻译而言,主要起参照性作用,帮助我们了解、认识语言本身,却并非是翻译实践的操作指南。如果像徐文那样要求、规定译笔的走向,无疑会把翻译引进死胡同。在本文的前期研究中,

---

① 潘文国. 汉英语对比纲要 [M]. 北京:北京语言文化大学出版社,1997:250-251. 板式有调整,同时略去了英文和例句序号。

② 高宁. 日汉互译教程 [M]. 天津:南开大学出版社,1995:3.

笔者觉得"定语后置"理论对打破"定中结构"翻译的思维定势颇有积极意义，①"'的'字最佳用量不超过3"的总结也是一个有实用价值的参考意见。②但是，这些研究成果都是描写性的，而非规定性的。如果非要把描写性变成规定性并强迫译者无条件执行，无疑负面作用会大于积极意义。从汉语语序研究看，尤其是结合翻译考虑的话，笔者认为潘文国先生的意见比较有参考价值，可以作为宏观的指导方针。其要义，一言以蔽之，就是"抓大放小"。从方法论上看，其实质是"从语言的本质特点出发，找出在两种语言的语序中起根本作用的东西，从而真正达到执简驭繁的目的"。他提出的语序观如下：（1）时序上的先后律；（2）空间上的大小律；（3）心理上的重轻律；（4）事理上的因果律。此外，还必须考虑音韵律对语序的制约作用。③前两点无需解释，第三点简单地说，就是重要的先说，不重要的后说。第四点即表示原因、条件、假设的内容通常在前，表示结果等内容一般殿后；如果倒置，那是把原因、条件、假设当作补充说明。在日语方面，陈百海从宏观角度指出日语"格成分的语序与谓语内部要素的排列层次存在对应关系"，并且"与谓语中心词结合的紧密程度相关"④。张兴也从宏观视角讨论了"时间顺序原则与日语语序"，指出"日语语序的主要决定因素是SOV结构和距离动词越远主观性越强这个规律"⑤。黄朝茂则有比较详尽的日语定中结构语序分析研究，并与汉语进行了较为详尽的对比。⑥下面具体分析几个例子。

（5）：未亡人堀川倉子の顔のなかには、一種苦しげな表情があった。もちろん彼女の顔は、①日本の女がときに持っている、あの幾らか冷やかな輪郭の線の中に柔らかい肉感をとじこめているというような所謂近づきがたい高雅な美を形づくっている種類のものではなかったが、それは、また、②その眼や鼻や口のどれか一つが全体の諧調を破る

---

① 赵世举．关于"定语后置"问题的新思考［J］．襄樊学院学报，2000（1）．这个问题其实老一代语法学家如王力等人已经提及，台湾学者也很早就注意到。参见黄朝茂．日本語における連体修飾構造の意味とその中国語訳［M］//日中翻訳論文集．台北：致良出版社有限公司，2003．
② 黄忠廉．翻译研究的"三个充分"：翻译研究方法论思考［J］．外语研究，2006（5）：58-64．
③ 潘文国．汉英语对比纲要［M］．北京：北京语言文化大学出版社，1997：258-282．
④ 陈百海，刘洋．论日语语序的非自由性［J］．外语学刊，2006（6）：61-64．
⑤ 张兴．时间顺序原则与日语语序［J］．解放军外国语学院学报，2005（1）：29-32．
⑥ 黄朝茂．日中翻訳論文集［M］．台北：致良出版社有限公司，2003：113-117．

ことによって魅惑をつくり出しているというような種類のものでもなかった。

　（注：下角标①②亦为笔者所加，标识定中结构的数量。下同。）

　译文三：寡妇堀川仓子的脸上总有一抹凄苦的表情。当然，她的面容并非像某些日本女人，冷艳高雅，拒人以千里之外；也不像那些因为某个部位破坏了五官的协调却又别具魅力的女人。①

　（6）この書物は百科事典で有名なエソサイクロペディア・ブリクニカが、百科事典の付録として毎年出している補追年鑑の一九六七年版の巻頭論文として執筆したものに、少々手を加えたものである。

　译文：在世界百科全书中享有盛名的《大英百科全书》，每年都以百科全书副篇的形式出版补充年鉴。本书即是将我给该年鉴一九六七年版定的卷首论文稍加润色而成的。②

上面所举两例，从定中结构的翻译角度看，都是有点特别，似乎有悖"常规"。其实，翻译本无常规，永远是「ケース-バイ-ケース」，定中结构的翻译同样如此。前一例两个长定语，后一个基本保持了定中结构，前一个则完全脱离定中结构。从后一例中，也难以看出原文的形式特点，但是，在信息内容的传达上并没有背离原文，同样可以认可。

　（7）：①目尻が上りも下りもせず、わざと真直ぐに描いたような眼はどこかおかしいようながら、②短い毛の生えつまった下り気味の眉が、それをほどよくつつんでいた。少し中高の円顔はまあ平凡な輪郭だが、③白い陶器に薄紅を刷いたような皮膚で…

　译文1：两只眼睛，眼梢不翘起也不垂下，简直像有意描直了似的，虽有些逗人发笑，却恰到好处地镶嵌在两道微微下弯的短而密的眉毛下。颧骨稍耸的圆脸，轮廓一般，但肤色恰似在白陶瓷上抹了一层淡淡的胭脂。

　译文2：眼角既不向上吊也不向下垂，眼睛像是特意描绘成一条直线，虽然有些滑稽，而生着一撮短毛稍向下偏的眉毛，恰好遮盖着眼睛。圆圆的脸稍许凸出，轮廓相当平凡，皮肤像是白色的陶器涂了一层淡红。

　译文3：眼角既不吊起也不垂下，眼睛仿佛是故意描平的，看上去有

---

① 高宁. 日汉互译教程 [M]. 天津：南开大学出版社，1995：79-81.
② 徐一平，等. 中日对译语料库 [DB]. 北京：北京日本学研究中心，2003.

点可笑，但是两道浓眉弯弯，覆在上面恰到好处。颧骨微耸的圆脸，轮廓固然平常，但是白里透红的皮肤，宛如白瓷上了浅红。①

此例有三处划有底线。第一处定语比较复杂，但是，3位译者皆未理会日语语序，都译为主谓句。第二处，译文1和译文2维持定中结构，译文3则是译成主谓结构，只是作主语的"浓眉"前还有一个数量结构的定语"两道"。三者相比，笔者以为译文3最简洁生动，也最容易让人立刻想象出人物的长相。严格地说，似乎「短い」没有译出，但是，又有谁会把女主人公驹子的每一根眉毛想象得很长呢？第三处译者们也都按照汉语习惯翻译，仔细比较，译文3翻译得最到位，前两个译文多少有一点"胭脂""淡红"涂抹在白陶瓷表面的感觉，而译文3的一个"上"字给人的印象确实是"白里透红"。"浅红"已经沁入白瓷，是工匠烧制前的手笔。因此，驹子的肤色也更加有质感，更加润眼。笔者以为这样的讨论远比单纯地盯住定语的顺序更有价值和意义。再看一例处理得更加灵活的定中结构的译文。

（8）：ここは①琵琶湖に臨んだ、ささやかな部落で、昨日に似ず、どんよりと曇った空の下に、②幾戸の萱屋が、疎にちりばっているばかり、③岸に生えた松の樹の間には、④灰色の漣漪をよせる湖の水面が、磨くのを忘れた鏡のように、さむざむと開けている。

译文：这是个小小的村落，地处琵琶湖畔，与昨日大异其趣，阴霾的天空下，只有疏疏落落的几椽茅屋。岸边的松林间，展露出一泓湖水，意态清寒，水面上灰蒙蒙的涟漪，仿佛是忘了打磨的一面镜子。②

此例有四个划线处，有三处是定中结构，只有②不是。然而，值得玩味的是，只有③的译文维持了原文的定中结构。①是把「ささやかな部落」提前，而把「琵琶湖に臨んだ」译为主谓谓语句。④的部分，拆散了说，译者是先拎出「湖」，和前文「岸に生えた松の樹の間には」一起译成存在句（不过没有用"有"，而是选择了"展露"），之后把「水面」译作状语"水面上"，原先的定语「灰色の漣漪をよせる」的译文"灰蒙蒙的涟漪"则成为对"一泓湖水"的描述。有点出乎意料，却又在情理之中。此外，不可忽视的是②。原文明明是主谓结构，可是在译家手下却化为定中结构——"疏疏落落的几椽茅屋"。这个译例同上例译文3一样，出自译坛名家高慧勤先生

---

① 徐一平，等. 中日对译语料库 [DB]. 北京：北京日本学研究中心，2003.
② 高宁. 日汉翻译教程 [M]. 上海：上海外语教育出版社，2008：371.

之手。译家完全没有被原文的句法束缚住，而是随心所欲，尽情挥洒，让人叹为观止。其实，句法结构的分析，对翻译而言，最大的作用是帮助译者彻底理解原文。如果能在形式上再现原文的特色，当然很好。但是，对不懂外文的读者而言，原文的意思、信息才是第一位的。如果形式妨碍充分表达原文内容，则必须退居第二位。同理，对翻译研究而言，汉日对比研究本身不是目的，而是更好地进行翻译的手段。

简言之，汉日对比与译学研究既相互交叉，又彼此独立，不可简单地同日而语。研究者应该为它们创造双赢的机会，而不是用一方压迫、取代另一方。现在的研究之所以没有走出瓶颈，关键原因是不少研究尚未找到汉日对比与译学研究的对接点或曰切入口，没有形成合二为一的研究场，"定中结构"当然也不例外，还有待我们进一步深入讨论。

语序与翻译

——从鲁迅直译观的语学基础谈起

语序对于翻译的重要性是不言而喻的，厘清汉日双语语序对翻译而言十分有必要。因为语序不仅仅关涉译语文字编码的前后顺序，也往往涉及译者翻译观等一系列理论问题。对笔者而言，最佳切入点便是鲁迅译著研究，可以有效地把语言研究与翻译观探讨合二为一，揭示汉日互译的某些规律性特点。

众所周知，鲁迅一生，译著等身。不同时期，翻译观也不尽相同，但是，他人生后30年大力提倡并身体力行的无疑是直译。因此，90余年来始终是译坛的重要话题之一。但是，至今无人从语学角度，特别是从语序角度去探究他的直译观[①]与汉日双语之间的潜在关系。所以有必要补上这一课。

一

在进入论题讨论之前，先交代几个相关问题。其一是副标题中的"语学"。《现代汉语大词典》释义为"①研究言语、文字的性质及用法的学问。又称文法、文法学。②指对于外语的研究"。本文两义皆取。所谓文法、文法学在本文里主要指涉汉日双语，而不涉及与鲁迅关系密切的另一门外语——德语。这不仅是因为笔者不通晓德语，更是因为"作为鲁迅第二外国语的德文，鲁迅曾在一些场合坦言，自己的程度不是很高，也没有像他对日文那样的自信力"[②]。因此，所谓外语，本文也专指日语。鲁迅不仅翻译了相当数量的日文著作，而且通过日译本转译了凡尔纳、高尔基、果戈理等西方作家的

[①] 本文所言"直译观"是笔者对鲁迅翻译理念的一种概括性表述，非鲁迅本人之言。
[②] 王友贵. 翻译家鲁迅 [M]. 天津：南开大学出版社，2005：19.

大量作品。日语文本已成为他最主要的翻译来源。由此，本文将从汉日双语这一特定的语学角度，去探讨它们与鲁迅直译观之间的关联。

其二，鲁迅的日语水平。鲁迅留学日本"前后有八年之久，中间两三年又在没有中国人的仙台，与日本学生在一起，他的语学能力在留学生中是很不差的"①。1981 年，上海文艺出版社推出《鲁迅日文作品集》。后记中说："鲁迅的日文作品，大部分是在三十年代中期应日本朋友和报刊编辑的要求而写的，或发表于日本《改造》月刊、《朝日新闻》和《文艺》上；或刊于有关的单行本上。"② 由此可见，鲁迅的日文已经达到与日本人同台唱戏的水平。这也就意味着，他的直译观与汉日双语之间的任何关系都不可能建立在他日语水平低下这一假想基础上。换言之，笔者是从对比语言学角度去探寻鲁迅的直译观与常态汉日双语之间的关系。

其三，所谓语学角度，至少有三个层面。即词语层面、语法层面和修辞层面。一方面，词语层面的探讨虽然与鲁迅直译观有一定的关联，但主要表现形式为照搬日文里的汉字，比较直观，但格局不大。另一方面，从词语，特别是从日语借词角度研究晚清和民国初期文化交流和翻译的论著不在少数，③ 虽然大多数研究不是直接针对鲁迅的，但是在学理上基本可以涵盖鲁译的日语借词问题，本文不再重复，必要时点到而已。至于修辞层面，双语的异同也主要通过前两个层面来表现，本文不单独讨论，而把精力集中在语法层面的研究。

其四，所谓语法层面，当然可以细分。然而，笔者以为跟直译观关系最为密切的，就如论题所示，为语序问题。这个语序是泛指汉日双语的常态语序，而不局限于鲁译与日语原文。这不仅是因为鲁译本身非原生态汉语，是隶属于日语的"次生产品"，且直译特点鲜明，难以有效地讨论汉语的语序问题，同时也更因为本文需要在方法论上从宏观层面抓住汉日双语各自的总体语序特征，以发现它们与鲁迅直译观之间的关系。换言之，本文必须先以常态的汉日双语为研究对象，然后才能回到鲁译之上，进而去讨论鲁迅直译观的语学基础。当然，最终的结论不仅指向鲁译，也必然地指涉整个日汉翻译。

---

① 周作人，著．止庵，编．关于鲁迅［M］．乌鲁木齐：新疆人民出版社，1997：164.
② 鲁迅．鲁迅日文作品集［M］．上海：上海文艺出版社，1981：117.
③ 如沈国威《近代中日词汇交流研究》（中华书局，2010 年）、冯天瑜《新语探源》（中华书局，2004 年）等。

二

论及语序，有多种定义，本文选用涵盖面最广的一种，即"各级语言单位在组合中的排列次序。如语素在合成词中的排列次序，词在词组中的排列次序，各个成分在单句中的排列次序，各个分句在复句中的排列次序，各个句子在句群中的排列次序，各个句群在语段中的排列次序等"[①]。并且，本文以"各个成分在单句中的排列次序"及以上层面展开讨论，以切合翻译研究的需要。为此，本文在谈论语序变化时遵守以下两个原则："1. 语序变化前后句子里边各个实词成分之间的语义关系不变。……2. 语序变化前后句子的意思（所表达的内容）不变。"[②] 也就是说，从译学角度看，语法语序可以变，语用语序也可以变，但是，语义语序却不能变，想表达的意思不能变。[③] 只有这样，语序研究才能与翻译研究有机地结合起来，因为译者是在给定的意义空间里工作的。下面进行具体的对比研究。

先从日语谈起。日语语序有两个日本学界公认的重要特点。一是"日语词语的排列方式，堪称是'在一个非常大的法则下面保持着一贯性'。这个所谓的法则就是，'假定 A 词语从属于 B 词语的话，那么 A 总是出现在 B 的前面'。……这一雷打不动的原则，其适用范围大到构成句子的分句，小到由两个词一起构成的词组"[④]。换言之，修饰语永远在被修饰语之前。二是在语言类型学上，日语为 SOV 结构，谓语殿后。

除此之外，日本学者列出了日语语序 9 条特征和 1 条补充。从句子成分角度列出的有：

（1）时空格置于其他格之前。如「額に汗が泛いて居る」。这里的时空格，是指以「ニ・デ・カラ・ヲ」等来表示的语言时空舞台。

（2）表示时间的时空格置于表示地点的时空格之前。这一条没有例外。

---

① 唐作藩. 中国语言文字学大辞典 [M]. 北京：中国大百科全书出版社，2007：742. 吴为章 1995 年提出的广义语序与此十分接近（吴为章. 语序重要 [J]. 中国语文，1995 (6)：429-436.）.

② 李临定. 现代汉语句型：增订本 [M]. 北京：商务印书馆，2011：481.

③ 当然，"在具体的语境当中，语序的确定大都具有强制性和唯一性，……真正意义上的同义句式是不存在的"（任鹰. 主宾可换位动结式述语结构分析 [J]. 中国语文，2001 (4)：320-328.）。换言之，"想表达的意思不能变"只是相对的，不能绝对化。

④ 金田一春彦. 日语概说 [M]. 潘钧，译. 彭广陆，校. 北京：北京大学出版社，2002：414-415.

（3）除时空格之外，「が」总是位于其他格之前。

（4）与格的「ニ」置于对格的「ヲ」之前。如「崇に子供を委せて置くより」。

（5）「カラ」置于着落格的「ニ・ヘ」之前。

从句法角度列出的有：

（6）长补语①置于短补语之前。

（7）含指示词的补语置于不含指示词的补语之前。如「それを井口が受けたのだとは……」

（8）一个补语的意思如果关联到其他补语，这个补语置于所受影响的补语之前。如「この懇切叮嚀な長文の手紙に『断り状』を書くよりも」的前一部分与「断り状」有关，需前置。

（9）动词与特定的补语融合成惯用表达时，这个特定的补语要置于动词之前，中间不允许插入其他词语，如「隅田川へ身を投げて」。

所补充的 1 条是，话题置于补语之前。②

从汉语角度看，日语第一个"非常大的法则"与汉语十分相近，"在日汉语里，形容词・形容句一定出现在名词之前。……日汉副词一定出现在动词之前。……在日汉语里，是先说分句，后说主句"③。

9 条倾向的第 1、第 2 条与汉语也一样，都是按照先时间后处所的顺序行文，与"时间顺序原则"相似。④

第 3 条实际上可以理解为日语主格，或者说主语的前面可以出现表示时

---

① 日语的补语与汉语有别，它的定义因语法学家而异，在山田孝雄那里，「天皇は 都を 京都から 東京へ うつした」的划线部分皆是补语；在三上章、北原保雄那里，「源太が 平次に 本を 貸した」中的主语「源太」也被视为补语；也有人把连用修饰语总分为目的语（宾语）和补语，后者表示属性；桥本进吉则认为区别补语与修饰语没有意义，可统称为修饰语（小川芳男，等．日本語教育事典［M］．東京：大修館書店，1982：183-184．）。另，本文所引日语文献，除译著外，皆为笔者所译。
② 佐伯哲夫．現代日本語の語順［M］．東京：笠間書院，1975：110-119．
③ 实藤惠秀．日本語・漢文・英語の比較（続）［J］．日语学习与研究，1984（4）：1-7．
④ 戴浩一．以认知为基础的汉语功能语法刍议［C］//潘文国，杨自俭，主编．共性・个性・视角：英汉对比的理论与方法研究．上海：上海外语教育出版社，2008：97-123．"戴浩一等还提出'完整的汉语语序理论'应当包括：'时间顺序'原则；'凸显'原则；'已知前于新知'原则，包含'信息中心'原则和'话题—述题'结构；'整体前于部分'原则；'修饰成分前于中心词'原则；'从句前于主句'原则；等等（吴为章．语序重要［J］．中国语文，1995（6）：429-436．）。"因限于篇幅，这里不做详细介绍。

间地点的词语，但其他格成分通常不能占这个位置。这一点，也与汉语相似。把上面 3 条总结一下，日汉语都是以"何时、何地、何人/何事"的顺序说话。

第 4 条讲的是格关系，跟汉语不同。如所举例句通常会译为"与其把孩子托付给阿崇"或"与其托付孩子给阿崇"，"阿崇"不容易放到"孩子"之前。

第 5 条和汉语近似。汉语一般也是说"从……到……"。

第 6 条换一句说，就是冗长成分置于短小成分之前。这一点需要分为连用修饰、连体修饰进行分析，且与后面被修饰成分关系密切。总体而言，汉语包容性较大，定语、状语的语序可以有多种排序方法，① 与日语有相近之处，也有不同的地方。

就第 7 条而言，汉语指示词通常也是前置。

第 8 条就语义关系而言，汉语大体如此。

第 9 条，汉语的惯用语、成语通常中间也不能插入其他词语。不同之处是，其中的动词未必一定置后，各种情况都有。

最后的补充条，汉日语也相似，皆可归入"话题+说明"型语言。

另有日本汉学家进行汉日语对比研究，得出结论："可视为受汉语影响的有（1）姓名；（2）地址与年月日；（3）形容词与名词的位置；（4）副词与动词的位置；（5）主句与从句；（9）数字处理；（12）时间和处所；（13）方位的称呼（部分）等。"② 结论中没有出现的（6）是对前 5 点的总结，说汉日语同为由远及近的向心构造，英语则相反，为离心构造。（7）谈的是汉日语皆有主题·主语句；（8）谈的是汉日语的主语省略；（10）谈的是名词的"性"；（11）谈的是名词的"数"；（14）说汉日语都没有英语里的关系代词；（15）谈汉日语陈述句、疑问句语序相同，但与英语有别；（16）谈疑问句的回答方式，汉日语相同，与英语有别；（17）谈汉日语皆有语气助词，而英语没有。一言以蔽之，所谈 17 条，条条汉日语都相同。区别仅仅在于后 9 条不是"受汉语影响的"结果而已。

角田太作在《世界の言語と日本語》里将语序分为 19 项，考察了 130 种语言。有学者将汉日语部分抽出列表，并说"我们惊讶地发现，就语序而言，

---

① 潘文国. 汉英语对比纲要 [M]. 北京：北京语言文化大学出版社，1997：248-254.
② 实藤惠秀. 日本語·漢文·英語の比較（続）[J]. 日语学习与研究，1984（4）：1-7.

中日两国语言竟有太多的共同之处或相似点。19 项语序类型中，完全不同的只有 10 和 17 两项"，即在"补助动词与主要动词"上，日语主要动词在前，但汉语无此项；在"否定标志"上，日语在动词之后，汉语在动词之前。在语言类型上，日语为"SOV 和 OSV"，汉语为"SVO 和 SOV"（何午，2002）。国内汉语学者也说"汉语的语序类型属于 SVO 还是 SOV，一直存在争议，目前一般认为汉语是一种不典型的 SVO 型语言"①。换言之，汉语也存在 SOV 结构，与日语第二个"非常大的法则"又有相似之处。

由此看来，汉日双语之间，在语序上存在着较高的相似度。② 至于何以至此，学界尚无定论。③ 那么，当我们回到论题，分析上述对比研究的结果时，不难产生一个假设：日汉翻译里应该存在较多的同序现象。换言之，就是直译现象应该比较普遍，鲁迅直译观的潜在语学基础应该就是汉日语序的这种相似性。

三

为此，笔者利用《中日对译语料库》进行了实证性研究。为避免例文遴选上的主观性，笔者抽出语料库里 36 部日文作品的首尾两部分及相应的译文，其中 2 部作品配有 3 种译本，1 部作品配有 2 种译本。④ 所以，实际选择了 82 个对译片段。

当然，对于直译的定义，历来争议不断。鲁迅也未直接下过定义。结合上文所选"语序"的定义，笔者是把直译看作按照词组在句中的顺序而进行

---

① 朱斌，伍依兰. 说"句序"研究［J］. 社会科学论坛，2010（6）：28-32.
② 客观地说，这种相似度超出了许多日语学习者和研究者的想象。一方面是因为进行汉日语序对比研究的专论不多，另一方面也是因为日语谓语垫后的特点容易使人产生汉日语序差别很大的虚像。
③ 这个问题涉及面广，本文无力深究。简言之，对日语而言，它长期受汉文影响，由汉文训读传下来的表达方式"像化石一样被保留下来，流传至今的实在不少数"（山田孝雄，1970）。因此，现代日语既非古日语，又非民间口语，而是一个被汉语直译式训读改造过的异类（柳父章，2003）。对汉语而言，一方面，有学者指出南方汉语是顺行结构，"凡修饰语都依次置于被修饰语之后"，另一方面，"北方汉语的动词短语既保持了汉语的基本句法（词序）规则，而又整个地统一于逆行结构"，而"日语是典型的逆行结构语言"，"总之，SVO 语言和 Aux+V 语言之间，或 SOV 语言和 V+ Aux 语言之间，有着结构方面的内在联系"（桥本万太郎，2008）。要言之，汉日双语这种趋同现象尚需从语言学史角度进一步做深入、细致的研究。
④ 和歌集《サラダ记念日》摘录了非诗体部分的首尾。《雪国》《坊ちゃん》有 3 个译本，《心》有 2 个译本。

的翻译。这里面关涉两个问题。第一，翻译单位。笔者认为以词组为翻译单位比较合适。只要它们的排列呈现出与原文同序的倾向，就可视为直译。换言之，本文不追究词组内部的语序问题。第二，语序翻译的基本原则——"'以无标记对无标记''以有标记对有标记''以常规对常规，以变异对变异'的原则。"① 以「彼は畳の上に転がって本を読んでいる」而言，这是一句无标记的常规语序的日语。译成汉语无标记常规语序，应该是"他躺在榻榻米上读书"。这不仅符合语序翻译的基本原则，而且也维持了与原文「彼は」「畳の上に転がって」「本を読んでいる」3个翻译单位的先后顺序，当为直译。如果连词组以下层级都要同序翻译，译成"他在榻榻米上躺着把书读"，却是以有标（"把"字）对无标，以变异对常规，显得不自然。下面请看语料库里的实例。

（1）鳥獣の画を描いて、京都画壇に名をはせた岸本南嶽が、丸太町東洞院の角にあった黒板塀にかこまれた平べったい屋敷の奥の部屋で死んだのは昭和八年の秋である。

译文：擅长鸟兽游戏而蜚声京都画坛的岸本南岳，在丸太町东洞院角落那间黑木板围墙的平房里死去，这是昭和八年秋的事。

——《雁の寺》开头②

（2）列車が浜名湖の鉄橋にさしかかった時、曽根二郎は、後尾に近い三等車の一隅から腰を上げた。食堂車へ行くためである。通路に立つと、彼は合外套のボタンを外し、両手でズボンをすり上げながら、はみ出しているワイシャツをズボンの中に押し込み、それから大きい伸びを一つした。

译文：列车驶抵浜名湖铁桥的时候，曾根二郎从靠近车尾的三等车一个角落里站起身来，准备到餐车去。他站在通道上，解开大衣纽扣，一手提起裤子，另一只手把露出的衬衣底襟掖进裤内。而后伸了个长长的懒腰。

——《あした来る人》开头③

（3）高野聖はこのことについて、敢て別に註して教を与えはしな

---

① 王东风. 连贯与翻译［M］. 上海：上海外语教育出版社，2009：146.
② 徐一平，等. 中日对译语料库［DB］. 北京：北京日本学研究中心，2003.
③ 徐一平，等. 中日对译语料库［DB］. 北京：北京日本学研究中心，2003.

かったが、翌朝袂を分って、雪中山越にかかるのを、名残惜しく見送ると、ちらちらと雪の降るなかを次第に高く坂道を上る聖の姿、あたかも雲に駕して行くように見えたのである。

译文：关于此事，高野圣僧并没有对我进行说教。第二天早晨我们分袂时，他冒着雪翻山越岭。我依依不舍地目送着他。只见在雪花飘扬中逐渐爬上坡路的圣僧的身姿，恍若驾云而去。

——《高野聖》结尾①

(4) 一五五二年にイタリアで生まれ、一六一〇年（万暦三十八年）に北京で死んだマッテオ・リッチMatteo Ricciは東洋史の教科書や概説書には利瑪竇の漢名でしばしば登場する耶蘇会士（イエズス会士）である。リッチはそのように教科書などを通して名前だけはかなり知られているのだが、その人となりやその業績の文化史的な意味については、従来あまり日本で紹介されたことがなかった。リッチの行動範囲が東西両洋にまたがり、その影響が漢字文化圏では中国だけでなく日本に及び、ヨーロッパではフランスなど各国へひろまっていて、<u>その全体を把握することが従来の学問分類の枠組や訓練の中では難しかったからであろう</u>。

译文：1552年出生于意大利，1610年（万历三十八年）客死于北京的Matteo Ricci，乃是在东洋史的教科书或概论中时常以汉文名利玛窦出现的耶稣会士。通过这类教科书，利玛窦的名字已广为流传，但其为人及业绩在文化史上的意义，在日本以往则几乎寥无介绍。这大概是由于利玛窦的活动范围跨越东西两大洋，其影响在汉字文化圈不仅限于中国还波及日本，在欧洲则涉及法国等各国，按照以往的学问分类的框架及训练是很难做整体把握的。

——《マッテオ・リッチ伝》开头②

以上4例，语序相近，只有个别地方"犯规"，基本上可视作直译。(1)里的「京都画壇に名をはせた」汉译为"蜚声京都画坛"，在词组内部，译文与原文语序相反，但是，在上一层级，"蜚声京都画坛"位于"擅长鸟兽游戏"之前，"岸本南岳"之后，总体上仍然与原文同序，当是直译。(2)中

---

① 徐一平，等. 中日对译语料库 [DB]. 北京：北京日本学研究中心，2003.
② 徐一平，等. 中日对译语料库 [DB]. 北京：北京日本学研究中心，2003.

有一处变通，即「両手」的翻译，但在总体上也再现了原文语序的走向。(3) 是一种与分译、加译等方法配合使用的直译。在译文里，原文被一分为四，并相应增加了两个主语。但是，原文、译文语序基本并行不悖。笔者很欣赏这一类直译。它的难度也更大。其实，回看 (1)，里面也存在这种拆分，只不过改变的只是逗号的增减而已。(4) 除了划底线的译文之外，都可算作标准的直译。其实，即便划底线部分，如果想直译，亦是举手之劳，如"要整体把握，按照以往的学问分类的框架及训练是很难的"。

总之，在笔者考察的 82 个对译片段中，排除掉 3 个因漏译、误译而难以判断的片段，即《友情》的开头、《五体不满足》和《適応の条件》的结尾，译文语序与原文有较大不同的段落只有 16 个。① 超过四分之三的段落大体上与以上所引 4 例相似。

为什么不同的译者却交出了与原文语序颇为接近或相似的译文呢？笔者以为有两大原因。首先是与汉日语序相近这一倾向有着难以否认的潜在关联。如果汉日语序存在重大差异，很难想象在以上的实证性研究中，与原文语序相近的译文会超过三分之二。其次，从译学角度看，绝大部分译者对日语的把握都远不如日本人，容易把眼前的日文语序当做"临摹对象"来接受，被它拖着走，亦步亦趋，形成事实上的直译。不过，话说回来，译文之所以能够被原文语序拖着走，并且大部分场合还能行得通的话，关键还是双语语序的相似性。对大多数译者而言，制约最大的正是日语原文的语序。

四

现在回到鲁译之上。鲁迅之所以能够倡导直译观，其背后潜在的语学基础，笔者以为正是汉日语序的相似性。之所以说"潜在"，是因为鲁迅并未提及这一点，或许也没有意识到。试想如果汉日语序完全不同，或语序差异远远大于语序相似，直译怎么会有可能存在并成为一种理论倡导呢？如果直译只能是一种使用频率有限的翻译技巧，又怎么可能在鲁迅那里从具象的方法被提升至方法论的高度呢？笔者以为那是不可能的。事实上，汉日语之间存

---

① 最不同的：この書物は百科事典で有名なエソサイクロペディア・ブリクニカが、百科事典の付録として毎年出している補追年鑑の一九六七年版の巻頭論文として執筆したものに、少々手を加えたものである。/在世界百科全书中享有盛名的《大英百科全书》，每年都以百科全书副篇的形式出版补充年鉴。本书即是将我给该年鉴一九六七年版定的卷首论文稍加润色而成的（《激動の百年史》开头）。

在的这种语序相似性,不仅成为鲁迅提倡直译的语学基础,① 而且也暗中支撑了他的翻译实践。同时也点出了"在中国现代翻译史上,在理论和实践中提倡直译的,大都是日文翻译家(如梁启超,特别是稍后的鲁迅、周作人等)"② 的学理原因所在。

鲁迅的直译,从语序角度看,可以分为完全或基本没有问题的,略有些拗口、艰涩的和特别费解甚至有误译等几类。下面举3例,分别代表了鲁译在语序翻译上的3个层级。从数量上说,第1层级最普遍,第2层级相对容易找到,第3层级相对较少。

(5) 禅智内供の鼻と云えば、池の尾で知らない者はない。長さは五六寸あって、上唇の上から頤の下まで下っている。形は元も先も同じように太い。云わば、細長い腸詰めのような物が、ぶらりと顔のまん中からぶら下っているのである。

鲁译:一说起禅智内供的鼻子,池尾地方是没一个不知道的。长有五六寸,从上唇的上面直拖到下颊的下面去。形状是从顶到底,一样的粗细。简捷说,便是一条细长的香肠似的东西,在脸中央拖着罢了。③

(6) お前たちがこの書き物を読んで、私の思想の未熟で頑固なのを嗤う間にも、私たちの愛はお前たちを暖め、慰め、励まし、人生の可能性をお前たちの心に味覚させずにおかないと私は思っている。

鲁译:当你们看着这篇文章,悯笑我的思想的未熟而且顽固之间,我以为,我们的爱,倘不温暖你们,慰藉,勉励你们,使你们的心中,尝着人生的可能性,是决不至于的。④

(7) 芸術を危険だとすれば、学問は一層危険だとすべきである。Hegel派の極左党で、無政府主義を跡継ぎに持っているMax Stirnerの鋭利な論法に、ハルトマンは傾倒して、結論こそ違うが、無意識哲学の迷いの三期を書いた。ニイチェの「神は死んだ」も、スチルネルの「神は幽霊だ」を顧みれば、古いと云わなくてはならない。これも超人という結論が違うのである。

---

① 笔者以为这也是日本汉学家主张直译的潜在理论基础。因篇幅关系,以后再议。
② 王向远.二十世纪中国的日本翻译文学史 [M].北京:北京师范大学出版社,2001:23.
③ 王世家,止庵.鲁迅著译编年全集(20卷本)[M].北京:人民出版社,2009:Ⅳ-60.
④ 王世家,止庵.鲁迅著译编年全集(20卷本)[M].北京:人民出版社,2009:Ⅳ-400.

鲁译：倘若以艺术为危险，便该以学问为更危险。哈德曼倾倒于Hegel（赫格尔）的极左党而且继承无政府主义的思谛纳尔的锐利的论法，著了无意识哲学的迷惘的三期。尼采说的"神死了，"只要一想思谛纳尔的"神便是鬼，"便也不能不说旧。这与超人这一个结论，也不一样的。①

　　（5）的直译没有问题，属于第一层级。这类译文应该是鲁译的主流。"上海民智书局 1922 年版孙俍工《初级中学国文教授大纲底说明》之中，所列阅读目录就有鲁迅译文《爱罗先珂童话集》《现代小说译丛》《现代日本小说集》《工人绥惠略夫》《一个青年的梦》。"② 在翻译研究论文中，也可以见到这类鲁译。③ 甚至有人"以鲁迅的直译为例"探讨"翻译与文学叙事模式的转换"④。

　　（6）里的"悯笑我的思想的未熟而且顽固之间"部分，和 SOV 句式的选用显得有些生硬、别扭。不过，作为汉语，多读几遍，不至于读不懂。是第二层级的代表。这类译文受到的批评最多，从梁实秋、瞿秋白一直到现当代译坛。下面请与新译进行对比。

　　文译：我认为，当你们阅读这篇文章，嘲笑我的思想既不成熟又顽固的时候，我们的爱会给你们温暖，宽慰、鼓励你们，必然会使你们由衷地体会到人生有什么样的可能性。⑤

　　相比较之下，文译首先把原文的双重否定直接译为肯定，使句子结构简化。同时，选字用词上也有一些不同于鲁译。但是，从语序层面看，除了把日语小句谓语「味覚させずにおかない」移前翻译之外，其他与鲁译没有实质性的区别，两者皆可归入直译的范围。

　　（7）的原文比较难，笔者以为鲁迅并没有完全读懂，却仍然按照原文语序直译出来。可归入第三层级。与下面的新译对比，便可明白鲁迅

---

① 王世家，止庵．鲁迅著译编年全集（20卷本）[M]．北京：人民出版社，2009：Ⅳ-33.
② 赵献涛．民国时期国文课本中的鲁迅作品 [J]．鲁迅研究月刊，2011（10）：35-39.
③ 高烈夫．翻译中的词序问题 [J]．日语学习与研究，1983（3）：22-26；邢莉君，彭建华．鲁迅对日本文学的选择与翻译 [J]．沈阳师范大学学报（社会科学版），2012（5）：88-91.
④ 熊鹰．翻译与文学叙事模式的转换：以鲁迅的直译为例 [J]．鲁迅研究月刊，2012（11）：30-42.
⑤ 武者小路实笃．致幼小者 [C]//日本经典散文．高慧勤，主编．文静，译．上海：上海文艺出版社，2004：93-104.

没有把握住原文三处划线的地方，其中第二处漏译笔者推测与没有理解原文有关。

刘译：如果认为艺术是危险的，那么学问理应是更危险的。Hegel（黑格尔）学派中的激进派，继承了无政府主义思想的 Max Stirner（施蒂纳）锐利的议论方式，令哈特曼为之倾倒，他写出了结论与之不同的无意识哲学迷惘的三个时期。回顾施蒂纳的"上帝是幽灵"这个观点，应当说尼采的"上帝已死"也是陈旧的。这也是超人这一结论与施蒂纳的观点相异之处。①

此外，鲁译比较明显的另一类直译是词语层面上的，也是最容易发现的。如：

(8) 鈴木八弥は十七歳の春、親の敵を打つ為に、故郷讚州丸亀を後にした。

つい其年の正月迄は、八弥は自分に親の敵のある事を知らなかったのである。自分の生れぬ以前に父を失った事は、八弥の少年時代を通じての淡い悲しみであったが、其父が、人手に掛って非業の死を遂げた事は、その年の正月に八弥が元服をする迄は知らなかったのである。

鲁译：铃木八弥当十七岁之春，为要报父亲的夙仇，离了故乡赞州的丸龟了。

直到本年的正月为止，八弥是全不知道自己有着父亲的仇人的。自己未生以前便丧了父，这事固然是八弥少年时代以来的淡淡的悲哀，但那父亲是落在人手里，并非善终这一节，却直到这年的正月间，八弥加了元服为止，是全然没有知道的。②

(8)的问题主要出在划线处。前者是"遭他人杀害，死于非命"之意，后者是古代日本男人成人礼之意。因与语序关系不太密切，不再详谈。

五

那么现在的问题是，如果说汉日双语在语序上呈现出较高的相似性，可以成为直译的理论依据之一的话，如果说语料库也证明日译汉作品里普遍存

---

① 森鸥外．沉默之塔 [C] // 森鸥外精选集．高慧勤，编选．刘立善，译．北京：北京燕山出版社，2010：126-133．
② 王世家，止庵．鲁迅著译编年全集（20卷本）[M]．北京：人民出版社，2009：Ⅳ-445．

在直译倾向的话，那么，为什么鲁迅的直译不被看好，经常遭人诟病，并引发有关直译的争论呢？笔者以为原因有四。

其一，直译虽然是鲁迅的翻译理念，也是他一生大部分时期追求并推崇的翻译方法。如前所述，鲁迅的直译大部分没有问题，否则，出版社也难以向读者交待。遭人诟病的译文其实数量上也不是很多。但是，人们对译者，往往是通过对其代表性译例的评价而覆盖其所有译文。说某人译文炉火纯青，不过是源于若干佳译研究。说某人翻译水平低下，根据主要为若干差评译文。总之，无论优劣，都并非是对译者所有译文进行地毯式检验后得出的结论。因此，这种以点带面的做法存在不合理因素，需要翻译研究者始终保持清醒的头脑，认识到这一点。然而，这种传统的评价方式又有其合理的一面。如果能从译作中找出一批（非个别一两个）代表性译例，它们就像浮标一样，可以大致反映出译作水平的高低或风格倾向。可谓之曰船高是因为水涨，石出是因为水落。回到鲁译上，笔者的看法是，对待鲁迅的直译要一分为二、一分为三，<u>肯否皆有才是合理的</u>。

其二，仔细对读、分析鲁译，不难发现鲁迅的翻译单位过小，总体上是以字词为主。这就容易把他的直译观推向极致，并造成一部分硬译乃至死译。但是，另一方面，这又正符合鲁迅所提倡的直译观——"陆续吃一点苦，装进异样的句法去，古的，外省外府的，外国的，后来便可以据为己有"①，以至于最后在直译观和翻译单位之间形成一种鲁式张力，相互推波助澜，使他的理论与实践融为一体，相互推动，相互见证。从译学研究角度看，这是鲁译受人诟病的深层学理原因。

其三，从语言学角度看，任何一种语言，其语序既有绝对的一面，又有相对的一面。譬如日语谓语殿后可谓绝对的法则，但是，也并非没有变通的办法。日本宪法序言里有一句话「われらは、いづれの国家も、自国のことのみに専念して他国を無視してはならないのであって、政治道徳の法則は、普遍的なものであり、この法則に従ふことは、自国の主権を維持し、他国と対等関係に立たうとする各国の責務であると信ずる」，有学者说可以改成「われらの信ずるところでは……」或者「われらは信ずる。いづれの国家も……各国の責務である」。实际上，日语里还有一些专门把谓语前置的说

---

① 王世家，止庵. 鲁迅著译编年全集（20卷本）[M]. 北京：人民出版社，2009：XIII-395.

法，如「惜しむらくは」「曰く」「知らず」「願はくは」等。① 如此一来，绝对也转为相对。换言之，日语语序本身就有可变的一面，比汉语更为灵活，译者做出适当调整并不为过。② 更典型的如「けさ庭で子供が犬にミルクをやった」这句话，除了谓语动词「やった」外，其他词语无论怎么换位，也不会改变句义。③ 但是，鲁迅没有意识到这一点，而是放大了语序绝对的一面。事实上，本文说汉日语序相似或相近，也只是指一种倾向，绝非法则。

其四，虽然"以无标记对无标记，以有标记对有标记，以常规对常规、以变异对变异"的语序翻译基本原则是当代译学研究成果，其实也是不少译家心中悟到却未进行理论总结的"常识"。其核心思想，笔者以为就是对原文语序的适当变通。对读鲁译，不难发现鲁迅也并非绝对死守日文语序。如（5）的第一句，前后两个小句"一说起禅智内供的鼻子，池尾地方是没一个不知道的"，内部语序都有微调。在（6）里语序调整更大一些，如把文末的「私は思っている」调到文中（第 2 个逗号后），把「味覚させずにおかない」一分为四，即"我以为，我们的爱，倘<u>不</u>温暖你们，慰藉，勉励你们，<u>使</u>你们的心中，尝着人生的可能性，<u>是决不至于的</u>"里的划线部分。显然，鲁迅考虑到了译文表达的可接受性。④ 同时，他又坚持采用 SOV 句式，让"是决不至于的"殿后。相比之下，文译的调整幅度只是比鲁译略大一些而已，在总体上，却依然可以归入直译的范围，但可接受度高了许多。从这一点上说，鲁译遭人诟病，说到底，关键不在于他理论上倡导直译，而在于他的直译观和翻译实践有走向绝对之嫌，缺乏必要的柔韧"度"。

综上所述，鲁迅的直译观与汉日双语之间存在关联，前者实际上是基于

---

① 金田一春彦．日本語（新版）下［M］．東京：岩波書店，1988：243-245.
② 从汉语角度看，也有类似情况。汉语主语通常居首，但有时也可居中，甚至垫后。如，"宝玉忽然嗳哟了一声，说：'好头疼'"（曹雪芹，2006）中的"好头疼"就是主语居中。"手术室玻璃窗外，围着一大群卫生部的工作人员"则可以视作"一大群卫生部工作人员围在手术室玻璃窗外"（高顺全．三个平面的语法研究［M］．上海：学林出版社，2004：134）的倒装，即主语后置。方成自传的首句"方成，不知何许人也"（向本林．短文奇观［M］．天津：百花文艺出版社，1990：16）是宾语前置。
③ 小川芳男，等．日本語教育事典［M］．東京：大修館書店，1982：218.
④ 其实，作为直译的理论倡导者，鲁迅也并非没有一点弹性。他说"我是至今主张'宁信而不顺'的。自然，这所谓'不顺'，决不是说'跪下'要译作'跪在膝之上'，'天河'要译作'牛奶路'的意思"（罗新璋，2009）。其中有两点值得特别关注。一是与周作人在"《陀螺》序"里提及的"仰卧着"与"卧着在他的背上"的说法相去无几；二是这两例所指涉的皆是西方语言，而非日译汉里可能会出现的死译。

汉日语序的相似性，后者是前者的语学基础。我们不能简单地否定鲁迅的直译观，要承认其中的合理性。但是，又要认识到鲁迅在翻译实践中，有时过于绝对化，而使译文不受待见。其实，不少有问题的鲁译，稍作调整就可以使人接受。这一点对现今的日汉翻译界有着重要的启迪意义。日汉翻译界的最大问题，并非是呈现出一种直译倾向，而是缺乏对译文进行微调的心。运用之妙，存乎一心。对直译而言，更是如此。

当然，作为翻译理念和翻译方法，直译都不具备唯一性和排他性。译文与原文语序的似与不似，因人而异，因文而异，本无定规。笔者以为，在语序上的大不同，或可同而不同，显示的是译者的风格；语序上的小不同，或不可同而同，显示的是译者的功力。而风格和功力背后，则潜藏着不同的翻译理念。

流水句与翻译

在中国期刊全文数据库上，以"主题"的方式，在"模糊"状态下，不设杂志、时间限制，输入"流水句"，搜得论文384篇；在"并含"栏添加"翻译"后，相关文章达234篇。① 通览之后，感觉颇为杂乱。原因有二。一是在汉语界流水句的概念并未厘清，从"范（继淹）文发表到现在30多年，其间除胡明扬（1989）、Shen和Gu（1997）、王洪君（2011）等零星几篇文章外鲜见继续的研究或思考。'流水句'的研究停滞不前"②。二是在外语界，流水句与翻译却在相互误读之中走到一起。因此，本文拟在梳理、研究流水句概念的基础上，再讨论流水句与译学的交叉及其研究方式。

一

1979年，吕叔湘先生提出"汉语口语里特多流水句，一个小句接一个小句，很多地方可断可连"③。不过，书中没有举例子。关于小句，其定义为"一个小句一般是一个主谓短语；也常常是一个动词短语（包括只有一个动词）；在少数情况下是一个名词短语（包括只有一个名词）"④。如以3个小句组成的流水句为例，就有多种排列方式，譬如：

1 = SP+SP+SP 2 = VP+VP+VP 3 = NP+NP+NP
4 = SP+VP+NP 5 = NP+SP+VP 6 = NP+VP+SP
7 = NP+VP+NP 8 = VP+VP+NP 9 = VP+NP+NP

---

① 搜索日期为2016年9月21日。
② 沈家煊．"零句"和"流水句"：为赵元任先生诞辰120周年而作［J］．中国语文，2012（5）：403-415.
③ 吕叔湘．汉语语法分析问题［M］．北京：商务印书馆，1979：23.
④ 吕叔湘．汉语语法分析问题［M］．北京：商务印书馆，1979：24-25.

如果限定在"一个小句接一个小句"和"一个小句一般是一个主谓短语"的说法上，流水句的常态应该是"1=SP+SP+SP"。但是，其与复句的区分，吕叔湘并未言明。

1989年，有学者提出"流水句是一种在非句终句段也出现句终语调，语义联系比较松散，似断还连的无关联词语复句"①。所举例子的前3个如下：

(1) 走，不早了，只有二十五分钟，叫他们把车子开出来，走吧。(《雷雨》)

(2) 北屋东边儿这家儿，住的是张大娘，她跟闺女一块儿住，女婿在前线保卫边疆。(《吉祥胡同甲五号》)

(3) 您看，恶霸都逮去了，咱们挣钱也容易啦，您难道不知道？(《龙须沟》)②

借用上述示例结构，(1)为VP+VP+VP+VP+VP，(2)为NP+SP+SP+SP，(3)是SP+SP+SP+SP。

1992年，有学者提出"流水句是复句。在结构上它如行云流水，自由自在，不用或极少用作为形式标记的关联词语。分句与分句之间采用意合的方法，其关系相当松散，或上挂下连，或藕断丝连"③。之后把流水句划分为7类，分别进行研究。

2010年，有学者给出新的流水句定义："所谓'流水句'是指由几个小句，前后连接，不用关联词语，没有显性的语法标记，而构成的一种结构联系比较松散而语气灵活多变的格式。"其特点是"构成'流水句'的大多是自由性的小句，加上句号即可成句；加上逗号，则成为一个复句中的分句。而且，'流水句'的小句之间，语调往往在'平降之间'，反映了一种'似断似连'的语言心理"④。不过，对小句未做明确界定。所举例句如下：

(4) 树木长得茂盛，树荫很浓，孩子们夏天喜欢在树林中玩耍。

(5) 半月春风，草绿了，桃花打苞了。

(6) 花种得好，姹紫嫣红，满园芬芳，可以欣赏。⑤

---

① 胡明扬，劲松. 流水句初探 [J]. 语言教学与研究，1989 (4)：42-54.
② 胡明扬，劲松. 流水句初探 [J]. 语言教学与研究，1989 (4)：42-54. 为研究方便，例句编号为笔者所加，非引用论著里的序号。下同。
③ 吴竞存，梁伯枢. 现代汉语句法结构与分析 [M]. 北京：语文出版社，1992：316.
④ 张斌. 现代汉语描写语法 [M]. 北京：商务印书馆，2010：1043-1044.
⑤ 张斌. 现代汉语描写语法 [M]. 北京：商务印书馆，2010：1044.

仍以吕叔湘界定的概念来看，（4）为 SP+SP+SP，（5）为 NP+SP+SP，（6）为 SP+VP+SP+VP。

2011 年，《中国译学大辞典》流水句词条释义："汉语特有的一种复句，由多个短句铺排而成，读来似行云流水"①，并举出汉译英与英译汉的 3 个例子。

2012 年，沈家煊从赵元任的"零句"说角度，指出流水句是"建立在可以独立的零句之上"的，"在大的方面最能体现汉语特点"②。"造成汉语'特多流水句'的原因就是零句占优势，零句可以组合成整句又可以独立成句，句与句之间除了停顿和终结语调没有其他形式标志，有没有关联词不能作为判别标准，而且关联词经常不用，意义上的联系靠上下文来推导。"③ 在赵元任那里，"零句没有主语—谓语形式。……大多数零句是动词性词语或名词性词语。……零句之中有的是指出事物的存在或唤起对它的注意，有的是有较多的话说，更近于一种说明。把这两种零句放在一起，恰好构成一个整句。……一个整句是一个由两个零句组成的复杂句"④。可以说，到沈家煊这里，流水句的概念开始有变化，与之前的各家定义有了实质性差异。具体可以表述如下：

$$S \rightarrow S'NP + S'NP + S'NP \cdots \cdots$$

组成流水句的每一个句段 S' 都具有指称性，可以标为 S'NP，只是有的 S'NP 兼有陈述性（S'NP/VP）而已。"指称性"是流水句的另一个特点。⑤

这里需要强调的是，沈家煊认为"虽然 VP 都是 NP，但是 NP 不都是 VP；NP 可以做谓语是因为谓语具有 NP 的性质，而不是因为 NP 本身具有 VP 的性质"（沈家煊，2012）。也就是说，"S'NP"中的"NP"里包含"VP"。换言之，"流水句是把语用上都具有指称性的零句并置，语义上的联系依靠语用推

---

① 方梦之. 中国译学大辞典 [M]. 上海：上海外语教育出版社，2011：143.
② 沈家煊. "零句"和"流水句"：为赵元任先生诞辰 120 周年而作 [J]. 中国语文，2012（5）：403-415.
③ 沈家煊. "零句"和"流水句"：为赵元任先生诞辰 120 周年而作 [J]. 中国语文，2012（5）：403-415.
④ 赵元任. 汉语口语语法 [M]. 吕叔湘，译. 北京：商务印书馆，1979：42-51.
⑤ 沈家煊. "零句"和"流水句"：为赵元任先生诞辰 120 周年而作 [J]. 中国语文，2012（5）：403-415.

理而不必采用递归句法。"① 他举的例子有两类,一是他自拟的,二是引用的。下列 (7) 到 (10) 是自拟句,其余是引用。

  (7) 老王呢?又生病了吧!也该请个假呀!走不动了噻!儿子女儿呢?上班忙吧?请个保姆噻!工资低呀!先借点呢?犟脾气一个呀!……

  (8) 老王呢又生病了。请个保姆噻工资低。先借点呢犟脾气一个!

  (9) 老王又生病了,请假又走不动,儿子女儿上班忙,请个保姆工资低,先借点呢犟脾气一个!

  (10) 老王呢,生病也该请个假,走不动的话儿子女儿呢?上班忙就请个保姆噻,工资低就先借点。(真是) 犟脾气一个!②

  (11) 那位女同志,昨天来过了,怎么又来了?

  (12) 他在找一个人,走路有点儿一拐一拐的,已经找了半天了。

  (13) 西厢房住的这位叫李力,他的职业是体育教员。

  (14) 杜十娘拿出一件件首饰,都是价值连城,统统投入江中。③

按照沈家煊的说法,(7) 是一系列独立的、没有主语或谓语的零句构成的对话流(着重号为笔者所加),存在前句引发后句的关系,④ 不是流水句。笔者同意沈家煊对 (7) 的判断,这个对话流被具有结句功能的标点符号分割成 10 个句子。关于 (8),3 个句子分别是由两个零句组成的整句,中间用句号隔开,沈家煊没有把它们看作流水句,笔者没有意见。其余例句,他皆视作流水句。然而,"建立在可以独立的零句之上"的流水句,与吕叔湘的"一个小句接一个小句(即整句+整句,整句+零句,零句+零句等)"说,以及吴竞存、胡明扬、张斌等人的"流水句是复句"说之间究竟是一个什么关系,沈家煊没有直截了当加以说明。对 (9) 到 (14) 的认定,笔者有一些异议。前提,或者说理论根据是赵元任"零句是根本"和沈家煊流水句是"建立在可以独立的零句之上"的观点。由此来看,(9) 的"老王又生病了"和"儿子女儿上班忙"这两个部分都不是零句,由它们参与组成的句子就不能说是

---

① 沈家煊. "零句"和"流水句":为赵元任先生诞辰 120 周年而作 [J]. 中国语文, 2012 (5): 403-415.
② 沈家煊. "零句"和"流水句":为赵元任先生诞辰 120 周年而作 [J]. 中国语文, 2012 (5): 403-415.
③ 沈家煊. "零句"和"流水句":为赵元任先生诞辰 120 周年而作 [J]. 中国语文, 2012 (5): 403-415.
④ 沈家煊. "零句"和"流水句":为赵元任先生诞辰 120 周年而作 [J]. 中国语文, 2012 (5): 403-415.

流水句。(13) 的前后两部分——"西厢房住的这位叫李力""他的职业是体育教员"各是完整的主谓句，更不是"建立在可以独立的零句之上"的流水句。

因此，如果认同流水句是"建立在可以独立的零句之上"这个重要理念，那么就有必要在书面语上把一句之中被没有结句功能的标点符号隔开的部分限定为零句，即没有主语—谓语形式，而是动词性词语或名词性词语。由此，可以暂拟一个流水句的定义：

流水句是由 N 个零句组成的一句话。

流水句里的零句分别承担主语、谓语等句子成分。换言之，流水句是由 NP、VP 铺排或交错组合而成。关于流水句的成因，王洪君对沈家煊论文"'零句'和'流水句'"总结为"①汉语的所谓主语谓语就是话题说明，②汉语的话题、说明与名词性、动词性没有关联，它们其实都是并置的指称性成分"①。她自己也曾提出 4 点意见，即汉语为"①话题型语言而非主语型语言；②无标记情况下主谓结构的主语可以省略；③语法上不是仅由主谓结构占用的小句这一级单位，也即在语法单位层级体系中，汉语的主谓结构与其他短语结构地位平等，均属短语这一级；④主谓结构的直接成分没有语法形式类的要求"②。但是，通过汉语和韩语的对比研究，她认为"只有③④才是汉语流水句的主要成因。……语法上不是仅由主谓结构占用的小句这一级单位（也即没有"小句"这一级单位），名、动没有句法形态上的区分标记且没有跟小句成分或短语成分的对应，才是汉语流水句的根本成因"③。不过，笔者以为王所说的①②两条并不能因为韩语存在类似的情况而不能成为汉语流水句发达的原因。这里并不是在讨论语言类型学上汉语的绝对个性。申小龙也说过"'流水句'的'句'，不是 sentence，不是'主语+谓语'，不是现代汉语语法分析中作为外来词的'句子'范畴，而是中文本土的句读的'句'"④。在流水句的性质认定上，笔者认同"流水句是复句"这个观点。至于零句之间的关系，要根据具体实例来判断。零句之间，如 (11)，就需要

---

① 王洪君，李榕．论汉语语篇的基本单位和流水句的成因［J］．语言学论丛，2014（1）：11-40．

② 王洪君，李榕．论汉语语篇的基本单位和流水句的成因［J］．语言学论丛，2014（1）：11-40．

③ 王洪君，李榕．论汉语语篇的基本单位和流水句的成因［J］．语言学论丛，2014（1）：11-40．

④ 申小龙．中文句子视点流动的三个向度［J］．杭州师范大学学报，2013（6）：88-94．

根据语境，由读者来认定。如果单说前两个零句——"那位女同志，昨天来过了"，在语法上就是单句。实际上，在汉语学界，单复句的划分始终是一个"剪不断，理还乱"的问题。另有学者认为是"汉语中常见的另一种句子为动词句，它与流水句不同，应予以区别。这种句式是指一个施动者做了一连串的动作"①。此话不错，但是，流水句、零句之间的关系实际更加复杂。譬如，(1) 里各零句之间恐怕就包含因果关系。单说前二个零句，"走，不早了"，也可以视作因果复句。

然而，以上述定义来看待并规定流水句的话，那么，上文所引各家例句之中，由零句加零句组成的流水句实际上数量有限，只有 (1) 和 (11)，属于少数派。② 其余的例子里皆包含 SP。如果每一个"小句"都包括 SP，比较好处理，即把它们视作复句。如 (3) (4) (13)。换言之，完全由整句加整句，即 SP+SP+SP 所组成的句子，无论有无关联词语，都不应视作流水句。因为这彻底抽掉了流水句的基础——零句。没有零句的存在，便没有流水句可言。这样的句子，应归入复句范畴进行研究。至于既带有 SP，又包含 NP、VP"小句"的例句，则需要做进一步研究。笔者不同意"整句与零句混合交错形成了流水句"③ 的说法，认为由整句和零句交错形成的例句，需要根据不同的情况，分别对待。目前笔者的想法是，如果组成一句话的几个"小句"之中，夹有不到总量三分之一的 SP"小句"，且不带有关联词语，不妨称作"准流水句"。也就是说，这样的句子既带有流水句的特点，却又不够典型。但是，它不是标准流水句，跟一般意义上的复句也有距离，零句的存在显而易见。反之，组成一句话的多个"小句"里，SP 结构越多，并且带有关联词语，④ 就越接近于普通意义上的复句。胡明扬认为流水句是"无关联词语复句"，张斌说"不用关联词语"，沈家煊先生说"有没有关联词不能作为判别标准，而且关联词经常不用"。因此，关联词语使用过多的，也不宜看作流水句。⑤

由此反观上述例句，(1) (11) 是流水句；(2) 为一般复句，因为除了

---

① 韦忠生，胡奇勇. 汉语流水句汉译英探析 [J]. 集美大学学报（哲学社会科学版），2005 (2)：82-85.
② 笔者所读其他文献中的例句同样存在这样的倾向。
③ 王振平. 句子长度与译文质量的关系 [J]. 天津外国语学院学报，2006 (4)：25-28.
④ 因为在研究复句时，"关联词语是重要的语法标志"（邵敬敏. 现代汉语通论：第二版 [M]. 上海：上海教育出版社，2007：242）。
⑤ 关于流水句的概念，尚需进一步定性、定量研究。

"北屋东边儿这家儿"之外，每个小句皆由 SP 组成。至于（3），由 4 个 SP 构成，不是流水句。（4）同样是由 3 个 SP 构成，也非流水句。（5）也是 SP 结构为多。（6）（9）（12）（14）为准流水句，或称作流水复句，皆内含 SP。（13）是由 2 个 SP 组成，自然也不能看作流水句。（10）做点改动，可以成为典型的流水句。如：

老王呢，又生病了，请假吧，又走不动。儿子女儿嘛，上班忙啊，请个保姆呀，工资低，先借点呢，犟脾气一个！

不过，以上改动，把原文的 3 句话变成了 2 个流水句。如果去掉第一个流水句的句号，使两句合二为一，N 数则会上升到 10。这样一来，句子有点琐碎、拖沓之感。需要对 N 设置一个大致范围。笔者以为可定在 2~7 之间。上限是因为"中文句子的动向流动中使用频率最高的是两个句读段，自三个句读段之后用例就渐次减少，到七个句读段已是视点流动的极限。……动向视点流动的限度显然和人的短时记忆限度有关，即一个施事者统辖的动作语一旦超过人的短时记忆限度（7±2），施事者信息的延续就会衰减，说话人必须重提施事者，由此开始新的一句"[①]。下限是因为流水句是复句的一种，而"复句是包含两个或两个以上分句的句子"[②]。下面按照以上定义来分析几例相关论文里的例句。

（15）李小明像他爸爸一样，成天愁眉苦脸的。（袁毓林，2000）

（16a）张三战战兢兢 de 敲了敲那扇木门。

（16b）张三，战战兢兢 de，敲了敲那扇木门。（王洪君等，2014）

（17）她手上生的五根香肠，灵敏得很，在头发里抓一下就捉到个虱，掐死了，叫孩子摊开手掌受着，陈尸累累。（《围城》）[③]

（18）"嗨"她往前凑了一步，声音不高地说："别楞着，去，把车放好，赶紧回来，有话跟你说。屋里见。"（《骆驼祥子》）[④]

（19）她拎起那油酥卷一样松软的被包，回到他屋里，抽下绳子，重新把里面脏的、干净的衣服叠好，齐齐地码在被子里，再把被子叠成紧

[①] 申小龙. 中文句子视点流动的三个向度 [J]. 杭州师范大学学报（社会科学版），2013（6）：88-94.
[②] 邢福义. 汉语复句研究 [M]. 北京：商务印书馆，2001：1.
[③] 徐思益. 关于汉语流水句的语义表达问题 [J]. 语言与翻译（汉文），2002（1）：10-14.
[④] 徐思益. 关于汉语流水句的语义表达问题 [J]. 语言与翻译（汉文），2002（1）：10-14.

紧的四方块。①

(20) 唉，人老了，不像年轻时，拿得起，放得下。那些老事儿呀，总是在脑子里转来转去，不了结，好像都不能踏踏实实地去听蛐蛐叫……（陈建功，赵大年《皇城根》）②

(21) 对地方政府来说，一片片难以开发的"开发区"，就像一个个大包袱，弃之不甘心，背着又太重。（《人民日报》）③

(22) 小米最起劲，她已经学会了抽烟，当然抽烟也许并不需要学，一看就会的，她抽烟的姿势极像小时候电影里的国军女特务，夸张的媚。（卫慧《床上的月亮》）④

上面的（15）内含 2 对 SP 结构，非流水句。(16a) 是一个整句，加上两个逗号，(16b) 就是典型的流水句；"从语用角度看，……(16a) 话主想告诉受话的是一个'话题—说明'，'战战兢兢'只是作为张三敲门时的伴随状态，而(16b) 话主想告诉受话的却是关于话题'张三'的两个说明：一个是张三处于'战战兢兢'的状态，另一个是张三敲了门。也即张三在敲门前就处于'战战兢兢 de'状态了，敲门时仍保持着。"⑤（17）的第 1 个"小句"——"她手上生的五根香肠"可总体上视作 NP，全句为流水句。(18) 除"她往前凑了一步"是 SP 之外，其余皆为 VP，可归入"准流水句"。(19) 也为"准流水句"。(20) 由两句组成，前者因"人老了"这个 SP 结构，需归入"准流水句"，后者则是典型的流水句。(21) 同样是典型的流水句。最后的（22），SP 结构已经占所有小句的一半以上，应归入复句。

二

综上所述，流水句的研究史虽然已有 30 余年，但是，诚如沈家煊所说，理论研究停滞不前，核心概念始终未得到充分关注与研究。另一方面，流水

---

① 申小龙. 中文句子视点流动的三个向度 [J]. 杭州师范大学学报，2013（6）：88-94.
② 曾常红. "像"类流水句的类型及其句式义 [J]. 湖南师范大学社会科学学报，2014（6）：146-153.
③ 曾常红. "像"类流水句的类型及其句式义 [J]. 湖南师范大学社会科学学报，2014（6）：146-153.
④ 曾常红. "像"类流水句的类型及其句式义 [J]. 湖南师范大学社会科学学报，2014（6）：146-153.
⑤ 王洪君，李榕. 论汉语语篇的基本单位和流水句的成因 [J]. 语言学论丛，2014（1）：11-40. 引文中的序号已根据本文调整。

句的提出，又犹如一道闪电，引发人们在感性上的强烈共鸣。结果，频繁出现在语言教学和翻译研究的论述之中。今天看来，问题不少。主要有四大问题。

首先，在译学领域，建立在对流水句模糊理解之上的翻译研究，往往不能成立。譬如，在国内第一次提及"流水句"概念的翻译论文里，作者所理解的流水句是指"各小句前面不加关联词"①，所采用流水句法的汉译文，也皆不是流水句。

（23）人们一方面对基辛格的策略有这样的认识和了解，另一方面对他的战略却又这样摸不透，这是基辛格的大部分文章和言论的特点；这些文章和言论不仅谈到他在中东所起的作用，而且谈到他的全部活动，包括他从事过的最重要的活动。②

（24）狮子吃斑马，斑马吃草。蛇吃癞蛤蟆，癞蛤蟆吃虫子，虫子吃绿叶。③

其次，不止一篇文章，把流水句的概念输出到英语之中，如"流水句错误是中国学生英文写作中常见错误之一"，似有张冠李戴、汉英双语不分之嫌。作者想谈的是汉语对英语的负迁移，却说成"中国学生英文写作中常见流水句错误"④。下面的引文里也有类似的问题。

（25）流水格局是单纯的。下面一节是新西兰一篇五岁孩子的读物。

This morning we did the gardening. We loosened the soil around the plants. We pulled out the weeds that were growing. Then we watered the plants with our watering can. The flowers are called Dahlias.

这是标准的流水句格局。⑤

再次，很重要的一点，流水句之所以为流水句，在语体上一定是口语。这一点上，"准流水句"也同样如此。赵元任说"整句只是在连续的有意经营的话语中才是主要的句型。在日常生活中，零句占优势"⑥。他的《汉语口语

---

① 秉常. 漫谈英译汉的拆句译法 [J]. 中国翻译, 1980 (3): 9-13, 18.
② 秉常. 漫谈英译汉的拆句译法 [J]. 中国翻译, 1980 (3): 9-13, 18.
③ 秉常. 漫谈英译汉的拆句译法 [J]. 中国翻译, 1980 (3): 9-13, 18.
④ 蔡芸. 流水句现象分析 [J]. 广东外语外贸大学学报, 2002 (2): 38-41. 这篇文章的引用率为34次，在同类文章中被引率较高。
⑤ 高一虹. "散点透视"与"焦点透视""筷子"与"刀叉"：北大英语系学生笔谈 [J]. 现代外语, 1995 (4): 12-16.
⑥ 赵元任. 汉语口语语法 [M]. 吕叔湘, 译. 北京：商务印书馆, 1979: 51.

语法》"在汉语语法学史上，完全以口语为资料系统地描写论述汉语语法，该书是第一本专著"①。胡明扬、劲松虽然在《流水句初探》一文中说流水句"在口语中还是在书面语中的出现频率都是相当高的"②，但所举例句主要来自《雷雨》《龙须沟》和《吉祥胡同甲五号》。前二者为话剧，后者为电视连续剧，皆是口语特点显著的作品。沈家煊说"主谓齐全的句子在汉语日常口语里倒是一种特殊的句子。总之，汉语句子的判定，是不是主谓齐全根本不重要，'停顿和语调这个因素最重要'"③。他的论文"'零句'和'流水句'"基本上也是在口语平台上展开的。由此可说，流水句主要存在于口语之中，反映在文字上，也是以记录口语或口语特征比较明显的语体为主，如戏剧、电影、电视剧和小说等。在科技语体、事务语体、政论语体上，流水句通常没有用武之地。因此，下面两例讨论流水句翻译的例文，似可商榷。

（26）那次大会总结了我国民主革命二十多年曲折发展的历史经验，制定了正确的纲领和策略，克服了党内的错误思想，使全党的认识在马克思列宁主义、毛泽东思想的基础上统一起来，达到空前团结。④

（27）发酵后若产生大量气体及恶臭味，表示水源或奶粉受污染，应丢弃不用。若出现酸味成白黄色光泽"豆腐花"状，表示发酵良好。⑤

退一步说，即便先不考虑语体，（26）也非流水句，似可归入动词句。后一例不仅非口语文章，且带有若干关联词语，为典型的复句。当然，也有一些句子，在书面语体与口语体之间，不好判断，需要进一步研究。如下例是看作"准流水句"，还是视作普通复句，恐怕会见仁见智。

（28）上海银舟大厦位于上海浦东陆家嘴金贸区，东临主干线源深路，西濒双子广场，占地5,037平方米，楼面面积37,700平方米，高100米，28层，为商贸结合的高级办公楼。⑥

---

① 朱林清，刘松汉. 试论赵元任对汉语语法研究的贡献 [J]. 南京师大学报（社会科学版），1992 (4)：59-64.
② 胡明扬，劲松. 流水句初探 [J]. 语言教学与研究，1989 (4)：42-54.
③ 沈家煊. "零句"和"流水句"：为赵元任先生诞辰120周年而作 [J]. 中国语文，2012 (5)：403-415.
④ 周阳. 汉语流水句俄译方法初探 [J]. 俄语学习，2013 (2)：39-41.
⑤ 张静华. 汉语"流水句"与汉译英的信息主次 [J]. 赤峰学院学报（科学教育版），2011 (11)：105-107.
⑥ 王大来. 英语聚集型结构和汉语流散型结构的转换 [J]. 中国科技翻译，2009 (4)：38-41.

分さんでございますな。

　　ならずもの　　おらか。おらは天下に名高え盗賊の親分で、虎狼の熊太郎ちゅうもんだ。わっはっは。今晩はいっしょに騒いでつかわすでありがとう思え。（一人の酒を奪って飲む）

　　主だった一人　　はいはいありがとうございます。何分にも年寄りばかりで分り申さんけにお腹立ちなされんで下されや。今晩はな、二十二夜待ちのお晩で、皆こうして寄っとりますで……

　　译文：一长者　　（陪着小心）①哎哎，您这位大爷，请问来自何方啊？

　　浪子　　老子吗？老子是威震天下的江湖大盗，叫虎狼熊太郎的便是。哇哈哈哈。②今晚嘛，特地来赏你们个脸，跟大伙一起热闹热闹，可别不识抬举。（抢另一人的酒喝）

　　一长者③是，是，赏光，赏光。这儿都是些老人家，唐突之处，请大爷多包涵。今晚是二十二日待月之夜，乡亲们都在这儿聚会……①

　　以上3例选自译著《快跑，梅洛斯》里"民间故事剧作"部分，皆是口语体作品。译文划线部分，原文较长、标点符号也较少，作为重点比较对象，观察流水句的使用比较典型。其余部分，虽然译文里也有流水句存在，但显然是再现了原文的断句特点，很难说是译者的有心而为之，如（30）译文的第1个句子。把此3例译文划线部分与原文——对比，可以说高慧勤灵活运用汉语的流水句与准流水句，很好地再现了原文的口语特点。从语言学研究角度看，首先，高慧勤有意无意之间使用了较多的零句，错落有致地铺排NP、VP和SP，使文气一路畅通，仿佛说话人就在眼前。其次，恰到好处地调用了赵元任强调的、表示语音停顿的语气词，如"嘛、呐、呀、哎哎"等，很好地烘托出戏剧的临场感。最后，在零句的运用中，也有效地控制了句长，更好地反映了口语特征。笔者曾提出译文"以逗号作为句长的标识，……汉语句长不宜超过20个字。……（但）它还留有较大的'可压缩空间'，譬如它可以从20走向15，走向11，乃至走向9个字、7个字、4个字"②。有学者"以句号、感叹号和问号为句子标记，通过 text preprocessing 对文本句子进行统计，发现英（若诚）译的平均句长远远低于其他两译本"，其所译《请

---

① 太宰治，等. 快跑，梅洛斯［M］. 高慧勤，译. 青岛：青岛出版社，2013：217.
② 高宁. 句长与翻译［J］. 东方翻译，2011（3）：20-24.

君入瓮》平均句长为 18.4293，朱生豪译的《一报还一报》平均句长是 21.1181，梁实秋译的《恶有恶报》则达 35.8234。① 特别需要注意的是，英若诚在以句号为标志的平均句长统计中，竟然只有 18.4293。如改用逗号句长标准，显然会进一步变短。反观上面的 3 个高慧勤译文，最长的"拿着锄头的手就停了下来"不过 11 个字，最短的只有 1 个字"是"。既体现了原文口语体的特点，又是较为典型的（准）流水句。下面，再对比 2 个译文。

（33）：原文：さようでございます。あの死骸を見つけたのは、わたしに違いございません。わたしは今朝いつもの通り、裏山の杉を伐りに参りました。すると山陰の藪の中に、あの死骸があったのでございます。あった処でございますか？ それは山科の駅路からは、四五町ほど隔たって居りましょう。竹の中に痩せ杉の交った、人気のない所でございます。

译文 1：是呀，发现那具尸体的，正是小的。今儿个早上，小的像往常一样，去后山砍柴，结果在山后的竹林里，看到那具尸体。老爷问在哪儿吗？那地方离山科大路约莫一里来地，是片竹子和小杉树的杂树林，很少有人迹。②

译文 2：是的，那尸体是我发现的。今天我照每天的习惯到后山去砍杉树，忽然看见山后的荒草地上躺着那个尸体。那地方么，是离开山科大路约一里地，到处长着竹丛和小杉树，难得有人迹的地方。③

译文 3：不错，发现死尸的确实是我。今天一早我一如往常进后山砍杉为柴。岂料阴坡密树丛中有一具死尸。什么地方来着？大约离山科驿道有一里来路吧。竹林中夹杂着细细高高的杉树，僻静得很。④

高慧勤把原文译为 4 句话，其中零句较多，如"发现那具尸体的""正是小的""去后山砍柴""结果在山后的竹林里"等。简言之，如划线部分，零句的 NP、VP 使用更多，使得译文似断非断，宛如流水，有张有弛，口语特征非常明显。楼适夷的译文也带有准流水句特点，只是句子略长一些。相比之

---

① 任晓霏，朱建定，冯庆华. 戏剧翻译上口性：基于语料库的英若诚汉译《请君入瓮》研究 [J]. 外语与外语教学，2011（4）：57-61.
② 芥川龙之介. 蜘蛛之丝 [M]. 高慧勤，译. 青岛：青岛出版社，2013：170.
③ 芥川龙之介. 芥川龙之介小说十一篇 [M]. 楼适夷，译. 长沙：湖南人民出版社，1980：76.
④ 芥川龙之介. 罗生门 [M]. 林少华，译. 上海：上海译文出版社，2010：90.

下，林少华的处理方式明显不同，译文基本没有采用流水句方式来翻译。至于译文评价，除读者个人喜好之外，还牵涉一个理论问题，即口语体文字是否一定要用流水句来翻译。据笔者对戏剧和电影剧本的翻译考察，流水句译法只是其中一个选项而已。用其他形式，如单句、多重复句来翻译的，也不在少数。实际上，决定翻译成败、优劣的因素很多，流水句只是其中之一而已。

综上所述，只要在学理上究明何为流水句，把握住其基本要点——零句是根本，流水句是由零句串连而成，那么，就不难看出目前研究的问题所在，也能更加有效地指导外译汉的翻译实践。简言之，（准）流水句在翻译中的运用，就是找对文体，多用零句，包括 NP、VP，控制使用 SP 和关联词语，就可以使"在大的方面最能体现汉语特点的流水句"① 展现在译文之中。当然，在学理上，流水句的研究尚处在探索阶段，很多问题，如流水句与复句、多重复句、动词句的区分等都需要进一步探讨、研究，与翻译的交叉研究也有待进一步深入。

---

① 沈家煊．"零句"和"流水句"：为赵元任先生诞辰 120 周年而作 [J]．中国语文，2012（5）：403-415.

缩扩句与翻译

在国内，缩扩句的运用与研究主要集中在中小学语文及对外汉语的教学之中，在语言学领域，把它们作为重要论题进行研究的理论著述几近空白。在译界虽有学者关注缩扩句与翻译的关系，翻译教材中也能见到相关的章节，但是，无论是在理论上，还是在方法上，都存在一些模糊认识，有必要展开进一步的讨论。

一

实际上，缩扩句有不同的层面，如语言学层面和译学层面，其间差别巨大。其一，语言学层面的缩扩句是发生在同一语言之中；译学层面的缩扩句则发生在两种语言之上。具体地说，缩句是发生在译出语层级，译入语层级不存在缩句问题；扩句则既可以发生在译入语层级，也可以发生在译出语层级，但两者开展方式及目的不同，不在同一条水平线上，不可混淆它们的实质性差异。在译出语层级上的缩扩句是为了理解原文；而对译入语而言，所谓的扩句虽形似语言学层面的扩句，实质上不过是译入语对译出语"信息"的重新编码，并非译出语语序的简单复原。其实，在翻译完成之前，译入语中并不存在句子主干；译文诞生之后，它的句子主干既有可能与译出语相同，也有可能相异。因此，译学所说的扩句，在本质上不能看作是把译出语的句子主干搬进译入语中，并按照译出语的语序进行还原式扩句。要言之，一旦把缩扩句纳入译学领域，在概念上要意识到它在语言学和译学领域中有着不同的意义和价值取向，在操作方法上也有很大差异，需要自觉地加以区别对待。

其二，两者的"伸缩性"不同。先看一下语言学里关于缩扩句的界定。关于缩句，"缩句是把结构复杂的长句简缩成结构简单的短句。……缩句的结

果不仅要抓出句子的结构主干，而且还得是'句'，能单独成活，基本意思也得与原句相符合。"① 关于扩句，则"指句法成分的增添。扩展前的语言单位叫原式，扩展后的语言单位叫扩展式。如看了一场演出→看了一场十分精彩的演出。扩展的方式有两种：（1）更迭性扩展。原式的一个成分被包含在新成分中，原式的基本结构不变，如欣赏音乐→欣赏古典音乐；我喜欢→我非常喜欢。（2）组合性扩展。以原式为整体和另一个语言成分组合，原式的基本结构有可能不变，如可爱的孩子→许多可爱的孩子；也有可能改变，如生活的道路→生活的道路漫长而艰难"②。很显然，在语言学里，特别是语文教学中，缩扩句往往不是同时进行的，缩扩句前后句子的信息量和意义也是不相等的，前者急剧减缩，后者可以信马由缰，无限扩增。但是，在译学领域，面对的是双语。译出语层级的缩扩句只是为了理解原文，缩句是临时性行为，它必须紧接着走向扩句——复原。而译入语层级的扩句，无论是"更迭性扩展"，还是"组合性扩展"，也不论原式的基本结构是否有改变，它的扩增是有量的限制的。它的信息量既不能短斤缺两，也不能越雷池一步。

因此，当我们把扩句概念引入译学研究时，如果不注意这个区别，依旧站在语言学立场上，就容易接受句子可以自由增扩的扩句概念，而忽略译学层面扩句的特殊性。刘宓庆曾举例说明汉语句子的扩展机制是向左扩展③，而英语向右。因此英译汉时应将向右走的句子及时收住，把英语的长句分切成若干汉语短句。从语言学角度看，他点出了汉语扩句机制本身的特点，在宏观层面上有助于译者加强对母语的认识，对翻译实践有一些指导作用，但毕竟与译学领域里的扩句不是一回事。分清两者的区别，对译学研究而言，不仅是必要的，而且也是必须的。

---

① 张邱林. 关于缩句和抓主干 [J]. 语文建设，2004（2）：40.
② 唐作藩. 中国语言文字学大辞典 [M]. 北京：中国大百科全书出版社，2007：360.
③ 如刘宓庆先生就举过下面的例子。他的观点，给译界很大影响，成为日后研究英汉句子扩展与翻译关系的理论依据之一。

（基本句）←⋯⋯⋯⋯⋯⋯⋯⋯⋯⋯⋯⋯⋯⋯⋯⋯⋯⋯⋯⋯⋯⋯⋯⋯有条有理。
一度←⋯⋯⋯⋯⋯⋯⋯⋯⋯⋯⋯⋯⋯⋯⋯⋯⋯⋯⋯⋯⋯⋯⋯⋯干得有条有理。
二度←⋯⋯⋯⋯⋯⋯⋯⋯⋯⋯⋯⋯⋯⋯⋯⋯⋯⋯⋯⋯⋯一切干得有条有理。
三度←⋯⋯⋯⋯⋯⋯⋯⋯⋯⋯⋯⋯⋯⋯⋯⋯⋯⋯⋯他把一切干得有条有理。
四度←⋯⋯⋯⋯⋯⋯⋯⋯⋯⋯⋯⋯⋯⋯⋯⋯⋯没想到他把一切干得有条有理。
五度←⋯⋯⋯⋯⋯⋯⋯⋯⋯⋯⋯⋯⋯⋯⋯⋯她没想到他把一切干得有条有理。
六度←⋯⋯⋯⋯⋯⋯⋯⋯⋯⋯⋯⋯⋯⋯她说她没想到他把一切干得有条有理。

（刘宓庆. 汉英句子扩展机制对比研究 [J]. 现代外语，1992（1）：10-15，72.）

二

在进入译学层面具体探讨缩扩句与翻译的关系之前，有必要先回到语言学层面继续讨论一下汉语本身的扩展特点，笔者以为汉英句子扩展机制说只讲对了一半，因为汉语也存在向右扩展方式。看一个具体的例子。

例1：句首————————顺线性延伸（RL）————————→

(A)（Non-SP13）好好的。_____（1）

（SP12）好好的一件事。_____（2）

（SP8.8）好好的一件事给他弄糟了。_____（3）

(B)（SP8）她说。_____（1）

（SP8.0）她说她的确没料到。_____（2）

作者说："上例（A）到了'弄糟了'已不可能再扩展了。根据我们对20式各类基本句所作的抽样递归研究，汉语逆线性延伸（即向左扩展——笔者注）可以派生出9个合格句的多达84%，可以派生出8个合格句的达12%。但同样20个基本句汉语顺线性延伸（即向右扩展——笔者注）可以派生出两个新的合格句的只占4.5%，只能作一次延伸的近80%。这就充分说明了现代汉语句子的'强逆线性延伸力'与'弱顺线性延伸力'。后者正是汉语句子必须简短的原因。"作者断言（B）的"她说"，是"不可能作顺线性延伸而派生出9个合格句来的"①。

其实，这种非译学领域的扩句，因为不存在意义限制，即便是顺线性延伸，也并非只能延伸一两次。从理论上说，"语言研究不可能做到完全预测，这是语言学这门科学的研究对象的性质所决定的。……它总是处在不断展开、不断转变之中。"② 如（B）的"她说"，就可以在上例的基础上继续延伸下去。

前略

她说她的确没料到事情会这样。_____（3）

她说她的确没料到事情会这样曲折。_____（4）

她说她的确没料到事情会这样曲折而复杂。_____（5）

她说她的确没料到事情会这样曲折而复杂地发展。_____（6）

---

① 刘宓庆. 新编汉英对比与翻译 [M]. 北京：中国对外翻译出版公司，2006：206. 例中的（Non-SP）等字符为参考文献中"现代汉语基本句句型表"的编码。疑数字有误排。

② 胡明扬. 西方语言学名著选读 [M]. 北京：中国人民大学出版社，2007：315.

她说她的确没料到事情会这样曲折而复杂地发展到令人发指。
_____(7)
她说她的确没料到事情会这样曲折而复杂地发展到令人发指的程度。
_____(8)
她说她的确没料到事情会这样曲折而复杂地发展到令人发指的程度吗?
_____(9)

例1中(A)之(3)也同样可以向右延伸,如:
好好的一件事给他弄糟了以后就不能再说什么_____(4)
好好的一件事给他弄糟了以后就不能再说什么来安慰老领导
_____(5)
好好的一件事给他弄糟了以后就不能再说什么来安慰老领导和他的家人
_____(6)

首先,笔者对此例提出异议并进行例文延伸尝试,是想说明汉语扩句并非一维或以一维为主。其实,它也可以"左右开弓",甚至可以"中间开花"。其次,以上扩句都局限于连续性词语递增,中间不加任何标点符号。换言之,扩句仅仅发生在句中没有任何标点符号的句子之中。如果以句号、问号等具有结句功能的标点符号作为认定句子的标志,① 那么还可以在扩句过程中加上逗号、破折号等,并添词加语,左右开弓,中间开花。如例1(A)之(6)就可以继续变化下去:

昨天好好的一件事,稀里糊涂给他弄糟了以后,今儿就不能再说什么话来安慰老领导和他的家人,并向局里汇报啦。_____(7)

本来昨天好好的一件事,你稀里糊涂给他弄糟了以后,今儿你就不能再说什么大话、好话来安慰老领导和他的家人,并派人向局里如实汇报啦,不是吗?_____(8)

从翻译技术角度考虑,一方面,这种扩句方式有助于译者打破思维定势,更好地了解汉语的造句方式,对翻译实践亦有启发。不过,另一方面,如此扩句,也容易使句子复杂、冗长,甚至扭曲变形。更重要的,如上所述,这不是从译学层面探讨扩句。译学上的扩句永远只能在限定意义的范围内进行,不能无端越界。译学不同于语言学,译者需要在译出语和译入语两个层面上进行缩扩句工作。换言之,他不停地穿梭、跳跃在两个层面之间,是它们之

---

① 高宁. 句长与翻译 [J]. 东方翻译, 2011 (3): 20-24.

间"活"的纽带。

三

既然说译者穿梭在两个层面之间，那么他是怎样展开工作的呢？译学领域的缩扩句到底如何有别于语言学呢？看一个实例。

例2：動くともなく動き/、流るるともなく流れる/大川の水の色は/、静寂な書斎の空気が休みなく与える刺戟と緊張とに/、せつないほどあわただしく、動いている自分の心をも/、ちょうど、長旅に出た巡礼が、ようやくまた故郷の土を踏んだ時のような/、さびしい、自由な、なつかしさに、とかしてくれる①。

原文是一个长句，有点难懂。这时，进行缩扩句，廓清原文的句法结构，有助于理解原文。例2的核心语法结构为A，之后"复活"的BC则是对A的精确化描述。

A……水の色は………自分の心をも………なつかしさに、とかしてくれる。（句子主干，即主语+目的语+连用修饰语+述语）

B <u>動くともなく動き、流るるともなく流れる</u>大川の水の色は、<u>静寂な書斎の空気が休みなく与える刺戟と緊張とに、せつないほどあわただしく、動いている</u>自分の心をも、<u>ちょうど、長旅に出た巡礼が、ようやくまた故郷の土を踏んだ時のような、さびしい、自由な、</u>なつかしさに、とかしてくれる。（划线部分分别为A中「水の色」「自分の心」和「なつかしさ」的定语）

C①動くともなく動き、②流るるともなく流れる大川の水の色は、③静寂な書斎の空気が休みなく与える刺戟と緊張とに、④せつないほどあわただしく、動いている自分の心をも、⑤ちょうど、長旅に出た巡礼が、ようやくまた故郷の土を踏んだ時のような、⑥さびしい、自由な、なつかしさに、とかしてくれる。（其中①②为并列关系，共同修饰「水の色」；③④为表达内在因果关系的修饰与被修饰成分；⑤⑥可视为并列定语，其中⑤类似于英语语法所说的定语从句）

因篇幅的关系，上面的缩扩句过程显得有些粗略，但也明显有别于语言

---

① 高宁. 日汉翻译教程[M]. 上海：上海外语教育出版社，2008：433. 例中斜线为笔者所加，这里暂请忽略，下一节里有讨论。

学里的缩扩句。首先，这是为了把握准原文，而与翻译表达没有直接关系。因为这里的扩句，实质上就是复原，而原形本已存在，不是译者增扩出来的。它对翻译当然有帮助，但本身并不是翻译，不能依葫芦画瓢把这个操作程序照搬到译入语中。换言之，在具体的翻译过程中，由缩句得到的原文句子主干，不少情况下，不能或不必让它成为译文的句子主干。因为，译出语和译入语本身是不同的语言，它们"之间不存在'普遍语法'，其社会文化语境也不同"①。其差异性不仅体现在语音、词汇上，而且也必然反映在句法结构和语言文化心理等层面。同时，两者的偶合，无论是在语音层面，还是在词汇、句法结构等层面确实是存在的，因为世界上"存在着由客观事实决定的普遍的认知规律和普遍的逻辑推理方式"②。但是，偶合度的大小虽然因语种、译者而异，却不会大到无视语种差异的程度。因此，译出语的句子主干在翻译过程中，应该视为译入语的核心信息或核心意义，虽然不排除有些时候它也可能成为译入语的句子主干。但是，核心信息或核心意义是译者首先且必须思考的重点，之后才能去顾及译入语表达层面，包括是否沿用译出语的句子主干等问题。这样去把握翻译，能够避免一些死译、硬译式的直译出现。③ 换言之，对原文进行缩扩句，实质上就是通过句法分析的方式对它的信息进行梳理，重在把握它的意义。如果简单地把译出语的句子主干搬进译入语中，并按照译出语层面的扩句方式组织译文，就有可能失当或影响表达的顺畅。事实上，这种不良的翻译方式在翻译教学中屡见不鲜，可以说越是难句子，越是利用缩扩句法来解读，学生越容易把译出语层面的缩扩句方式一成不变地照搬到译文之中。虽然有学生意识到这种做法有问题，但往往无力自拔，需要教师从理论与实践两个角度进行多次反复的指导。

当然，这里面也牵涉译学的另一个形而上问题，即翻译目的之中是否包含再现原文的句式或语序。笔者以为，无论是从"能直译的就直译，无法直译的就意译"的立场出发，还是从"能意译的就意译，无法意译的就直译"的观点来看，对双语句式或语序迥异的句子而言，只有译出语的句式或语序带有形式意义之时，才需要译者尽可能地进行直观再现。否则，就应按译入语的习惯，打乱原文，重新进行排列组合。

---

① 赵艳芳. 认知语言学概论 [M]. 上海：上海外语教育出版社，2001：177.
② 赵艳芳. 认知语言学概论 [M]. 上海：上海外语教育出版社，2001：178.
③ 由于这类直译在译坛反复出现，已经使汉语的句法结构缓慢向西方语言靠近，汉语中的欧化句式已然初具规模，潜移默化地影响着人们的语感。

回到例2中。需要注意的是，从方法论看，笔者不赞成把译出语缩扩句方式照搬进译入语中。原文本身有点费解，与汉语句法差距较大，如果按照ABC三个步骤来完成翻译的话，恐怕很难成为好的译文。因此，需要译者在把握住原文句法结构后，整理出各部分之间的内在逻辑关系，然后再遵从汉语的习惯，翻译成文。另一点需要注意的是，如前所述，译学层面的扩句，不同于语文教学，一句之中可以加上标点符号，同时，一句也可以扩成几句。下面请对比例2的三个译文，前两个译文理解有误，重要原因之一就是没有抓住原文的句法结构。译文3是笔者通过缩扩句把握译出语意义，然后跳出译出语的表层结构，按照汉语语法及个人语言使用习惯进行翻译的。它的句子结构与原文相比，已经大相径庭。

译文1：书斋里寂然无声，总是孕育着兴奋和紧张的气氛，我在其中无休止地忙忙碌碌，脑子不得片刻空闲。河里的水似静而动，似止而流，这水色把我的心引入到一个冷落萧索、可以无拘无束思慕怀念的境界，这和一个人经过长途跋涉的朝香之后，总算又踏上故乡土地时的心情惟妙惟肖。

译文2：书斋寂寂，却不断予人情思的亢奋和激烈。而那大川的水色，似动非动，似淌非淌，自能融化自家一颗凄动不宁的心。仿佛羁旅归来的香客，终于踏上故土一样，既有几分陌生，又感到舒畅和亲切。

译文3：大河流水，似动非动、似淌非淌，它的秀色融化了我苦闷狂乱的心，把它从沉闷的书斋无休止给予我的刺激和紧张中解脱出来，化为孤独而又率性的思乡之情，就宛如长途朝圣归来踏上故土时一般。（同上）

四

进一步探讨上例，不难发现，译文3已带有些许流水句的特点，不宜以西方的语法概念去提炼句子主干。这也从另一个角度再次提醒我们，译出语的缩扩句有时不能平行移植到译入语中。一定要勉为其难的话，例2可译为：

译文4：似动非动、似流非流的大河的水色，把我因静寂的书房无休止地带给我刺激和紧张而苦闷、狂跳的心，融化在如同从长途朝圣的旅途中归来，终于踏上故土时的那种令人寂寞、自由的眷念之中。

很显然，作为汉语，译文4有欠顺畅，是一种近乎机械的逐字翻译。可是，回读原文，又很难说原文的长句在形式上有什么特别的意义，需要在译文里再现。相反，现在的译文4虽然在句式和语序上跟原文有较高的近似度，然而，在总体上，尤其是在审美层面上大大逊色于原文。另一方面，不懂日

语的读者也不可能通过译文 4 来想象日语原文的语言特点。

其实，在译入语层面的扩句，不仅有方法论的问题，也有认识论的问题。

例 3：_a抱きあって再会を喜んでいる/外国人の姿には/、きわめて自然な人間の感情が現されている/。_bしかし、感情を外にあらわに出さずに/、静かに心の中に包んで行動することを美しいと見てきた/日本の伝統の世界では/、西欧のあいさつの仕方は/、「映画のようだねえ」と/おばあさんに眺められてしまうのである。

译文：外国人喜欢用拥抱来表示重逢的喜悦。他们的这种举止是人类感情的自然流露。但是，日本是个传统社会。人们感情不外露，喜欢悄悄地藏在心底。他们认为这样去为人处世是一种美。所以，西方人的问候方式，在老太太眼里，"就像电影一样了"。①

原文由 a 和 b 两句组成。汉语译成 6 句。② 其中 a 一变为二，b 一变为四。先分别看一下 a、b 的缩扩句过程。

a¹……外国人の姿には、……人間の感情が現されている。（句子主干）

a²<u>抱きあって再会を喜んでいる</u>外国人の姿には、<u>きわめて自然な人間の感情が現されている。（两个定语）

b¹……西欧のあいさつの仕方は、……とおばあさんに眺められてしまうのである。（句子主干）

b²……<u>日本の伝統の世界では</u>、西欧のあいさつの仕方は、<u>「映画のようだねえ」</u>とおばあさんに眺められてしまうのである。（依次还原了表示范围的连用修饰语和表示结果内容的连用修饰语）

b³<u>しかし、感情を外にあらわに出さずに、静かに心の中に包んで行動することを美しいと見てきた</u>日本の伝統の世界では、西欧のあいさつの仕方は、「映画のようだねえ」とおばあさんに眺められてしまうのである。（依次还原了接续助词和复杂词组形成的连体修饰语）

推敲此例译文的扩句方式，可以发现内在的关键是如何选择并把握译出语的意义单位。它们在原文中已以斜线标出。意义单位"是帮助建立原语和译语等值的最小成分"，"又称语段或语义段，是需要重视的基本翻译单位，因为，不论是一个句子，还是一个句组，都是一个或若干个意义单位的综合。

---

① 高宁．日汉互译教程［M］．天津：南开大学出版社，1995：59.
② 这是以句号句长为标准计算的。

解决了意义单位的翻译问题，才有了正确翻译句子的基础，进而完成段落以及篇章的翻译"①，且"翻译单位是必须放在一起翻译的语言片段"②。简言之，意义单位与翻译单位既相通，又相异。其异同可以先简单地概括为两点。一是意义单位通常小于句子，而"翻译单位应是多元的，描写性的，而不是一元的和规约性的"③，即翻译单位既有可能等同于意义单位，也有可能大于它；二是意义单位永远是翻译单位的最大公约数。因此，即使在同一篇短文的翻译中，译者也可以根据译出语的局部特点，适时地变换翻译单位。把意义单位看作翻译单位的最大公约数，十分有利于打破部分译者对翻译单位的思维定势。也就是说，虽然意义单位通常小于句子，但是它不是以语法成分来命名的，不受句子表层语法结构的束缚，翻译时，既可以保留在一句之中，也可以打破原文的束缚，跳出句外，跟其他句子中的意义单位对接，译成新的语段或句子。换言之，一个意义单位可以同时面对若干个句子，从中寻找意义层面的"左邻右舍"，重新结合，组成新的语段或句子。这即是译学层面扩句的基本理念，也是笔者提出文学翻译"较为合理的翻译单位应该是电影导演笔下的'分镜头'"④ 的理由之一。如果以句子为参照物来思考翻译单位的话，那么，它既可以小于句子，又可以等于句子，当然也有可能在高于句子的层次上翻译。显然，这也是译学层面缩扩句不同于语言学层面缩扩句的另一个重要原因。

下面回到本文的两个译例，从具体操作层面考察译者是如何完成扩句/翻译的，其间的意义单位、翻译单位，译者又是怎样把握的。

这时面临的新问题是，虽然意义单位"是帮助建立原语和译语等值的最小成分"，但是，究竟小到什么程度，是由谁确定的？从大的方面看，意义在人类思维中的共性是绝对的，是各民族赖以交流的基础，具有普世价值，所以中外学者不约而同地认为意义是翻译的重中之重；从小的方面看，由于地

---

① 冯百才. 翻译中的"意义单位"[J]. 北京第二外国语学院学报，1999（5）：5-11.
② 方梦之. 中国译学大辞典[M]. 上海：上海外语教育出版社，2011：14.
③ 吕俊. 关于翻译单位问题讨论的思考：与彭长江先生商榷[J]. 外语研究，2001（2）：65-67，80. 吕俊指出"在逻辑语言学中，翻译单位就应该是命题，因为逻辑的基本单位就是命题。而从叙事学角度来看，翻译的基本单位就是段落，而不是句子，更不是词和词素。如果从文学的视角来看待翻译问题，恐怕更侧重的不是一句话或一个词，而是'意象'"。
④ 高宁. 高慧勤翻译艺术研究：兼论文学翻译与形象思维的关系[J]. 东方翻译，2009（2）：63-68.

域、民族、社会、历史、文化、语言等方面的差异，意义又具有自身的意域、价值倾向以及模糊性、游离性、对语境的依赖性等特点，需要译者在再现意义共性的同时，尽可能处理好意义的个性特点，完成双语的转换。要言之，意义在译入语中的（相对）确定性，实际上是由意义的共性及个性特点通过译者之手给定的。其中，共性是主要的，需要译者处理的意义个性特点是次要的，是局部存在的。否则，翻译就永远是可望而不可及的奢想。从意义研究的角度看，译者是上述共性与个性的复合承载体，意义单位大小的确定由此更加复杂，更带有不可确定的人文因素。总之，在翻译实践中，能够决定意义单位大小的只能是译者本人。

接下来需要考虑的则是，从译出语划分出若干个意义单位后，译者如何在译入语中进行重新排列组合。这时，对译者影响最大的，毫无疑问，是双语的语言特点。就汉日语而言，它们属于不同的语系。汉语"富于感性、重在意念和语法隐含"①，属于意合形语言；日语则是既富于感性，也重意念，但语法外显，属于半意合、半形合的语言。所谓半形合，比较容易理解，它的用言有词尾变化，各类助词，尤其是格助词决定了句子基本结构和各成分间的关系，使得日语语序相对自由。所谓半意合，不仅因为语序相对自由，还因为日语话题化现象比较明显，主语省略或无主语现象比较普遍。表面上看，汉日语似乎同大于异，实际上是异大于同，并非同文同种，词义近而语序同。因篇幅关系，这里仅结合例2、例3进行一点考察。

先看例2。译出语的意义单位如原文中斜线所示。很明显，意义单位大于单词，有时是词组，有时是小句。对照译文3，可以发现意义单位已经按照汉语的特点和译者个人风格重新排列。在这里，意义单位大致等同于翻译单位。汉语强调主体，重心靠前，所以一开始直接挑出"大河"，稍作描述之后，点出全句重心——"它的秀色融化了我苦闷狂乱的心"，之后再细说是如何"融化了我苦闷狂乱的心"，末了补上一个比喻，结束全句。而前2个译文，不仅没有把握住译出语的句法结构，抓住核心意义，而且在意义单位的划分上也存在问题，难以认定，结果成为误译。换一个角度看，把握不住原文的核心结构与意义，也必将影响到意义单位的选择。对比译文3与译文4，两者的差异主要与翻译单位的选择有关，前者意义单位与翻译单位有机地结合，后者明显是以整个句子为翻译单位的。当然，在学理上并非不可，只是就此句翻

---

① 刘宓庆. 新编汉英对比与翻译 [M]. 北京：中国对外翻译出版公司，2006：25.

译而言，效果不尽如人意，可以说是机械搬用了译出语缩扩句方式的结果。

再看例3。其意义单位的划分也是以词组为主。对照原文，不难看出，译者利用意义单位来把握这段话的内在逻辑关系，然后按照译入语的思维方式和语言特点重新"布局"。如 a 句的译文抓住了译出语的句子结构和核心意义，却没有按它的方式去扩句、翻译。而是从中间逗号处一分为二。b 句译文首先把「日本の伝統の世界では」作为一个意义单位提出，化解为「日本は伝統の世界で」，并译成汉语。之后再把「感情を外にあらわに出さずに、静かに心の中に包んで行動する」部分提出来，加上译出语中的潜在主语，译为"人们感情不外露，喜欢悄悄地藏在心底"。第三步把「……することを美しいと見てきた」加上主语，使之独立出来："他们认为这样去为人处世是一种美。"之后，再去翻译原文最后部分。整个译文，意义单位与翻译单位大致相同。总之，译者抓住了原文的所有信息，却没有按照原文的缩扩句方式去翻译。现在的译文变两句为六句，形成从西方到日本再到西方这种大的对比格局，给人印象鲜明。和原文对比，译文较为明快，而原文中的对比则显得含蓄一些。在日语里，a、b 两句都是以形合为主，句首也都难以看作话题。就结果而言，原文与译文是大同小异，在概念意义上两者相似度较高；其间的异，不仅有语种的原因，也有译者选择意义单位，进行翻译重组的因素。

综上所述，译入语层面的扩句，就是译出语的意义单位在"新环境"中的整合与交接，因此，形而上层面的意义复原始终是第一位的。同时，把握好意义单位与翻译单位的平衡与辩证关系，不仅有助于打破以词为翻译单位的观念，而且也可以突破以句子为翻译单位的做法。从本文例3看，正因为译文采取了灵活的重组方式，才避免了亦步亦趋、照猫画虎的机械做法，才能够以意为重，不拘于形，既自由奔放，又不出如来佛的手心。当然，换一个译者，将会是另一种风景，但依旧是在用译笔去展现缩扩句与翻译的内在辩证关系。

有定无定与翻译

关于有定无定的研究在我国已有 70 年的历史，在日本却还是比较陌生的话题，相关的对比研究专论也尚未见到。由此引发的语学和译学领域的"误读"在中日学界时有发现，很有必要进行理论探讨。这不仅有利于汉日双语的研究，也会对汉日互译及理论探讨助益良多。

一

按照《现代语言学词典》的定义，有定为"语法和语义学用来指一个具体的、可识别的实体（或一类实体）；通常与无定的（也叫'非有定的'，但不常用）对立"；无定为"语法和语义学用来指一个实体（或一类实体）无法具体识别；与有定的相对"①。"'有定'的语义特征是离散、定指和定量。"②

在国内，相关的系统研究始于吕叔湘 1942 年的《中国文法要略》，如今已初成体系，成为汉语研究的一个重要范畴。然而，在日本，诸如《国语学大辞典》《日本语教育事典》《日本文法大辞典》《日本语大事典》等重要语学工具书和日语概论之类的著作，都没有给「定」「不定」（有定无定的日语

---

① 戴维·克里斯特尔. 现代语言学词典 [M]. 沈家煊，译. 北京：商务印书馆，2000：100，180.《语言学名词》：有定为"语法和语义学术语。名词的语法性质之一，指说话人认为听说双方都能识别确认的对象"；无定则"指说话人认为至少听话人不能识别确认的对象"（语言学名词审定委员会，2011）。《日本语文法事典》是借用英语角度给有定无定下定义的，笔者不拟采用。日本学者对有定名词句的定义为"指示对象范围明确的名词句"；无定名词句则为"指示对象范围不确定的名词句"（丹羽哲也，2004）。本文选用西方人的定义，虽有方法论上的考虑，但更多的是因为以上两条定义都存在一些问题，如前者在"有定"释义中把"听话人"纳入定义有欠周全，因为事实上存在说话人明白，但听话人并不知晓的有定对象；后者则有笼统之嫌。

② 徐通锵. 语言论：语义型语言的结构原理和研究方法 [M]. 长春：东北师范大学出版社，1997：474.

说法）一席之地。① 2014年出版的《日本语文法事典》收有「定・不定」词条。② 此外，在学者的论著里零星可见与之有关联的论述，但是讨论日语有定无定的专题论文却少之又少。

因此，本文不得不多关注日语一些，并在汉日对比研究的基础上，探究有定无定与翻译的关系。关于有定无定，我国汉语学界的共识是"句首的'主语'表有定，'宾语'表无定"③。本文因篇幅所限，只讨论前一半，且把句首主语限定为普通名词。这是因为所谓"主语有定"，意义主要集中在主语为普通名词这一点上。其他表示有定的方式，如使用专有名词、代词、指示词、长定语等虽有深入研究的价值，但本文已无力涉及。对日语，亦采取同样的方法，着重研究普通名词④做主语时的有定性问题。

（1）我要请客：客来了。
（2）我看完了书了：书看完了吗？⑤
（3）パンは私が食べた。

---

① 如金田一春彦的《日本語（新版）》（上）（下）、宇野義方的《国語学》、築島裕的《国語学》、加藤彰彦、佐治圭三、森田良行的《日本語概説》和佐伯哲夫《日本語の語順研究》等。

② 仁田義雄，尾上圭介，影上太郎，等．日本語文法事典［M］．東京：大修館書店，2014：416. 在2005年出版的《新版日本語教育事典》里，「定・不定」不是独立词条，而是和「既知・未知」一起用括号附在「旧情報・新情報」词条之后，其中有"有定无定根据听话人能否认定（说话人估计）指示对象而定，能为有定，否则为无定"（日本語教育学会，2005）的定义。

③ 徐通锵．语言论：语义型语言的结构原理和研究方法［M］．长春：东北师范大学出版社，1997：568. 1975年，李讷和汤珊迪就曾提出一个汉语有定无定的特征，即"动词前的名词往往是定指，动词后的名词往往是不定指"（屈承熹，2006）。不过，由于日语谓语殿后，采用此说难以进行汉日对比。但此说对汉语而言，概括面似乎更广。后来石毓智提出过更严格的句法规律："对于没有任何修饰语的光杆名词，以谓语中心动词为参照点，动词之前的被赋予有定的特征，之后的被赋予无定的特征"（石毓智．论汉语的结构意义和词汇标记之关系：有定和无定范畴对汉语句法结构的影响［J］．当代语言学，2002（1）：25-37.）。另，关于这个共识或曰倾向，屈承熹在分析相关定量数据后说，"不管什么原因和结果，尽管动词前的不定指名词的数量少得可以忽略不计。但动词之后的定指名词确实是大量存在的"（屈承熹. 汉语篇章语法［M］．潘文国，等译．北京：北京语言文化大学出版社，2006：155）。换言之，宾语无定的倾向性不如主语有定明显、典型。

④ 有日本学者概况为"由表示某个特定个体的名词句，或表示某个集合体的全部，或表示某个集合体的特定部分构成"（丹羽哲也，2004）。另，本文的日语文献引文，除译著外，皆为笔者所译。

⑤ 赵元任．汉语口语语法［M］．吕叔湘，译．北京：商务印书馆，1979：47.

(4) 私はパンを食べた。①
(5) （子供会で）女の子はこっちに集まってください。②
(6) 犯人が逮捕された。犯人は逮捕された。③

"我要请客"的"客"是无定的；"客来了"的"客"则是有定的，是听说双方都能识别、确认的对象。(2) 的"书"，前者无定，后者有定。(3) 的「パン」是有定的，是特指的；(4) 的「パン」作宾语，为无定。(5) 中的「女の子」有定，指会场所有的女孩。(6) 中的两个「犯人」皆为有定（至于其后「は」「が」的区别后文有讨论）。总之，"客""书"和「パン」「女の子」「犯人」5 个词皆为普通名词，它们在句中的位置与有定无定关系密切。有定时，皆满足了"离散、定指、定量"的语义要求。当"客""书"和「パン」表示无定时，其语义特征也是模糊不清的。

汉语主语具有有定倾向，在学界已成共识，不多赘言。④ 至于日语句首与有定性的关系，尚需进一步讨论。

(7) お宅に犬はいますか。⑤

作者说（7）并非以特定的狗在说事，甚至有可能狗根本就不存在。⑥ 但是，如果把「犬」挪到句首，「犬はお宅にいますか」，它立刻就成为有定之狗。意为"狗在你家吗?"

下面再看一组日本学者在研究存在句语序⑦时举的例句，对考察日语句首主语是否有定颇有启发性。

(8)（30）a. ドノ池ニモ三種類ノ魚ガイタ。（異なった三種類）/不

---

① 小川芳男，等. 日本語教育事典 [M]. 東京：大修館書店, 1982：171.
② 丹羽哲也. 名詞句の定不定と「存否の題目語」[J]. 国語学, 2004 (4)：1-15.
③ 森田良行. 日本語の類意表現 [M]. 东京：創拓社, 1988：267-268.
④ 1985、1988 年，范继淹、胡裕树等学者提出过一些反例、反论，对思考、研究这个共识有建设性意义。有学者指出，"范继淹的文章即使否定了主语的有定要求或倾向，也并不意味着否定话题的有定要求或趋向"，而话题通常有前置的倾向；关于主语与话题的异同，可参阅有关论述（徐烈炯等，2007；石毓智，2001）。其实，日文也有同样的问题，因篇幅所限，不做深究。
⑤ 丹羽哲也. 名詞句の定不定と「存否の題目語」[J]. 国語学, 2004 (4)：1-15.
⑥ 丹羽哲也. 名詞句の定不定と「存否の題目語」[J]. 国語学, 2004 (4)：1-15.
⑦ 汉语存在句，"当句中的名词语是有定的时，它常位于句首，是无定的，则常位于谓语动词后边"（李临定. 现代汉语句型：增订本 [M]. 北京：商务印书馆, 2011：501.）。日本学者说，"无定名词不占句首这一现象，在所谓'存在句'中表现得最显著"（松本克己. 世界言語への視座：歴史言語学と言語類型論 [M]. 東京：三省堂, 2006：185.）。

163

同的三个品种

　　　b. 三種類ノ魚ガドノ池ニモイタ。（同じ三種類）/相同的三个品种

　　（31）a. ホテルノ各室ニ一冊ノ本ガ備エツケテアッタ。（異なった本）/不同的书

　　　b. 一冊ノ本ガホテルノ各室ニ備エツケテアッタ。
（同じ本，例えば聖書）/相同的书，如《圣经》

　　（32）a. ドノ写真ニモ，一人ノ男ガ写ッテイタ。（違う男）/不同的男人

　　　b. 一人ノ男ガドノ写真ニモ写ッテイタ。（同じ男）/同一个男人

　　（34）a. 毎年，大勢ノ観光客ガ日本ニ来マス。
（一年毎に異なった観光客）/每年不同的游客

　　　b. 大勢ノ観光客ガ毎年日本ニ来マス。
（同じ観光客，或いは，一年毎に異なった観光客）①/相同的游客，或每年不同的游客②

　　这些例句非常有意思。正如久野暲在括号内所标注的，每一例的第二处划线词语一旦挪到句首，原文就由不定变为有定，只有（34）的 b 为两可型。这说明日语对句首也具有相当的敏感性，体现了与汉语相近的有定倾向。同时，与汉语界的研究相比，又表现出日本学者的独到之处。虽然久野暲并非从有定无定的角度展开研究，但是，从他的举例中，不仅可以看出日语句首主语也不乏有定倾向，更重要的是，他所举的句首主语，从汉语有定无定研究看，多为无定。然而，他却从无定之中看出有定，对汉语研究具有启发性。简言之，或许无意之中，他把有定无定的研究疆域扩大了，把一分为二的研究模式改变为一分为三，具有认识论和方法论的意义。譬如，把（8）的（32）译为汉语：a"每张相片里面都有一个男人"，b"有一个男人每张相片里都有"，不难看出汉语也可以呈现出这种无定之中含有定的情况。如今我国学者已从可别性等角度论及这一点。③

――――――――――
① 本文例文序号后数字为原著里的例文编号。斜线后的汉语为括号内日语的译文。久野暲还举了一些与句首主语无关的例子，但也显示了句首位置的重要性。（22）a. 皆ガ何カヲ食べた。（異なった何か）b. 何カヲ皆ガ食べた。（同じ何か）（23）a. 皆ガドコカニ行ッタ。（違う場所）b. ドコカニ皆ガ行ッタ。（同じ場所）
② 久野暲. 日本文法研究 [M]. 東京：大修館書店，1973：272-275.
③ 陆丙甫，徐阳春. 汉语疑问词前移的语用限制：从"疑问焦点"谈起 [J]. 语言科学，2003（6）：3-11.

综上所述，在主语有定无定上，汉日语具有一定的共性。首先，从理论上说，"主语常常有定，而宾语常常无定，这在世界语言中具有一定的普遍性"①，可从句法的相似性等角度进行深入探讨。此外，也因为汉日语都比较重视意合，尤其是汉语重意念，语法隐含，缺乏形合手段，语序显得格外重要。其次，汉日语话题化倾向都比较明显。所谓话题，通常是听、说双方，至少是说话者已知的人、物、事，而话题的最佳位置就是句首。

不过，汉日语是不同语系的语言，两者之间的差异也体现在有定无定之上。其中之一便是，虽然汉日语句首主语都显示出有定的倾向，但是日语主语并非像汉语那样，是身无牵挂的"光杆司令"，它后面通常跟着个小二——各类助词。这对日语主语有定无定带来什么影响，无疑是本文关注的焦点之一。从语言学角度看，日语虽然带有意合的特点，但是，它的助词系统又确立了其形合特征，使意合的特点没有汉语显著、彻底，语序的重要性也不如汉语。有些情况下，如「けさ庭で子供が犬にミルクをやった」这句话，除谓语动词「やった」不能改变位置以外，其他词语无论怎么换位，意思也不会改变。② 换言之，在此例中，作为主语的「子供」是否有定，语法位置就不是决定性的，其后的助词也起着重要的作用。因此，本文的研究范围，需要略作扩展，即把不在句首做主语的「N+助词」也包括进来。

二

就日语而言，出现在主语位置上最多的助词有「が」和「は」③。本文着重讨论它们与有定无定的关系。虽然日本语法学家认为"从语法的角度看，提示助词「は」和格助词「が」本来并不是属于同一层次的两个词，所以很难相提并论"④。但是，在《日本语教育事典》《图说日本语》等学术著述上，都存在着把「Nが」「Nは」同时称作主格或主语的情况，故本文亦不做细究。

在有定无定的问题上，与「が」相比，「は」相对单纯。日本学者说"「…は」以突显话题为意识的出发点，其所能承接的事项以在前文中、谈话

---

① 魏红，储泽祥．"有定居后"与现实性的无定 NP 主语句 [J]．世界汉语教学，2007 (3)：38-51．
② 小川芳男，等．日本語教育事典 [M]．東京：大修館書店，1982：218．
③ 其他可以表示主语或主格的还有「も」「から」「だけ」「まで」等助词。本文暂不讨论。
④ 森田良行．日语近义表达方式辨析 [M]．彭广陆，陶振孝，等译．北京：外语教学与研究出版社，2011：223．

现场及说话人观念内可以明确规定的内容为限。不明的未知事项不能用「…は」来突显"①。就是说,「Nは」充任主题或主语时,表示有定。当然,「は」还有其他语法功能,如表示对比、强调、下定义、统摄多个谓语动词等。《日本语文法事典》说"主题必须是有定的,非主题则两可"②。总之,「Nは」通常表示有定,至少是作为有定看待的。③ 而「Nが」则复杂一些,既可表有定,又可表无定,大致上由语境决定。与英语比较,日本学者说"跟在主格名词前的'the'相当于日语的「は」,'a(n)'相当于日语的「が」。很多场合,这样理解翻译比较合适"(一色マサ子,1977)。有学者在论及存在句时举过下面的例子:

(9) a. 公園で(ある/1つの/? その/何か/∅)事件が起こった。
　　b. 公園で(? ある/? 1つの/その/* 何か/∅)事件は起こった。

他指出"主语以「が」出现的 a 句,其主语是不定名词,在主语以「は」出现的 b 句中,有定名词则更加适合"④。以此分析,a 句的「事件が」只能是无定的,b 句的「事件は」相反只能是有定的。但是,前文(6)中的「が」前的「犯人」,却并非无定,而是有定的,意在强调被逮着的是「犯人」⑤。笔者以「。女が」「、女が」为关键词,搜索《中日对译语料库》中的 36 部日文作品,结果是前者表有定有 17 例,表无定 6 例;后者表有定有 48 例,表无定有 4 例。要言之,如前所述,两者既可表有定,也可表无定,且以表有定为多。各看一例「Nが」表示有定和无定的例文。

(10)「十三夜」のお関は、不実な夫の仕打ちに耐え切れず実家に帰るが、…破滅の道を歩んだおカも、忍従の生涯にもどるお関にも、女が人間的に生きる道は閉ざされていたのである。

---

① 森田良行. 日本語の類意表現 [M]. 東京:創拓社,1988:263.
② 仁田義雄,尾上圭介,影上太郎,等. 日本语文法事典 [M]. 東京:大修館書店,2014:416.
③ 北原保雄以川端康成《女人的梦》的开篇「久原健一は三十六歳で、不意に結婚をした」为例说,"小说开头就用「…は…」的表现手法,是把没有介绍过的人物当作已知信息进行处理。……有一下子把读者拉入小说情境之中的效果"(北原保雄,1984)。从本文角度看,就是把「N」当有定看待。
④ 鎌田倫子. 補文の主要部ノとコトの定性選択 [J]. 神田外語大学言語科学研究センター紀要,2002:113-128. 例中的"?"代表对句子是否成立表示疑问;"*"表示句子不成立;"∅"表示无标,即名词以光杆名词形式出现。
⑤ 关于这一点以及「が」的使用场合,请参阅森田良行. 日本語の類意表現 [M]. 東京:創拓社,1988:267-268.

译文：《十三夜》中的阿关，因忍受不了不忠实的丈夫的虐待而回娘家，……无论是走向毁灭的阿力，还是又回家去过含泪忍辱生活的阿关，她们想做人的道路都是行不通的。

(11) おれが行くと今日は何人客があって、泊りが何人、女が何人と色々な統計を示すのには驚ろいた。

译文：我一去，他就告诉我，今天有多少客人，过夜的几个，女客几个，统计得十分详细。这使我甚为惊讶。①

(10) 中的「女が」表示有定，并复指前文里的「お力」和「お関」②。然而，在(11)里，「女が」却是无定的。另一方面，笔者以「。女は」「、女は」为关键词进行检索，除了收集到「女は」表示对比、表示强调、下定义、统摄多个谓语动词等情况外，未发现表示无定的例文。究其原因，除前引森田良行的话以外，很多学者都谈及了这一点。"「は」前面的词语，说话人是把它当做说话人和对方都知道的话题处理的。这里有「は」的作用。……对方实际上是知道还是不知道，已经无所谓。「は」的下面，就需要对它进行回答、说明。"③ 要言之，「Nは」基本上可以视作有定；麻烦的是「Nが」，需要一一甄别。

不过，无论是汉语，还是日语，有定无定都缺乏标记。日语主语后虽跟有助词，但是，哪些助词可视作有定或无定标志，日本学者并没有展开系统研究。因此，怎样定性就是一个问题，特别对翻译而言，有定无定的误判将直接导致误译。请看下面的例子。

(12) 気を付けろ。信号が赤だぞ。
気を付けろ。子供が歩いているぞ。④

(13) スキイの季節前の温泉宿は最も客の少い時で、島村が内湯から上って来ると、もう全く寝静まっていた。古びた廊下は彼の踏む度に

---

① 徐一平,等.中日对译语料库[DB].北京外国语大学日本研究中心,2003.
② 之所以「女」这样的名词能够有复指的功能，是因为日语有回避代词的倾向，"日本人似乎觉得用代词指涉对方有失礼节。……「彼女」既不能用在小女孩身上，又不能去复指上岁数的女性。……与此相关，「彼女」被用作'情人'的代名词"（金田一春彦，1988）。
③ 大野晋,丸谷才一.日本語で一番大事なもの[M].東京：中央公論社,1987：163-164.
④ 砂川有里子.名詞文の主題構造/日本と中国ことばの梯子[M].東京：くろしお出版,2000：138.

167

ガラス戸を微かに鳴らした。その長いはずれの帳場の曲り角に、裾を冷え冷えと黒光りの板の上へ拡げて、女が高く立っていた。①

读到（12）的前一句，笔者眼前浮现的是过马路的情景，有人在提醒过马路者注意安全。在这个场景中，「信号が」当然是有定的，指眼前的信号灯。不过，（12）后一句里的「子供が」，笔者的语感却是无定的，并不特指某一个小孩。同样的场景，同样的「Nが」，在笔者这里，却是一个有定，一个无定。其中的理据只能从常识与语境中去找。从常识看，一个路口只有一组信号灯，红灯当然是唯一的。因此，当有人说「信号が赤だぞ」时，必定是指这盏红灯，不可能去指涉其他地方的红灯。但是，说到「子供」，情况就又有不同。在路口，可能只有一个小孩，也有可能有好几个小孩。② 不过，无论哪种情况，小孩都不可能像信号灯那样是特指的，是恒定不动整天待在路口的。所以，「子供が」被视作无定亦在情理之中。当然，在具体上下文中，它也有可能表示有定。（13）的原文选自川端康成的《雪国》。最后一句的主语「女が」，仅仅依靠所引文字很难断定有定无定，需要回到原文的语境。如果「女」像（10）一样，是某个女人的代称，就是有定；否则，就是无定，泛指某个第一次出现的女人。笔者查阅小说，此段描写的是岛村下火车后到达旅馆后的场景。此前，「女」并未出现，这里当属无定。实际上，《中日对译语料库》的3个译本都将「女が」译为"一个女人"，也证明了这一点。前引的「けさ庭で子供が犬にミルクをやった」一文，除语序和助词外，「子供」有定与否的另一个决定因素当然也是语境。

三

至此，可以得出一个初步的对比结果，即汉日句首普通名词做主语时皆有表示有定的倾向，但日语没有汉语明显。当名词与一部分助词结合后，如本文所探讨的「Nは」「Nが」即便不在句首，也可以表示有定。其中，「Nは」表有定的几率高于「Nが」。「Nが」还可以表示无定。另一方面，从语法、语义角度看，有定无定的确定还脱离不了语用，尤其是语境。对翻译来说，更是如此。

---

① 徐一平，等．中日对译语料库［DB］．北京外国语大学日本研究中心，2003．
② 通常情况下，按照日本人的语言习惯，"日语名词，以单数理解的倾向很强"（中川正之，李浚哲．日中両国語における数量表現［M］//大河内康憲编集．日本語と中国語の対照研究論文集：上．東京：くろしお出版，1992：95-116．）．

了解这一点后，就不难发现两国语言学界和译学领域在有定无定的理解与把握上存在不少问题。举一个典型的例子。在汉语里，"客人来了"与"来客人了"或"来了客人"意思大不相同。"客人"居首为有定，否则就是无定。可以说，这已经成为理论常识，广被引用。然而，在日本东方书店①2004年出版的《東方中国語辞典》"客人"的词条下，"客人来了"被译为「お客様が見えました」。而"家里来了客人"被译为「（ふいに）家に客が来た」。从汉语角度来看，对举的两个「客」字全部接「が」，显示出编著者对有定无定问题的生疏。后一个译文没有问题，加在括号内的「ふいに」也体现出家里所来客人的无定特征。前一个译文里的「が」还是改成「は」为好。② 再看一个类似的例子。

　　(14) 我们正在诧愕，李嫂笑着打起卧房的布帘子，说："太太！客人来了。"S从屋里笑盈盈的走了出来，……

　　译文：「奥様、お客様がお見えになりました」

　　寝室のしきりのカーテンを上げて、李ねえやが声をかけると、満面に笑みをたたえてSが姿をあらわした。… ③

　　这一例的"客人"根据上下文是李嫂已经见过面的客人，译为「お客様が」就有无定之嫌，容易造成汉日语信息不对等，从而误导日文读者。

　　日本汉学家藤堂明保曾经说过"翻译日文时，有定的时候用'は'，无定的时候用'が'"，不过，他举的例子存在问题。

　　(15) 火车到了（不知哪一班车）。列車が着いた→着きました。

　　九点半的火车到了吗？九時半の列車は着きましたか？④

　　虽然"火车到了"后加了限定——不知哪一班车，后面的译文用「が」就不能说翻译有问题。不过，中国人在表达无定意思时，通常是不会选用"火车到了"的讲法，而说"来火车了"，或加上无定标识词"有"，说成"有火车来了"等。

　　(16) a 三个人坐一条凳子。（その3人はひとつのいすに座る）

---

① 这是一家以出版汉学著述为主的出版社。
② 日本语法学家金田一春彦也举过此例，他的理解没有问题。他知道"在汉语里，'客が来た'说成来客人了。'客は来た'说成客人来了"（金田一春彦. 日语概说 [M]. 潘钧，译. 彭广陆，校. 北京：北京大学出版社，2002：303.）。
③ 徐一平，等. 中日对译语料库 [DB]. 北京外国语大学日本学研究中心，2003.
④ 藤堂明保. 日文和中文的对照 [J]. 日语学习与研究，1982 (3)：69-72.

b 一条凳子坐三个人。（ひとつのいすに3人座れる）①

　　这一例摘自日本汉学家讨论汉日语法的论文。但是，它不同于之前所举的其他例文。(16)里的句子在汉语里属于可逆句，采取对举方式，凸显句子语法结构的特点，a句与b句主语都为无定，不受主语有定倾向的限制。② 然而，a的译文添加了有定标记「その」，使得汉语句首的"三个人"成为定指。不仅如此，作者还说"（a）的'三个人'必须是成为话题的'三个人'，不过也可以说成（b）那样"③。这就是说，b中的"三个人"也是有定的。由此看来，此例对汉语有定无定问题的把握也有偏差。④ 除此之外，在日本语言学家的著作里，笔者也发现了有关有定无定的误读。

　　（17）（1）駅前に喫茶店ぐらいあるだろう。/车站前面总有咖啡厅吧。（"喫茶店"是无定名词，指称对象不明确）

　　（2）駅前に喫茶店があります。/车站前面有一个咖啡厅。（"喫茶店"是有定名词，指称对象明确）⑤

　　此例很显然，(2)括号内的解释是有问题的。原文是个存在句，「喫茶店」当是无定，指称对象并不明确。这应该不是作者的疏忽，而是有定无定在日本缺少研究的表现。值得注意的是，(2)的译文"车站前面有一个咖啡厅"是正确的，说明汉译者的语感把握没有问题，但对原文括号内的解释，却没有通过加注等方式表示疑问，也折射出我国日语学界对有定无定问题的生疏。下面举几个国内的例子。

　　（18）遠足はいつですか。什么时候去郊游？⑥

　　此例选自日语研究著作的汉译本。从有定无定的角度看，现在的译文只是单纯的问句，提出了"什么时候去郊游"的问题。而原文以「遠足は」的形式出现，说明郊游是有定的、已知的共享信息，是大背景。大家都知道要

---

① 大河内康憲.日中対照文法論［M］//文化庁.日本語と日本語教育：文法編.東京：文化庁，1977：45-65.
② 樊长荣.现代汉语有定性研究评述［J］.长沙大学学报，2007（6）：74-77.
③ 大河内康憲.日中対照文法論［M］//文化庁.日本語と日本語教育：文法編.東京：文化庁，1977：45-65.
④ 以上数例不是苛求外国汉学家。笔者多次谈及中国外语教授也会犯类似的错误。
⑤ 小泉保.言外的语言学：日语语用学［M］.陈访泽，等译.北京：商务印书馆，2005：79.（1）（2）为原著里的序号。另，笔者删除了原文括号内的汉语拼音。
⑥ 森田良行.日语近义表达方式辨析［M］.彭广陆，陶振孝，等译.北京：外语教学与研究出版社，2011：228.

去郊游，现在问话人只是在确认具体出行时间。还是改译成"郊游定在什么时候？"为好。

（19）女とは京都からの相乗りである。乗った時から三四郎の目についた。第一色が黒い。三四郎は九州から山陽線に移って、だんだん京大阪へ近づいて来るうちに、女の色が次第に白くなるのでいつのまにか故郷を遠のくような哀れを感じていた。それでこの女が車室にはいって来た時は、なんとなく異性の味方を得た心持ちがした。この女の色はじっさい九州色であった。

译文一：所谓的女人就是从京都站开始坐在自己对面座席的女人。一上车时就引起了三四郎的注意。首先是她的肤色较黑。三四郎从九州乘上了山阳线的火车，随着火车越来越驶近京都大阪地区，他便发现女人的肤色逐渐变白，使其产生了不知不觉间远离了故乡之感。因此，当这位女人一进入车厢里来，不由得感到终于找到一位异性的同病相怜者。这位的肤色其实要算是九州色。[①]

（19）选自夏目漱石的《三四郎》。原文出现了四个「女」字。第一个「女」字后面用的是「とは」，由于「は」的作用，「女」当是有定的。第三、第四个「女」字有「この」修饰，自然也是有定。问题出在第二个「女の色」的「女」上，「女の色」后的助词是「が」。这个「Nが」可以理解成从句主语，「が」似乎也可以理解成对「N」的强调。但是，这个「が」无论如何不能改成「は」。如果这样去改，就只能指代例文开头出现的那位女乘客。然而，这显然违背常识，不合情理。一个人的肤色怎么可能在坐几个小时火车就变白呢？其实，这个「女」已经不是前后文中的「女」，而是另有所指。这里的「女」已经"变成"不定量的、且非定指的女人，在语法上，属于无定。根据上下文，它泛指在靠近京都大阪地区上车的女人。她们比在开头出现的那一位女乘客皮肤要白许多。翻译时，需要处理成无定，如"（新）上车的女人（皮肤也越来越白）"。

（20）グローバル経済の中で、努力と報酬の間の相関が希薄になりました。みなさんが名前も知らないような遠い国で国債が値下がりしたり、不動産バブルがはじけたり、洪水が起きたりすると、いきなり勤めていた会社の株価が暴落したり、人員整理されたりする。「どうし

---

① 高宁，张秀华.日汉互译教程：第二版［M］.天津：南开大学出版社，2006：88.

て?」と訊いても、誰もうまく答えられない。

　　译文：在经济全球化中，努力与报酬之间的关联变得越来越淡薄。估计大家连名字都不知道的远处的国家，<u>有的国债贬值</u>，<u>有的房地产泡沫破灭</u>，<u>有的发洪水后</u>，<u>以前上班的公司</u>的股价暴跌，<u>有的</u>裁员。如果问"为什么"的话，谁也不能准确的回答。①

　　此例第二句误译严重，首先是有定无定的问题。原文是说在一个遥远的、不知道名字的国家发生了什么事情。这个国家是无定的，可以是任何一个国家。但是，其后的「国債が値下がりしたり、不動産バブルがはじけたり、洪水が起きたりする」则是有定的，指前文假定的国家里所发生的事情。译为"有的……，有的……，有的……"则变成不同国家发生不同的事情。其次是视点问题。"以前上班的公司的股价暴跌，有的裁员"部分视点模糊，容易承前理解成遥远国度的状况。而"有的裁员"也所指不明。此例曾作为改错题用到研究生入学试卷中，前一个错误，不少考生可以改正，后一个问题，则很多人意识不到，甚至越改越错，如"在经济全球化中，努力与所谓报酬越来越不成正比。在国外，有些连国名都不知道的地方，正面临着国债贬值、房地产泡沫经济膨胀、引发金融危机、就职公司的股票突然崩盘暴跌、职工面临下岗。即使讯问'为什么'，也无人可以准确地回答出来"。其实，日文作者是站在自己的角度，以日本人的立场叙事，谈论遥远国度的灾难带给日本人自身的负面影响。

　　笔者改译：在经济全球化中，努力与报酬的关系已经变得稀松。在大家连名字都不知晓的遥远国度，一旦发生国债贬值、房地产泡沫崩溃、洪水泛滥等状况，就会突然让你工作的公司股票大跌，被迫裁员。即便追问原因，也无人能说清楚。

　　（21）ある人が財産を手に入れ、権力をを手に入れ、好きな人を手に入れ、時間を手に入れ、快楽を手に入れ、刺激を手に入れ、さあどうなったかというと、その人の人生は不幸になりました、というお話を我々はたくさん持っています。どの文化でも持っています。これは何を意味しているのか。

　　译文：有人富甲天下，有人大权在握，有人美人在怀，有人得到时

---

① 金雪梅. 新实用职业日语综合教程：4（教师用书）[M]. 上海：华东师范大学出版社，2015：45. 底线为笔者所加。

间，有人得到快乐，有人得到刺激。为什么会变成这样啊，那个人的人生变得如此不幸，这样的故事我们都有很多。不论哪种文化。那这又意味着什么呢？①

这一例的误译依旧与有定无定有关。原文以「ある人」起句，此人当属无定。但是，译者却把一个无定之人分身成6人，把6个「…を手に入れ」化解为6个人的行为。虽然这6个人从语法上说仍是无定的，但却严重冲淡了作者对无定的「その人」的描述与思考。换言之，一个人只得到6个「…を手に入れ」中的一个，恐怕难以得出「その人の人生は不幸になりました」的结论。很显然，无定的单复数也是有区别的，不可简单地混为一谈。

笔者改译：假如有人腰缠万贯，大权在握，情人在侧，时光多多，快乐多多，刺激多多，那结局又如何呢？事实上却很不幸。这种事情我们听得多了。每一种文化里都有。这又意味着什么呢？

最后，拓宽视野，再来看一下松尾芭蕉那首"古池"俳句的英译。

(22) 古池や　蛙飛び込む　水の音

译文：an old pond...

a frog leaps in,

the sound of water

在笔者收集到的10个英译中，句首的「古池」有4位译者译为无定，3位译为有定，3位既没有加定冠词，也没有加不定冠词。②（22）所选译文是加有不定冠词"an"的。但是，从本文的角度看，不仅「古池」在句首，其后的「や」也为语气助词，起着强调「古池」，甚至有把它作为话题的作用。换言之，这个「古池」是有定的，是诗人眼前实实在在的古池塘。一旦加上"an"，就变成泛指，使得诗人所描绘的情景也泛化为所有古池塘的共同特征，而失去原有的意趣。如果是这样的话，诗的美学价值无疑大打折扣。从文学创作的角度看，笔者也以为诗人是在借景抒情，通过高超的写实手法来表达他的美学理念和文学情趣，创造出一种奇妙的文学意象。如果古池塘无定，

---

① 金雪梅. 新实用职业日语综合教程：4（教师用书）[M]. 上海：华东师范大学出版社，2015：79.

② 高宁. 日汉翻译教程 [M]. 上海：上海外语教育出版社，2008：22-23. 笔者的汉译为：

蛙、

池~

响！

那就意味着全诗为作家的虚笔，一句对眼外世界的想象，而失去感人的临场效果。总之，这首俳句的读解与翻译，再一次说明了有定无定与译学的内在紧密联系。

综上所述，在语言与翻译研究领域，有定无定都是一个系统工程。本文仅仅围绕主语进行了初步的探讨，不少相关话题以及本文几乎没有涉及的宾语有定性等问题，还有待今后的进一步研究。

语义指向与翻译

汉语学界有一种观点,认为"语义指向分析产生于我国 20 世纪 80 年代,是汉语语法学界对世界语言学的一个贡献"①。语义指向的第一篇论文,是 1984 年刘宁生的"句首介词结构'在'的语义指向"。不过,该文未提及语义指向的定义,之后的学者,如卢英顺、沈开木、陆俭明、赵世举、杨亦鸣、税昌锡、周国光、张国宪、徐以中等人所给出的定义与特征描述,存在或大或小的差异。从译学视角出发,笔者选择徐文"语义指向研究可不必囿于句法或语义,语用前提是制约语用层面语义指向的深层动因"的研究立场,并采用其"语义指向(semantic orientation)是指句子中某一成分跟句中或句外的其他成分语义上的直接联系"的定义。②

曾有学者说"在现代汉语里,有'语义指向'的词语。只有'不''也''都''全'等几个"③。其实,语义指向的范围要大得多,"从理论上来说,应该是每个句法成分都有语义指向的问题,……根据语法研究的需要,下列三种句法成分,其语义指向很值得我们考察:一是补语,……二是修饰语……三是谓语……"④ 如论题所示,本文做一个交叉研究。

---

① 周国光. 试论语义指向分析的原则和方法 [J]. 语言科学, 2006(4): 41-49. 在时间上,有学者认为《马氏文通》"应该是语义指向研究的滥觞"(赵世举. 定语的语义指向试探 [J]. 襄樊学院学报, 2001(1): 38-43.)。另一方面,语义指向分析是否为我国学者首创,尚有进一步研究的空间。
② 徐以中, 胡伟, 杨亦鸣. 试论两类不同的语义指向 [J]. 语言科学, 2015(6): 561-578.
③ 沈开木. 论"语义指向" [J]. 华南师范大学学报(社会科学版), 1996(1): 67-74, 66.
④ 陆俭明. 现代汉语语法研究教程 [M]. 北京: 北京大学出版社, 2013: 148-149.

一

从译学视角切入，考察语义指向与翻译的关系，其前提必然是所涉及的双语皆存在语义指向问题。幸运的是，这个前提不言自明。任何语言研究都存在语法、语义、语用三个层面。其中的语义层面，必定包含语义指向问题。因此，日汉互译，语义指向与翻译"挂钩"是顺理成章之事，只不过时而显现，时而隐现而已。从理论上说，语义指向的由来"是句法形式并不能忠实或完满地表述概念结构，相互组配的单位表现出句法上的同现而语义上的假同现，句法结构与概念结构相悖，即'形义扭曲构造'"① 的结果。就日汉翻译而言，语义指向与翻译间的一个重要特点，就是这种"假同现"不少时候可以维持现状，不必做调整。

（1）丈夫衬衫上有口红也吵，太太和<u>不相识</u>的男人讲话也吵，那一对夫妻吵架的理由多着呢。

译文：旦那のシャツに口紅が付いていたといっては喧嘩し、女房が<u>見知らぬ</u>男と話をしていたといっては喧嘩し、あの夫婦には喧嘩の種が絶えません。②

（2）受話器を置くと、体がまた震えた。「第一歩を踏み出した」そう思った途端、ドッと疲れて、私はベッドに倒れこんだ。英語を話すことに不自由はないが、交渉となれば話は別だ。<u>顔の見えない</u>電話では、話し方一つで<u>印象</u>が決まる。日本人同士でも難しいものを、私は言葉も文化も違う見ず知らずの人に、無謀とも<u>思える</u>申し込みをしたのだ。

译文：放下听筒后，我的身体还在抖动。一想到"迈出第一步了"，就突然觉得非常疲劳，倒在了床上。说英语我没问题，但谈判是不同的。打电话时互相看不见，因此一句话就能决定对方对你的印象。即使双方都是日本人这样做都很难，我却向语言、文化都不同的陌生人提出了这个可以说是很鲁莽的要求。③

这两个例句都非常典型。在第一个例子里，作为定语的"不相识"，其语

---

① 张国宪. 性状的语义指向规则及句法异位的语用动机 [J]. 中国语文，2005（1）：16-28.
② 高宁，杜勤. 汉日翻译教程（修订版）[M]. 上海：上海外语教育出版社，2013：148. 底线为笔者所加，下同.
③ 窦文，编译. 陪伴你一生的经典美文 [M]. 北京：中国宇航出版社，2009：211.

义指向至少有 3 种可能, 即丈夫不相识, 太太却相识; 太太不相识, 丈夫却相识; 丈夫、太太都不相识。不过, 在现有语境中, 无法判断。按理, 这会给翻译造成困难。然而, 译者轻轻松松地译为「見知らぬ（男）」, 并没有给阅读带来麻烦, 也不能视为误译。换言之, 原文里的语义指向问题, 译者"转嫁"给了日译文。之所以能够如此, 原因在于日语同样可以像汉语一样进行语义指向分析, 同样存在 3 种可能, 最终意义的取舍也同样取决于更完整的语境。第二例 3 处底线, 语义指向各异, 「顔の見えない」在语法上修饰「電話」, 实际上指向打电话的人。「印象」所指向的是打电话者给接电话人的感觉。「思える」所指向的既可以理解成说话人自己, 又可以看做是泛指的他人。现在的译文虽有小毛病, 但是, 3 个划线处的翻译却基本没有问题。①要言之, 至少就这两例而言, 语义指向上的"假同现"并没有影响到翻译。

换一个角度说, 作为专有名词或学术用语, 语义指向这个概念可能很多人, 也包括译者, 会比较陌生。但是, 正如上面 2 个例子所示, 汉日双语在语义指向问题上具有不小的共性, 很多时候, 似乎不必过多考虑语义指向的问题, 译文也不会产生歧义或错误。可以说, 这是汉日语义指向与翻译研究这对关系中第一个, 也是最基本的特征。下面的几例, 语义指向问题也没有成为翻译的绊脚石或陷阱。

（3）王老增和虎子、小马就可以吃几顿饱饭了！她怎么能够不高兴呵！……可是斗争究竟是什么样？农民用什么办法来夺回自己的麦子？她却是茫然无知。

译文：王老増や虎子や小馬は、もうすぐ腹いっぱいご飯がたべられるのだ！これを、どうして喜ばないでいられよう！だが、闘争はいったい、どのようにすすんでいるのだろう？農民は、どんな方法で、じぶんの麦を奪い返しているのだろう？かの女は何も知っていなかった。②

（4）「残念ねえ」とハツミさんはテリーヌを小さく切ってフォークで口に運びながら言った。「その女の子とあなたがうまくいったら私た

---

① 高改: 放下电话, 身体还在发抖。想到"迈出了第一步", 就顿感疲惫, 一头倒在床上。虽然说英文毫无问题, 洽谈却另当别论。打电话见不到人, 给对方的印象全凭说话方式。日本人之间尚且不易, 我却向语言不同、文化相异的陌生人提出了想来颇有点鲁莽的要求。

② 徐一平, 等. 中日对译语料库 [DB]. 北京：北京日本学研究中心, 2003.

ちダブル・デートできたのにね」

译文:"遗憾呐。"初美把熏鱼切成小块,用叉子送进嘴里。"要是那女孩儿和你处得顺利,我们原本可以来个双重约会的。"①

(5)"文哥,你不能老一个人这样过下去吧!"他说。

"我不能像众人那样过下去。"鲍仁文回答。答得<u>莫名其妙</u>,可文化子全懂。

译文:「文兄ちゃん、いつまでも独りぽっちではやっていけないだろ」

「おれは人と同じ生き方はできないのさ」鮑仁文のわけのわからない答えも、文化子にはよくわかった。②

从语义指向的角度看,前一例的"饱"虽为"饭"的定语,实际指向的却是"王老增和虎子、小马"。现在的译文不会有异议。中间一例的「切って」的状语是「小さく」,实际上指向「テリーヌ」,一种「つぶして調味した魚・肉・野菜などを陶製の器に入れ、天火で蒸し焼きにした料理。冷まして薄切りにし、前菜に用いる」(《大辞泉》)。译为"切成小块",当然也没有问题。最后一例,稍微复杂一点。末句里的补语"莫名其妙",逻辑上似乎不能理解为是指向文化子的,因为后文说得明明白白——"文化子全懂"。那么,从结果上说,则只能是"鲍仁文莫名其妙"。然而,这却是文化子的判断,鲍仁文自己不会这么想,他的回答一点也不含糊。这就意味着,说到底,"莫名其妙"仍旧是文化子的内心判断,觉得"莫名其妙"也还是他自己,而不是鲍仁文。现在的日译,虽然没有汉语含蓄、幽默,却不能说在原文语义指向上犯了方向性错误。换言之,「わけのわからない」既不指向中心词的「答え」,也不指向定语的「鮑仁文」,而是指向后面的「文化子」。

(6)叔父の家から二軒へだてた家に、美しい娘がいた。有為子という名である。目が<u>大きく</u>澄んでいる。家が物持のせいもあるが、権柄ずくな態度をとる。

译文:同叔父只隔两家的一户街坊有个美丽的姑娘,名叫有为子。她长着一双水灵灵的<u>大</u>眼睛。也许是家中富有的缘故,为人十分傲气。③

(7)言いながら彼は水にひたした杜若を一本一本とりだして丹念

---

① 徐一平,等. 中日对译语料库[DB]. 北京:北京日本学研究中心,2003.
② 徐一平,等. 中日对译语料库[DB]. 北京:北京日本学研究中心,2003.
③ 徐一平,等. 中日对译语料库[DB]. 北京:北京日本学研究中心,2003.

に眺め、鋏を水にさし入れて、水の中で茎を切った。彼の手にとられる杜若の花影は、畳の上に<u>大きく</u>動いた。

译文：柏木一边说着一边将水中浸泡的杜若，一棵棵地取出细看。把剪刀伸到水里剪茎。杜若被拿到手里时，<u>大大的</u>花影在榻榻米上晃动着。①

这两例虽然形式上看起来相同，即原文划线部分的形容词在语法上似乎皆为后面动词的状语，汉语译文也全部处理成定语："<u>大眼睛</u>"和"<u>大大的花影</u>"。但是，严格地说，「目が大きく澄んでいる」中的「大きく」应该理解成中顿，「澄んでいる」的主语仍然是「目」。后一例才是状语修饰谓语动词的结构。当然，我们不能据此认为把「大きく」译成定中结构的"大眼睛"有问题。后一例的"花影"本身弹性更大，花之影的大小，由投射距离而定，本无限制。把「大きく」译为"大大的"，自然不能说有问题。由此看来，日语形容词以连用形的方式充当状语时，有些场合，可以直接译成汉语里的定语。以此类推，汉译日时，似乎也存在反其道而行的可能性。

（8）小嫂子哽咽着又说："妹，自从俺嫁过来，就没过一天<u>好</u>日子，只想着熬一天算一天。"

译文：「妹、嫁に来てから、わしは一日も<u>楽しく</u>過ごした日はないよ。毎日、ただ何とかやりすごそうと思ってきただけ。」②

（9）我发现这铃声和着活泼的琴曲，竟显得那样和谐，我真想知道，是谁弹出了这样<u>有趣</u>的琴声。

译文：朗らかなピアノに鈴の音がぴたりと合った。こんなに<u>楽しく</u>ピアノを弾くのは、いったいどんな人だろう？③

下面1例收有3个例句，皆含有"闷酒"一词。在语法上，"闷"是"酒"的定语，在语义上指向的却是人。这是它们的共同点，不过，3个译文化解"闷"的方式各不相同。

（10）a. 一回那个院儿，看见那几号人，他就堵得慌，还在那儿喝酒？再让他们看见，觉得你是在喝<u>闷</u>酒、喝冷酒，不得叫他们乐得汗毛眼儿都咧嘴儿了？

---

① 徐一平，等．中日对译语料库［DB］．北京：北京日本学研究中心，2003．
② 徐一平，等．中日对译语料库［DB］．北京：北京日本学研究中心，2003．
③ 徐一平，等．中日对译语料库［DB］．北京：北京日本学研究中心，2003．

译文:「院子」に帰ってあの連中と顔を合わせると胸クソが悪くなる。そんな所で酒が飲めるか！それに飲んでいるところを見られるとヤケ酒にちがいないと思われて、奴らを毛穴がゆるむほどうれしがらせることになろう。

b. 有时候，乐二叔不知想起什么心事不高兴，或是跟冯少怀闹点别扭，总要喝点闷酒。高大泉就在一边数酒盅，喝一盅，数一盅，到了数目，他就抢酒瓶子。

译文：なにかの加減で気が滅入ったり、馮少懐との間にごたごたがあったりすると、楽二叔は酒で憂さばらしをしたがった。高大泉はそんなとき、かたわらで何杯飲んだか数えていて、定量になると酒瓶を取り上げた。

c. 我震动了一下，不再说话。递给他一个烟灰缸。都学会了抽烟。闲茶闷酒无聊烟。都觉得无聊吗？真是无聊倒也罢了。

译文：私はショックを受けて黙った。彼に灰皿を渡した。タバコなんかおぼえて。閑つぶしにはお茶、うさ晴らしには酒、退屈しのぎにはタバコって言うわね。退屈で、しかたなかったってわけ？まさか、それだけじゃないでしょ？

在 a 中，日语用了「自棄酒」这个名词，其中的「自棄」同样指向人，可谓与中文有异曲同工之妙。在 b、c 里，皆译为状语，用词用句虽有不同，但仍是定状语互换。总之，无论是对语义指向"视而不见"，抑或采用定状语互换的方式翻译，皆值得我们重视，并有条件地加以发扬光大。

二

前文之所以加上"有条件"三个字，是因为并不能由上一节得出周遍性结论——汉日互译里不存在由语义指向问题带来的困扰。以定状语互换为例，不是所有场合翻译都可以这样轻松简单。事实上，对译出语的语义指向把握不到位，造成语义偏离或错误的译文不在少数。还需要注意的是，在语义指向与翻译的交叉研究中，任何译文都只是原文的一种译文而已，既非定译，也非译入语的典型范文。采用对译形式，不过是一种研究方法。

（11）べつに痛みはなかったが、薄気味わるくて首筋のところがぞくぞくした。左の頬に、何かが無数に着いているようで不快な気持である。口を大きく開閉して頬の皮膚に動きを与えると、ますます何か

附着しているような反応がある。

译文：我并不感到痛，可总有点不舒服，脖子上感到发冷。左边脸上，好像粘着些什么东西，使人感到不舒服。我张开<u>大</u>嘴一活动，就更感到脸部肌肉上有什么东西粘着似的。①

（12）我说："六妹，有一件事和你商量，请你务必帮一下忙。"她睁着<u>大</u>眼看着我。

译文：「六妹、相談ことがある。ぜひ手伝ってもらいたい」

六妹は<u>大きく</u>目を開いた。②

这两例的定状语互换就有问题。原文中的「大きく」和"大"到译文中，语义指向皆发生了微妙但为实质性的偏离。前一例中，原文只是张大嘴的意思，至于"我"嘴大嘴小，并没有提及。所以，译文值得商榷。从常识角度看，小嘴巴的人同样可以张大嘴。后一例正好相反，把当定语的"大"译为「大きく」，实际上是把六妹是大眼女人这一点模糊掉了。从学理上说，"就异位句法成分而言，典型的定语是恒久、客观的交集；典型的状语是临时、有意和主观的交集；典型的补语是临时、无意和客观的交集"（张国宪，2005），需要引起充分的重视。再看几个复杂的例子。

（13）ビジネス街として有名な東京・日本橋に、一風変わったそばで人気を博している店がある。立ち食いそば屋「よもだそば」では、外国人客たちが<u>それぞれ</u>の郷土料理をもとに考案した<u>新感覚</u>の「インターナショナルそば」を提供しているのだ。

译文：在东京有名的商务街日本桥，有一家与众不同，却很受欢迎的荞麦面馆。这家名为"YOMODA"快餐荞麦面馆，为客人提供的是在外国客人们在这家站着用餐的本国地方菜的基础上所创作的新感觉的"国际荞麦面"。③

高改：作为商业街，有名的东京・日本桥有一家与众不同、大有人气的荞麦面馆。这家站着用餐的面馆"YOMODA"，提供各色由外国客人根据家乡菜设计出来的"国际荞麦面"，令人感觉一新。

从句法上说，此例第二句的主语可视作「よもだそば」，谓语是「提供し

---

① 徐一平，等. 中日对译语料库［DB］. 北京：北京日本学研究中心，2003.
② 徐一平，等. 中日对译语料库［DB］. 北京：北京日本学研究中心，2003.
③ 金英伟. 一番日本語［M］. 大连：大连理工大学出版社，2011：69.

ているのだ」，宾语为「インターナショナルそば」。其余部分为宾语的定语。这个定语又一分为二，前一半是定语从句，即「外国人客たちがそれぞれの郷土料理をもとに考案した」，主谓宾分明；后一半是「新感覚の」。从语义指向角度看，「それぞれ」无疑指向「外国人客たち」。需要注意的是「新感覚」在句中的位置，并抓准其语义指向。原译文无论是在句法上还是在语义指向上，理解都有偏差。从语用上看，这里的「新感覚」与其说指向「外国人客たち」，不如说指向所有客人更加合理，即它的所指在文外。

（14）秋晴れはそれ自体で充足していて、あとにはもう何も残っていない。からっと晴れあがったという、そのからっぽな感じにむしろすがすがしさがあるのだが、五月晴れにはそういう底が抜けたような安心がない。かすかないらだちといわれのない希望がある。

梅雨という薄暗い季節をぬけて、その先に夏がある、そのことへの期待や欲望が<u>そんな</u>感情を呼びさますのはたしかであるが、同時に<u>その</u>いらだちや希望は、もっと形のないものにも向かっていると私は思う。<u>日時</u>はややずれるけれどもそれをキリストの復活に結びつけ、派手な帽子で発散してしまう人びともいるわけだが、私にとっては<u>その</u>表現は何であろうと<u>その</u>中心は、自分一個のこの生きている肉体に帰ってきそうである。

译文：秋晴本身就很充实，此外没有任何东西。豁然放晴的，①<u>那种</u>空荡荡的感觉里面反而有一种清爽感，而五月晴里没有②<u>那种</u>深不见底的无忧无虑。有的是隐隐约约的焦躁和莫名其妙的希望。

过了梅雨这种暗淡的季节之后，那前面就是夏天，确实，对于<u>这种</u>事情的期待和欲望会唤醒③<u>那种</u>感情，但同时我认为④<u>那种</u>焦躁和希望更多地指向无形之物。虽然日期稍有偏差，但也有人把<u>它</u>联系到基督的复活上，带着华丽的帽子去宣泄一番。但对于我来说无论⑤<u>那种</u>表达是什么，⑥<u>其</u>中心好像还是回归到自己这么一个活着的肉体上。①

从语义指向的角度说，译者对原文，譬如划线处的词语理解不到位，譬如第二个"那种"就有所指不明之嫌。译文第二段里的"这种""那种"所指也有欠清楚。其实，原文「そんな感情」的「そんな」复指上一段文字，

---

① 陆静华，陈小芬，金哲会，等．《日语综合教程》第五、六册课文翻译与练习答案[M]．上海：上海外语教育出版社，2014：83-84．

特别是前两句话。「そのいらだちや希望」里的「その」则是强调、复述前文的最后一句话。此外，另一个关键词「日时」，在语用上，其语义指向是复活节。意即文中人物在非复活节的日子里，举办复活节的活动，所以说在时间上是「ややずれる」。

高改：晴朗的秋日本身就十分完美，毫不拖泥带水。晴空万里，大象无形，令人神清气爽。梅雨天的响晴就不会让人如此放松，总是夹杂着些许的焦虑和莫名的企盼。

阴郁的梅雨季节过后便是夏天——这期待和渴望确实会唤起上面的情感，同时我又觉得这种焦虑和企盼已经通向无形之物。尽管日子不对，却也有人借复活节之名，戴上华丽的帽子去宣泄一番。在我看来，无论形式如何，其实质无非是要找回有血有肉的人类自己。

（15）あれからもう三十年。今も海が恋しい時、懐かしい三好達治の詩を読む。

「海よ、僕らの使ふ文字では、お前の中に母がいる。そして母よ、フランス人の言葉では、あなたの中に海が在る。」〔フランス語の母はmère、海はmer〕

译文：距那时已经30年了。现在怀念大海的时候，我也经常诵读耳熟能详的三好达治的诗篇。

"大海啊！在我们所用的文字里，你的里面有母亲。母亲啊！在法兰西人的语言里，你的里面有大海。"（法语的"母亲"为mère，海为mer）[1]

从语义指向角度看，这段话有两处值得讨论。第一处是「懐かしい」。它是指向诗人还是指向诗歌，需要推敲。根据原文，理解成指向后者，似乎更加合情合理。第二处即「お前」。原译为直译，"大海啊！在我们所用的文字里，你的里面有母亲"，所指不明，让读者莫名其妙。在原文里，「お前」这个关键词指涉句首的「海」。具体地说，在这句诗里，「海よ」既是感叹语，又是称呼语，之后的「义字」指代日语，而「お前」则复指句首的「海」。「海」字的右下角不就是一个母字吗？所以诗人说「お前の中に母がいる」。其实，这是一个文字游戏，与后文的另一个文字游戏相映成趣，玩了一种高档的、具有诗情画意的文字幽默。

---

[1] 陆静华，陈小芬，金哲会，等．《日语综合教程》第五、六册课文翻译与练习答案[M]．上海：上海外语教育出版社，2014：7．

高改：三十年过去，如今思念大海的时候，便吟诵三好达治令人难以忘怀的诗句。

"大海啊，在我们使用的日语里，母亲与"海"字为伴；母亲啊，在法兰西人的语言里，大海在你的怀中"（法语的母字为 mère，海为 mer）

（16）巨大都市は過密のルツボで病み、あえぎ、いらだっている半面、農村は若者が減って高齢化し、成長のエネルギーを失おうとしている。都市人口の急増は、ウサギを追う山もなく、小ブナを釣る川もない大都会の小さなアパートがただひとつの故郷という人をふやした。これでは日本民族のすぐれた資質、伝統を次の世代へつないでいくのも困難となろう。

译文1：一方面，庞大的城市恰似一个坩埚，因盛得过多而发生故障、翻腾、焦灼；另一方面，农村则因青年的减少而变得衰老，即将丧失生命的活力。<u>城市人口的急剧增长，增加了这样一种人：他们既无山猎兔，又无水捕鱼，于是大城市寓所的盈尺之地就成为他们的唯一故乡。</u>长此以往，要把日本民族的优良传统代代相传，殊难实现。①

此例划线处，有些让人摸不着头脑，"大城市寓所的盈尺之地"就是"故乡"的说法也有些费解。其实，划线部分，不仅「ウサギ、小ブナ」的语义指向需要解决，「ウサギを追う山もなく、小ブナを釣る川もない」整句话也是一个问题。在原文里，找不出它们语义指向的靶的。其实，它们的语义指向在文外，往小里说，在原文的上下文中；往大里说，则在日本的历史文化里。这句话实际上是引文，是日本名曲、已传唱百余年的歌曲《故乡》中的一句歌词：「兎追ひし彼の山　小鮒釣りし彼の川」。

译文2：一方面，大城市恰似一个坩埚，装得太多而痛苦呻吟、焦灼不安；另一方面，农村则因年轻人的减少而变成老龄化社会，正在失去发展的动力。城市人口的急增，使得不少人再不能像《故乡》那首歌中所唱的那样有山猎兔，有河捕鱼；大城市寓所的盈尺之地已成为他们的唯一故乡。长此以往，要把日本民族的优良品质和传统传给下一代，殊难实现。②

总之，语义指向对翻译的第二个意义，就在于帮助人们彻底理清句中各

---

① 高宁.日汉翻译教程［M］.上海：上海外语教育出版社，2008：358-359.
② 高宁.日汉翻译教程［M］.上海：上海外语教育出版社，2008：359.

个成分之间的相互关系，抓住每一个词语的语义指向，以准确无误地把握原文，进行充分、到位的意义信息的转换。从某种意义上说，对语法课教学也有所裨益，可以开阔学生的视野，把他们引入语义层面来观察、分析、研究汉日双语及其与翻译的关系。

三

对翻译而言，语义指向研究的第三个意义在于可以有效地帮助译者辨别词语、句子的歧义结构，提高语言敏感度，减少误译率。在汉语里，"歧义句指有两种或多种含义的句子"①。在日语里，近似的说法为「曖昧性」，「言語学では、言語表現が、その指し示す範囲が確定しないために、何を表すのかが明瞭に決まらない場合、『曖昧性がある』という。……一つの言語表現が、二つ（あるいはそれ以上）の意味をもつ場合、しばしばそれは曖昧であるといわれる」②。换一个角度说，即文中有语义指向不明或两可之处，即可造成歧义句。解决歧义最重要的途径是利用语境。脱离语境，即便是著名辞书，歧义现象也难以彻底避免，如需翻译，便是一块不小的烫手山芋。

(17) a. 请你们帮忙解决运输问题（どうか貨物運送問題の解決に協力してください）

b. 他请过我（彼は私をもてなしてくれたことがある）

c. 我只学过英语（私は英語しか学んだことがない）③

这一组句子，没有语境，都是歧义句。严格地说，是不可译的。譬如，a 句是请对方包下运输所有问题，还是做一些协助工作，如找司机，找装卸工，甚至借车（又包括向别人借或把自己的借出），等等。没有语境，难有定论。b 似乎没有异议。其实不然。"他请过我"指向什么，缺乏语境，依旧是多解的。譬如，"请过我"什么或做什么，就有无数的想象空间。"他请过我"，"我"答应与否也是一个问题。哪怕"我"没答应，仍然可以说"他请过我"。c 的问题是"只"是否仅仅指向"英语"。如果语用前提是"我没教过

---

① 唐作藩. 中国语言文字学大辞典 [M]. 北京：中国大百科全书出版社，2007：472.
② 佐藤武義，前田富祺，等. 日本語大事典 [M]. 東京：朝倉書店，2014：6.
③ 牛島徳次，菱沼透監訳. 中国語文法用例辞典 [M]. 東京：東方書店，2003：13, 204, 495.

英语"的话,① 语义指向的靶的便是"学过"。那么,现在的译文就是误译。

好在更多时候,翻译是在语境完整或相对完整的情况下进行的。歧义问题往往可以依靠语境,通过语义指向分析来化解。汉日双语里典型的歧义句"咬死猎人的狗"和「刑事は血まみれになって逃げ出した賊を追いかけた」之类,只要有相应的语境,排除歧义并不困难。

(18) 我没说她偷了我的钱。

这也是一例没有上下文的孤句。看似极其简单,其实不然。把它放进不同的语境,它就有不同的意思。……

a 我没说她偷了我的钱。(可是有人这么说)
b 我没说她偷了我的钱。(我确实没这么说)
c 我没说她偷了我的钱。(可是我是这么暗示的)
c^1 我没说她偷了我的钱。(她是偷了我的钱,可是我没有声张)
c^2 我没说她偷了我的钱。(她是偷了我的钱,但是我没有批评她这一点)
c^3 我没说她偷了我的钱。(她没有偷钱,可有人说我造她的谣,我予以澄清)
d 我没说她偷了我的钱。(可是有人偷了)
e 我没说她偷了我的钱。(可是她对这钱做了某些事)
f 我没说她偷了我的钱。(她偷了别人的钱)
g 我没说她偷了我的钱。(她偷了别的东西)

译文:a 彼女が私のお金を盗んだと言った人は、私じゃない。
b 私は、彼女にお金を盗まれたとは言っていないのよ。
c 彼女にお金を盗まれたということを私は口には出さなかったけど、
c^1 彼女にお金をとられたことを誰にも言わなかった。
c^2 僕のお金を盗んだことで、彼女をたしなめたりはしなかった。
c^3 僕は彼女にお金を盗まれた噂をしなかった。
d お金は盗まれたが、彼女だとは言わなかった。
e 私は彼女にお金を盗まれたとは言わなかったが、…
f 私のお金は、彼女にとられたとは言わなかった。

---

① 徐以中,胡伟,杨亦鸣. 试论两类不同的语义指向 [J]. 语言科学, 2015 (6): 561-578.

g 彼女が私のお金そのものを盗んだとは言わなかった。①

这个原本孤立存在的歧义句，一旦放在设定的语境里，歧义之处自然消退，翻译也变得简单。不过，与语言学上的消歧不同，在译学领域，语用层面语义指向分析虽然可以化解歧义，但并不"可以彻底消解语用歧义"②。因为在翻译实践中，人们不能像语言学研究那样，随意、主观地设立语境以彻底消除歧义。这是翻译实践及译学研究不同于语言学研究的重要之处。而且，即便在语境完整的文章中，仍然可能出现有歧义的文字，这时，需要译者做的，常常是选择性取义和翻译。赵元任说，"几种可能的理解的相对几率是影响一个语言形成的歧义程度的重要因素。如果几个几率差不多，那么歧义的程度就高。如果几个几率有明显的差别，一种解释的几率大大地超过其他解释的几率，那么这就是最有可能的一种解释"③。下面分别看几个例句。

（19）江藤は息を呑んだ。ふかい草の上にうつ伏せに倒れている女の写真。その遠景。女の顔のクローズ・アップ。首に巻かれたマフラ。登美子はやはり死んでいたのだ。死んで、写真をとられ、こまかに全身を調べられ、所持品によって身もとが調査されたに違いない。

译文：江藤屏住了呼吸，连气都不敢出。拿起照片来一看，在草丛中倒伏着的女人的照片：远景的；女人脸孔的特写镜头；围在脖子上的头巾。登美子到底是死了。死了以后才照的相，全身都经过检查，从身上所带的东西才确定了她身份。④

（20）"好小亮！我看你上次扬脖儿挺胸的，也是个发誓打一辈子光棍儿的好汉，敢情瞒着你乔奶奶哪！你不是专要那猪不吃，狗不啃的主儿吗？我们孟家的姑娘可金贵着哪，人家跟你?!……"

译文：「小亮よ、ついこの間、意気揚々と胸を張って、一生独身で通してみせるなんてかっこいいことを言ってたくせに、よくもこの喬婆さまを騙しておくれだね。あんたは、豚も犬も食わないようなお人をもらうんじゃなかったの？この孟家の娘さんは千金に価するお人だよ。

---

① 高宁，杜勤. 汉日翻译教程（修订版）[M]. 上海：上海外语教育出版社，2013：208-209.
② 徐以中，胡伟，杨亦鸣. 试论两类不同的语义指向 [J]. 语言科学，2015（6）：561-578.
③ 邹韶华，马彪. 歧义的倾向性研究 [M]. 北京：中国社会科学出版社，2007：320.
④ 徐一平，等. 中日对译语料库 [DB]. 北京：北京日本学研究中心，2003.

あんたのところなんかに来てくれるもんか！」①

没有语境，两例中划线处皆可视作歧义结构。第一个「ふかい草の上にうつ伏せに倒れている女の写真」是「ふかい草の上にうつ伏せに倒れている女／の写真」，还是「ふかい草の上にうつ伏せに倒れている／女の写真」，意思有微妙的区别。前者是有定的，后者可以视为无定。第二个，「写真をとられ」脱离语境，既可理解成被拍照，也可以理解为照片被偷。这是同音词「取る／盗る」引起的歧义。后一例的"打一辈子光棍儿"也是歧义结构。问题出在"一辈子"是做"打"的补语，还是做"光棍儿"的定语，意义会有所不同。关键是当光棍儿的时间长度有异。后面"猪不吃"，单独看，既可以是猪这个动物不吃食，也可以是人不吃猪（肉）。但是，以上所有歧义在原文的语境中皆不复存在，也不会给翻译带来困难。所以，对翻译来说，真正的考验在于如何处理在完整语境中依然带有歧义结构的词语。

(21) その医師と親しくなったのは三年ほど前。もとより身体があまり丈夫ではない夫が、具合が悪くなったといっては通いつめているうちに、世間話に興じるようになった。同世代同士の気安さか。以来、何かというと優先的に診てもらえるようになった。

かなりのゴルフ好きで、僕が手にするものは二つしかない、聴診器かゴルフクラブだ、などと<u>言っては笑わせてくれる</u>。贈るものはあらかじめ決めてあった。私はデパートの紳士服売り場に行き、ゴルフウエア用の萌葱色のポロシャツを包んでもらった。

译文：与那医生关系亲密起来大约是在三年前。原本身体就不够结实的丈夫，在因病情加重而频繁就医的过程中，渐渐聊得投机起来。也许是同龄人之间的亲和感吧。那以来常常得到优先看病的待遇。

医生是位高尔夫铁杆球迷，他引人发笑地说："拿在手上的只有两样东西，听诊器或者高尔夫球棒。"礼品事先已经决定。我到百货商场男装部，买了一件葱绿色的作高尔夫球服的短袖开领衫。②

怎么确定原文里划线部分的谓语语义指向范围，译文会有较大的差异。从语法上说，「言っては笑わせてくれる」的引语是否一定不包括句首的「か

---

① 徐一平，等．中日对译语料库［DB］．北京：北京日本学研究中心，2003.
② 陆静华，陈小芬，金哲会，等．《日语综合教程》第五、六册课文翻译与练习答案［M］．上海：上海外语教育出版社，2014：130.

なりのゴルフ好きで」、很难绝对断言。然而，包括与否，意义有别。可以说，这是一句歧义句或准歧义句。现在的译文是把句首的短语排除在引语之外。不过，这本教参2008年第一次印刷时，划线部分的译文是"'我非常喜欢高尔夫，拿在手上的只有两样东西，听诊器或者高尔夫球棒'，他开着玩笑说"。由此看来，译者后来对谓语的语义指向范围进行了重新选择。笔者也倾向于译者现在的选择，当年在课堂提出的改译是"医生是位高尔夫迷，打趣我们说手里只拿两件东西——听诊器或高尔夫球杆"①。这个例子印证了赵元任的先见之明，译者们往往会有意无意选择"解释的几率"大的理解方式。

（22）おふくろのワダエレというのは、毎年秋になると自分でこしらえて送ってよこす、綿のぽってりとはいった半纏のことだ。

私は、仕事をするときは、<u>真夏でも</u>、シャツなしの襦袢で、和服を着ないことには落ち着かないが、その仕事着の和服の上に着る半纏である。

おふくろは、六月が来れば満八十歳になるが、まだ自分で針仕事をする。もう以前のように裕や羽織をぬうというわけにはいかないが、半纏や子供の浴衣ぐらいなら人に手伝ってもらわなくても縫うことができる。

译文：母亲所说的棉衣，就是每年一到秋季便做好寄来的、蓄着厚厚棉花的棉外套。

我工作的时候，即便是盛夏，也不穿衫衣，而是着贴身汗衫。如果不穿和服，就会心绪不宁，所以在和服工作服外面再罩上棉外套。

母亲到六月就满八十岁了，但还是自己做针线活儿。虽然不能像以前那样缝夹衣或和式礼服了，但是像棉外套以及小孩儿的单衣之类的东西，她还可以不求别人帮忙自己缝制。②

这一例，严格地说，并非歧义句。但是，在笔者的教学中屡屡发现本科生、研究生对「真夏でも」的语义指向没有概念，绝大部分人会把第二段话理解成大夏天也在工作服上套「半纏」。其实，「真夏でも」这个时间状语，只管到

---

① 整段话的改译：
　　和那位医生熟识起来大约是三年前。丈夫原本就体弱，一有不适就前去就医。也许是出于同龄人之间的亲近感，一来二去便聊得颇为投机。之后，他常得到优先就诊的照顾。
　　医生是位高尔夫迷，打逗我们说手里只拿两件东西——听诊器或高尔夫球杆。送他的礼物早已选定。我到百货商店的男装部买了一件葱绿色的高尔夫短袖开领衫。
② 陶振孝. 日汉翻译方法[M]. 北京：外语教学与研究出版社，2011：25.

「落ち着かないが」为止，管不到之后的半句话。从常识角度看，夏天穿"棉外套"也是不可能的。此外，前文也已经说得很清楚，母亲寄来"棉外套"是每年的秋天，当然是为秋冬准备的。之前的夏天，想穿也只能穿前一年的旧衣服。现在的译文把原文第二段分译成两句，使"盛夏"管不到后一句话。

（23）早在东晋时，有个青年造纸工，名叫孔丹。有一年，他师父去世了，他就用自己造的纸给师父画了幅像，挂在墙上。可是一年不到，这画纸就由白变黄，由黄变黑，并且开始一片片剥落下来。

译文1：昔、東晋の時代に孔丹という紙作りの若者がいた。ある年、彼の師匠が死んだので、若者は自分の作った紙に師匠の肖像を<u>描いてみて</u>、それを壁にかけた。しかし一年も経たないうちに<u>画仙紙は白から黄に、黄から黒に、色がすっかり変わってしまって、そのうえ次第に剥げ落ちてしまった</u>。

译文2：昔、東晋の時代に孔丹という紙作りの若者がいた。ある年、彼の師匠が死んだので、若者は自分の作った紙に師匠の肖像を<u>描いてもらって</u>、それを壁にかけた。しかし一年も経たないうちに<u>色がすっかり変わってしまって、そのうえ画仙紙はちぎれちぎれになって落ちてしまった</u>。①

（24）张先生，事业做得很成功，太太又贤惠又漂亮，还烧得一手好菜，是本地人人羡慕的对象。

译文：張さんは，事業に成功したうえ，奥さまは賢く美しく，さらに料理もお上手で，地元の誰もがうらやむ結婚相手です。②

这两例原文都有歧义，不同的译者则有不同的读解与翻译。此时，得失只能由人评说，不过，如果不能找回原文的大语境，则很难判断绝对的正误。这种情况在翻译中并不罕见，也是研究译者的好素材。在前一例的第一个划线处，"给师父画像"存在两种解读的可能，译文1译成造纸工本人画像，译文2译为造纸工请人画像。第二个划线处，译文1剥落下来的是颜料，译文2是宣纸本身。当然，如能还原这段话的历史语境，歧义当可排除。不过，这绝非易事。因此，至少目前，这两种译法都可以成立。后

---

① 高宁，杜勤. 汉日翻译教程（修订版）[M]. 上海：上海外语教育出版社，2013：213-214.
② 高宁，杜勤. 汉日翻译教程（修订版）[M]. 上海：上海外语教育出版社，2013：221.

一例的原文摘自曹逢甫《汉语的句子与子句结构》的内容提要,日语译文为日本年轻汉语学者所译("对象"误译)。歧义部分是"还烧得一手好菜"。曹逢甫认为是"太太",笔者赞同。但是,如果有人坚持是"张先生",也很难说绝对不可以。现在译文「さらに料理もお上手で」严格说起来,保持了与原文的同调,依然可以做两种解释。有年轻学者把原文改译为「事業に成功した上,料理が上手で賢く美しい奥様がいる張さんは地元の誰にもうらやまれている」,① 认为可表达曹逢甫的理解,即「料理が上手で」部分指向"太太"。其实,也未必一定如此。理解成指涉张先生并非不可以。再看1个日译汉的例子。

(25) シナ人はいままでこうしたことに関して自分の国に比肩しうるような国がよそにあろうなどとはゆめゆめ考えてもいなかったのです。……西洋の数学も役立ちました。漢字を入れた世界地図を印刷しましたが、この地図を見たシナ人たちはみなこの地図を非常に狂っていると思い、その考え方を正すためには<u>一苦労しました</u>。……シナの地理学者たちはいままでの世界の少なくとも四分の三はシナが占めているともっぱら主張してきたからです。

译文:因为中国人过去根本就没有想象过,在这些方面还能有哪个国家能和中国并驾齐驱。……西方的数学在这里也很起作用。当我们印制出标有汉字的地图以后,许多中国人都认为我们做的地图很不准确,为了改变他们的看法可是花费了一番气力呢。……因为中国的地理学家一贯主张,中国的国土至少占据了世界的四分之三的面积。②

这段话选自《利玛窦传》,译者对谓语「一苦労しました」的语义指向进行了选择与翻译,体现出当代译学所说的译者主体性地位。"为了改变他们的看法可是花费了一番气力呢"部分省略了主语,即传教士。在语法上,属于暗中更换主语,没有问题。笔者赞同这个译法。不过,换一个角度看,把这个谓语动词「一苦労しました」的施事理解成「シナ人たち」,并非一定不可以。在语法上,也说得通,即「シナ人たちは……と思い、……一苦労しました」。换言之,无论在语义上,还是在语法上,原文都是两可的,关键

---

① 朱芬. 日汉主题推进及其在翻译中的应用 [C] //汉日对比语言学研究(协作)会. 汉日语言对比研究论丛:第2辑. 北京:北京大学出版社,2011:107.
② 徐一平,等. 中日对译语料库 [DB]. 北京:北京日本学研究中心,2003.

看译者怎么选择，他的倾向性倒向哪一边。"因此，从本质上说语义指向的理解通常只能是一种接近话语意图的概率推理。"① 最后看一个虽然复杂，却与本文最初两个例句"遥相呼应"的例子。

（26）言葉の習得のほかにも彼はまたいろいろとくふうをめぐらしている。たとえば、「私どもが単なる金儲けの商人ではないということをシナ人にわかってもらうために」「絵入りのキリスト伝や旧約聖書、キリスト教徒の住む国々の説明書」を送ってもらうようローマに依頼を発している。

译文：除了学习语言外，他还想出各种办法。比如，"为了让中国人知道我们并非是只图赚钱的商人"，他写信给罗马要求邮寄"带插图的基督传和旧约圣经及基督教徒所住国的说明书"。②

此例也选自《利玛窦传》，问题点之一为「送ってもらう」，它本身是一个歧义结构，既可以是请寄，也可以是请送的意思。译者选了"邮寄"之意，不过，在这个语境里，"邮寄"之中亦包含赠送之意。而这段话的最大难点，则在于「送ってもらう」的"寄送对象"是利玛窦本人，还是明朝某个部门，或达官贵人、社会名流，需要甄别判断。几种可能性都存在。当然，即便是寄给利玛窦本人，最后还是送给中国人阅读。妙的是，现在的译文，完全不予会理，四两拨千斤，"邮寄"两字打发掉了原有的语义指向问题，却不能说有什么错误。此外，从语义指向角度看，「絵入り」是修饰一个词，还是两个、三个，也是一个问题。译者似乎"漫不经心"地一笔带过，却也没有留下什么把柄。此例再一次说明，在处理语义指向与翻译的办法之中，有一种就是无为之治。加一个定语，就是心中有数的无为之治。

综上所述，语义指向与翻译，既关系疏远，似可无师自通，又关系紧密。一方面，各个语法成分在语义上必须卯榫对接，容不得半点含糊；另一方面，在实际语言生活中，又为解读原文留下必要的弹性空间，为选择性解决歧义问题提供了务实的舞台。一言以蔽之，关注、研究这一课题，无疑可以提高人们的问题意识，开阔视野，提高双语水平，去解决翻译实践中出现的相关问题，对翻译理论研究也不无裨益。

---

① 张国宪. 性状的语义指向规则及句法异位的语用动机 [J]. 中国语文，2005（1）：16-28.

② 徐一平，等. 中日对译语料库 [DB]. 北京：北京日本学研究中心，2003.

主语省略与翻译

——以日译汉为例

一

汉日双语，主语省略较多，如今已是学界常识。① 不过，很多学者认为日语主语省略的频率高过汉语。譬如，「わたしは中国小説の翻訳の経験から，（日）（漢）ともに主語をはぶくが，（漢）よりも（日）のほうがより多く主語をはぶく，ということをしった」②。"汉语的特点之一，吕叔湘先生指出是主语的省略。可是，那是和英语的比较，倘若跟日语比较，那么后者的省略，就远远超过汉语了。"③ 从对比语言学的角度看，「この現象は何よりも中日両語の視点のタイプの相違に起因するものだと考えられる。結論を先取りすると，日本語は視点が相対的に固定している、言い換えればテキストにおける視点の一貫性が強いため，一々主語を使わなくても済むが，中国語の場合は，視点が移動しがちで話題となる人物や物事をはっきりさせるためにより多く主語を使っているということである」④。其深层原因，则在于「日本語においては，基本はあくまで己を基点に据えて，己を取り巻く外の世界の事物や現象を自分の視点で把握する」⑤，所以，省略主语也是顺理成章之事。

---

① 有一篇论文虽然话题、叙述视角与本文有别，却与主语省略有着潜在的关系，建议读。朱晓农. 语言限制逻辑再限制科学：为什么中国产生不了科学？[J]. 华东师范大学学报（哲学社会科学版），2015（6）：10-28.
② 実藤惠秀. 日本語・漢文・英語の比較（続）[J]. 日语学习与研究，1984（3）：7-9.
③ 小川泰生. 日汉翻译时的主语省略问题 [J]. 汉语学习，1997（5）：47-51.
④ 彭广陆. 新聞記事における主語のあり方と視点との関わり—中日両語の比較を中心として—[J]. 対照言語学，日本：海山文化研究所，2013（23）：45-65.
⑤ 森田良行. 日本語文法の発想 [M]. 東京：ひつじ書房，2002：3.

不过，从译学角度看，过分强调日语的主语省略，有误导读者、翻译初学者之嫌，使他们养成日译汉时草率增添主语的毛病。70多年前，王力就指出汉语主语的增加是欧化的缘故，因为"西洋每一个句子里，通常必须有一个主语"。如果模仿、直译欧语，主语必然会多出来。王力举了两个故意给《红楼梦》添上主语的例子。括号内即新加的主语。

（1）王夫人看了，又心疼，又怕贾母问时难以回答。……宝玉说："〔我〕有些疼，〔这〕还不妨事。明日老太太问，〔你们〕只说我自己烫的就是了。"凤姐道："〔我们〕就说〔你〕自己烫的，"她"也要骂人不小心，横竖有一场气生。"（"她"字是承说的省略，其余都是习惯的省略)①

（2）（你）咳嗽的才好了些，（你）又不吃药了。如今虽是五月里，天气热，（你）到底也该还小心些。大清早起，（你）在这个潮地上站了半日，也该回去歇歇了。(这些"你"字都是习惯的省略。)②

的确，加上这些主语，似乎宝玉、凤姐、紫鹃都已经受过欧化的熏陶，不再是当年的清朝人。其实，在汉语里，尤其是古汉语中，主语省略的现象非常普遍。典型的，如柳宗元的《至小丘西小石潭记》。

（3）从小丘西行百二十步，隔篁竹，闻水声，如鸣珮环，心乐之。伐竹取道，下见小潭，水尤清冽。全石以为底，近岸，卷石底以出，为坻，为屿，为嵁，为岩。青树翠蔓，蒙络摇缀，参差披拂。

潭中鱼可百许头，皆若空游无所依。日光下澈，影布石上，佁然不动，俶尔远逝。往来翕忽，似与游者相乐。

潭西南而望，斗折蛇行，明灭可见。其岸势犬牙差互，不可知其源。

坐潭上，四面竹树环合，寂寥无人，凄神寒骨，悄怆幽邃。以其境过清，不可久居，乃记之而去。

同游者：吴武陵，龚古，余弟宗玄，隶而从者，崔氏二小生，曰恕己，曰奉壹。③

这篇游记不仅文辞优美，拟物写景，惟妙惟肖，跃然眼前，而且，从主语省略的角度看，也是一篇很好的范文。另一个名篇，陶渊明的《桃花源记》，不到350个字，竟有37处主语省略。④ 余光中先生也曾举贾岛的诗

---

① 序号为笔者所加，非引自原文。下同。
② 王力. 中国现代语法 [M]. 北京：商务印书馆，2011：342.
③ 刘盼遂，郭预衡. 中国历代散文选：下册 [M]. 北京：北京出版社，1980：130.
④ 高宁. 日汉翻译教程 [M]. 上海：上海外语教育出版社，2008：244.

《寻隐者不遇》，探讨主语问题。

　　（4）松下问童子，
　　　　言师采药去。
　　　　只在此山中，
　　　　云深不知处。

　　四句话都没有主词。在英文的'文法机器'里，主词这大零件是缺不得的。为求精密，我们不妨把零件全部装上去，然后发动新机器试试看：

　　我来松下问童子，
　　童子言师采药去。
　　师行只在此山中，
　　云深童子不知处。

　　这一来，成了打油诗不打紧，却是交代得死板落实，毫无回味的余地了。这几个主词不加上去，中国人仍然一目了然，不会张冠李戴，找错人的。①

　　即便在当代，也不难发现潇洒自如、神龙见尾不见首的文字。

　　（5）早起最快意的一件事，莫过于在案上发现一大堆信——平、快、挂，七长八短的一大堆。明知其间未必有多少令人欢喜的资料，大概总是说穷诉苦琐屑累人的居多，常常令人终日寡欢，但是仍希望有一大堆信来。②

　　（6）崇基校园生活正是我生命混沌日子，（我）那时灵智未开，（我）确余真情。（我）现在回顾起来（崇基的校园生活）也有足述吧，（这）正如说不论是否英雄人物，每个人回顾自身的过去，（每个人）都会流泪的。（我）今天灵智不足，（我）记忆力也渐衰退，（我）便不想以混沌说混沌了。③

　　（7）睡眼惺忪中，（我）终于把难缠的原文译完了。窗外，从子夜的黑沉沉，变成凌晨四点的云淡星稀，不久，即将晨光熹微了。（把难缠的原文译完是）好一场艰苦而孤寂的搏斗！（我）孑然一身冲进密密的丛林，原文像一团浓雾，黏稠稠塞在茫茫夜色中，劈也劈不开。（原文）到处都是阻力，抽象名词是随地蔓生的杂草，（这些杂草）一丛丛、一堆

---

① 余光中. 余光中选集（第四卷）：语文及翻译论集 [M]. 合肥：安徽教育出版社，1999：67.
② 梁实秋. 雅舍小品 [M]. 南京：江苏文艺出版社，2010：13.
③ 周国正. 书面语篇的主题串连与省略 [J]. 上海大学学报（社会科学版），2005（6）：23-34.

堆，（我）必须小心摸索着，绕道而行，以免绊倒。浅字像防不胜防的泥淖，一不留神，一脚踩下去，说不定（我）会仰天一跤，摔得金星直冒。还有那又长又累赘的句法呢？（这句法）简直是热带雨林中的蔓藤，（这些蔓藤）一条条从树上挂下来，（这些蔓藤）在前后左右轻拌，（这些蔓藤）拂之不去，漆黑一片中，（我）如何前进呢？①

又如，史铁生《插队的故事》的开篇，也"遗漏"不少主语，却拉近了与读者的距离，不仅有现场感，汉语的味道也很足。如果多加几个主语"我"，恐怕文字就不如现在"抓人"、有磁性。

（8）去年我竟做梦似地回了趟陕北。想回一趟陕北，回我当年插队的地方去看看，想了快十年了。我的精神没什么毛病，一直都明白那不过是梦想。我插队的那地方离北京几千里路。坐了火车再坐火车，倒了汽车再倒汽车，然后还有几十里山路连汽车也不通。②

作为译学研究，为什么要强调汉语也有主语省略的特点呢？因为我们是用汉语翻译，必须得用自然、纯正的汉语，尽量抵制来自外语的负面影响，不用或少用欧化语句。而主语省略，正是汉语纯正性的体现，也符合汉语传统的语言审美观。③

---

① 周国正. 书面语篇的主题串连与省略 [J]. 上海大学学报（社会科学版），2005（6）：23-34. （4）（5）版式有改动。

② 徐一平，等. 中日对译语料库 [DB]. 北京：北京日本学研究中心，2003. 日译为「去年、私は陕西省北部へ夢にも似た帰郷を果たした。当時私が移住した陕西省北部のあの地をもう一度訪れてみたいと思うようになってから、かれこれもう十年になる。別に精神に異常をきたしたわけではなく、それが夢想にすぎないことなど前からよくわかっている。私が移住したのは北京から何千里も離れた所である。幾度も汽車を乗り換え、さらに車を乗り継ぎ、最後の数十里の山道はその車さえ通れない」（徐一平，等. 中日对译语料库 [DB]. 北京：北京日本学研究中心，2003.）。仔细对读，不难发现，日译文的主语数量与原文持平，没有更多的省略。当然，这不是"原生态"的日语，译家不同，表达也会不同。不过，这也从另一个角度印证了主语省略是汉日双语的共同特点。

③ 汉译日时，合理地省略主语也是为避免翻译腔，保持译入语纯正。如："我问你，你回来干什么？"／"瞧你说的！睡觉呗。再说，都十一点了，我还没吃晚饭呢！"／"原来如此。我问你，你如果不困不饿，那你还回家吗？"译文：「ちょっと聞くけど、何しに帰ってきたの？」／「何を言うんだ。もちろん寝にだよ。それに、11時だというのに、まだ晩めしも食べていないんだ。」／「そうだったの。もし眠くもなく、お腹もすいてなかったら、あなた、それでも家に帰ってくるの？」（高宁，杜勤. 汉日翻译教程（修订版）[M]. 上海：上海外语教育出版社，2013：397.）版式有改动。

二

然而，在翻译实践中，往往出现两种情况。一是频繁地添加主语，二是走另一个极端，"拒绝"翻译。先看前者的例子。

(9) こんな夢を見た。

六つになる子供を負ってる。たしかに自分の子である。ただ不思議な事にはいつの間にか眼が潰れて、青坊主になっている。自分が御前の眼はいつ潰れたのかいと聞くと、なに昔からさと答えた。声は子供の声に相違ないが、言葉つきはまるで大人である。しかも対等だ。

译文1：我做了一个这样的梦。

我背着一个六岁的孩子，觉着确确实实是我自己的孩子；奇怪的是，我不知道他的眼睛什么时候瞎了，他头发全剃了，成了个青皮光头。我问他，你眼睛是什么时候坏的，他说，咳，以前不就这样了嘛。说话的声音是个童声，可是说话的口气完全是大人的，而且对我用的是平辈的简体。

译文2：我做了这样的梦。

身上背着六岁的小孩，的确是自己的孩子没错。可奇怪的是他的眼睛失明了，还成了小光头。我问他什么时候失明的，他回答很早以前就已如此。声音固然是童音，用词却是大人样。而且还是对等的口吻。

这里不再讨论译文中的硬伤。笔者关注的重点是两个译文里的人称代词，关涉双语的主语省略问题。……译文1中人称代词有11个，译文2中只有5个。相比之下，当然是后者离汉语传统更近一些，也更纯正一些。譬如，原文头两句，加一个主语"我"字足矣。甚至不加也没有什么不可以。其余部分，只要不妨碍阅读，都可以不加。……综上所述，笔者把这段话改译如下：

译文3：（我）做了一个梦。

背着六岁的孩子，当然是自己的孩子。奇怪的是不知何时他眼睛瞎了，成了青皮光头。问他什么时候瞎的，说是很早啦。声音倒是童声，口气却很像大人，与我平起平坐。①

(10) まだおかもとに住んでいたじぶんのあるとしの九月のことであった。あまり天気のいい日だったので、ゆうこく、といっても三時すこし過ぎたころからふとおもいたってそこらを歩いて来たくなった。遠

---

① 高宁．翻译教学研究新探［M］．天津：南开大学出版社，2014：110-112．

はしりをするには時間がおそいし近いところはたいがい知ってしまったしどこぞ二三時間で行ってこられる恰好な散策地でわれもひともちょっと考えつかないようなわすれられた場所はないものかとしあんしたすえにいつからかいちど水無瀬の宮へ行ってみようと思いながらついおりがなくてすごしていたことにこころづいた。

　　　译文：那还是<u>我</u>住在冈本那些岁月中一个9月里的故事。有一天，天气晴朗，黄昏时分，其实也就刚过3点，我突然起兴想去附近走一圈。远游，时间已晚，近处<u>我</u>又比较熟悉，于是，<u>我</u>搜索枯肠想找一处自己和常人一时想不到、两三个小时便能来回的地方散散步。最后，<u>我</u>忽然想起自己一直想去可至今没有机会光顾的水无濑宫。①

　　这个例句选自《日汉翻译教程》，其中划有底线的4个"我"字，第7次印刷时被笔者删去，只保留了"我突然起兴想去附近走一圈"中的"我"字。现在看来，还可以再彻底一点，"残留"下来的这个"我"字，可以一并删除，并不影响理解，也使译文更加简洁、清爽。再对比一个实例。这是日本文学名篇《哥儿》的开篇第一段。全文没有一个"我"字，却是典型的第一人称写作的美文。3个译文，第一个"我"字只有3个；第二个"俺"字已达10个；第三个"我"字也有6个。笔者以为，在本文的范围里，无论从汉语的纯正性，还是从反映原著特点的角度看，都是译文1最接地气，最可圈可点。

　　（11）親譲りの無鉄砲で小供の時から損ばかりしている。小学校に居る時分学校の二階から飛び降りて一週間程腰を抜かした事がある。なぜそんな無闇をしたと聞く人があるかも知れぬ。別段深い理由でもない。新築の二階から首を出していたら、同級生の一人が冗談に、いくら威張っても、そこから飛び降りる事は出来まい。弱虫やーいと囃したからである。小使に負ぶさって帰って来た時、おやじが大きな眼をして二階位から飛び降りて腰を抜かす奴があるかと云ったから、この次は抜かさずに飛んで見せますと答えた。

　　　译文1：由于亲娘老子传给自己的鲁莽性子，打小时候起就净吃亏。读小学时，曾经从学校的楼上跳下来，摔伤了腰，躺了一个星期。也许有人问："干吗要那样胡来？"没有什么特别的因由，当<u>我</u>从新建的二层楼上向下探头探脑的时候，同班一个学生开玩笑地喊着："别那么飞扬跋

---

　　① 高宁. 日汉翻译教程 [M]. 上海：上海外语教育出版社，2008：346.

扈，谅你不敢从那儿跳下来。胆小鬼!"校工把<u>我</u>背回家时，老子瞪起大眼，骂道："傻瓜，哪有从楼上跳下来摔伤腰的!"<u>我</u>回答："好吧，下回跳个不摔伤腰的给你看。"

译文2：俺爹传给俺的蛮干脾气，使俺从小就没少吃亏。上小学的时候，有一次俺从学校的二楼上跳下来，挫伤了腰，足足躺了一个星期。也许有人会问："为啥干那种傻事儿?"其实，也没啥了不起的理由。当时<u>俺</u>从新盖的二楼向外探头，一个同班同学便逗弄<u>俺</u>说："不管你怎样吹牛，总不敢从那儿跳下来吧，你这个窝囊废——!"当学校的工友将<u>俺</u>背回家来，<u>俺</u>爹瞪大了眼睛说："天下哪有这样不争气的东西，大不了从二楼跳下来就挫伤了腰的?"<u>俺</u>回答说："下次，俺再跳一回给你看，保证伤不了腰!"

译文3：爹妈给的鲁莽性子，使<u>我</u>从小就尽是吃亏。上小学时，一次<u>我</u>从学校的二楼跳下来，闪了腰，约莫一个星期直不起来。也许有人要问："为什么要那么胡来?"<u>我</u>也说不上有什么特别的理由。只是<u>我</u>从新盖的二楼刚探出头去，同班的一个同学就起哄说："任你怎么逞能，也不敢从那里跳下来，胆小鬼!"当校工把<u>我</u>背回家的时候，父亲瞪大眼睛说："从二楼跳下来就闪了腰，有这么笨的吗?"既然他这么说，<u>我</u>就回敬了一句："那好吧，下次跳一个不闪腰的给你瞧瞧!"①

以上几例，还有一个特点，就是皆为人称代词做主语。语法学家曾指出"汉语里可以不用人称代词的时候就不用；即使因此而显得句子结构不完整，也不搞形式主义"②。此外，有些时候，看似省略主语之处，实际上是作者刻意所为。此时此刻，"主语"是不可还原或补充的，如：

(12) 瀬名：「僕はある女性と恋に落ちてしまった。彼女は僕がいないと生きていけないタイプだ。君は僕がいなくても100万年でも生きていけるタイプだ。だから君の前から突然姿を消す、君との結婚、なかったことにしてほしい、すまない。」

南：もういいですよ。

瀬名：(ɸ手紙は/ɸ二人の関係は) もう終わりです。③

除此之外，有学者举出典型例证研究日语里的零形回指问题，并兼与汉

---

① 徐一平，等. 中日对译语料库 [DB]. 北京：北京日本学研究中心，2003.
② 吕叔湘. 吕叔湘文集：第3卷 [M]. 北京：商务印书馆，1992：467.
③ 刘泽军. 日语口头表达中主题省略的双关功能 [J]. 日语学习与研究，2016 (5)：68-74.

语做对比，结论如下："在汉语中，零形回指的使用固然数量大，分布也十分广，但是由于没有'ハ'这样的具有超覆盖功能的助词的帮助，话语结构的连续性相对有限，因此虽然也有超句的功能，但却不能超段甚至覆盖全篇。"[1] 所举例证，文中没有附上汉译，在理论上支持了上述观点。其实，该文零形回指之处绝大部分都可以"一成不变"地翻译成汉语，并不会引起误读。

(13)[2]

①母親の財布からお金を抜き取ろうとした子供が、母親から問い詰められて次のように訴えた。	译文：①孩子正要从妈妈的钱包里拿钱时，却受到了妈妈的盘问，便申辩说：
②「だってM君がもってこいって」同級生のM君にナイフを突きつけられ、脅迫されたと言うのだ。	②"是M叫我拿钱给他的。"原来是同学M持刀威胁的结果。
③ともに6歳、小学校一年生である。	③<u>两人</u>都6岁，小学一年级。
④M君は「行為障害」の診断の元に治療を継続している子供だ。	④M被诊断为"行为障碍"症正在接受治疗。
⑤児童相談所の相談員同伴で、母子で医療機関を最初に受診したのは4歳九ヶ月、保育園の時。	⑤4岁9个月在幼儿园时，母子俩就由儿童咨询所咨询员陪同，到医疗机构接受检查。
⑥すでに「やんちゃ」の域を超えていた。	⑥他已经完全超越了"顽皮"的界限。
⑦ほかの園児の足を踏みつけ、つばを吐きかけ、突き飛ばし、保母さんにおもちゃを投げ、下駄箱を倒す。	⑦踩踏幼儿园小朋友的脚、吐口水、横冲直撞、扔玩具砸老师、弄翻拖鞋柜。
⑧攻撃的な言葉も吐いていた。	⑧甚至出现攻击性语言。
⑨注意されると、さらに暴れた。	⑨一被批评，则更加狂暴。
⑩床や壁に自分の頭を打ちつけたり、自分の手や腕を嚙み付いたりもした。	⑩或头撞地板、墙壁，或咬自己的手、胳膊。
⑪おもちゃを無断で持ち帰ることもあった。	⑪有时擅自把玩具带回家中，

---

[1] 刘丽华. 日语语义与话语结构对零形回指的制约作用：兼与汉语对比 [J]. 日语学习与研究, 2003 (4)：17-20.

[2] 高宁. 日汉翻译教程 [M]. 上海：上海外语教育出版社, 2008：246-248.

续表

⑫ウサギ小屋をひっくり返し、虐待した。「（ウサギが）ばたばたするの、おもしれえ」	⑫还掀翻兔屋，虐待小动物。"兔子东跑西蹿，太好玩呢。"
⑬家でも多動で我慢ができず、言い逃れのためのうそをつく。	⑬在家也同样异常好动，没有自控力，为逃避责任而说谎。
⑭お菓子を隠れて食べ、見つかっても、盗っていないと言い張った。	⑭偷吃点心被抓到也辩称不是偷食。
⑮母と祖父母、3歳下の弟の5人暮らし。	⑮M与妈妈、外公外婆和小3岁的弟弟一同生活，
⑯父母はM君が3歳のころ離婚。	⑯3岁时，父母离异。
⑰その頃まで、M君は乳児院で育った。	⑰之前，他一直寄养在托儿所。
⑱母親はM君の出生後、「産後不安ゆううつ障害」で治療を受けなければならないほどの状態に陥り、育てることができなかったのだ。	⑱出生后，母亲患上"产后忧郁症"而不得不接受治疗，无法亲自哺育。
⑲家庭に引き取ってからも、母子関係は希薄だった。	⑲抱回家以后，母子关系疏远。
⑳おんぶしようとしても体をのけぞり、手をつなごうとしても振り払った。	⑳想背他，却仰着身子逃避，想拉拉手，也拂袖不理。
㉑運動神経は発達している。	㉑不过，运动神经发达。
㉒小学校入学後は中学生と自転車を乗り回して遊び歩き、夜10時前に帰宅することはなかった。	㉒上小学后，和中学生骑车游荡，晚上10点前不会回家。
㉓口で言っても聞かないからと、母親や祖母は体罰を繰り返した。	㉓妈妈和外婆讲口头批评他不听，只好不断体罚。
㉔近所の民生委員や児童委員から児童虐待ではないかと何度も注意された。	㉔为此还受到附近民生委员和儿童委员的批评，说她们虐待儿童。
㉕M君が弟にけがを負わせ、叱られた腹いせに自宅の玄関をノコギリで壊しかけたところで、家族が疲れ果ててしまった。	㉕M把弟弟打伤，挨骂后就开始用锯子破坏家里的大门出气，实在让家里人吃不消。

201

	续表
㉖M君を入院させることを強く希望したが、児童相談所のケースワーカーは、母親らのM君に対する拒否感情が強いことから、「入院させると、面会に来ないだろうし、母子関係が断ち切れてしまう」と説得し、外来の治療に加えて、これまで以上に母親を支援する方針をとった。	㉖强烈希望他住院治疗,但是儿童咨询所的工作人员却采用了门诊治疗和比以往更加支持母亲、外婆的策略,并劝说她们因为母亲对M君有强烈的抵触情绪,"一旦让小孩住院,既不会来探视,也会造成母子关系断裂。"
㉗投薬に加え、母親へのカウンセリング、小学校の担任も交えた合同面接が辛抱強く繰り返された。	㉗除药物治疗之外,还为母亲提供心理咨询,小学的班主任也坚持参加与小孩的面谈。
㉘しだいに、変化が現れる。	㉘终于渐渐出现了变化。
㉙家庭や学校を何度も訪ねる児童相談員におんぶや抱っこを求め、ブロック遊びにも集中するようになった。	㉙开始要求多次家访和到学校的儿童咨询员背他、抱他,并且能够集中注意力玩搭积木游戏。
㉚学校では、薬物療法の影響で多少眠気があるようだが、粗暴行為は改善されつつある。	㉚在学校,由于药物治疗的影响,有些嗜睡现象,但粗暴行为已有改善。
㉛声をかけてくれる担任の先生にもなついてきた。	㉛班主任和他说话时,也温顺许多。
㉜祖母や母親も、M君を抱っこできるようになった。	㉜外婆和妈妈现在已经能够抱他。
㉝今では夕方5時には帰宅している	㉝如今,下午5点就已经回到家中。

译文中加有底线处为新添加的主语;加删除号处,表示原文中的主语在译文被略去。汉日对比,③、⑥、⑮处增加了主语,⑰处略译了一个原文主语。如此算来,实际新增的主语只有两个。① 当然,这个译文是笔者的刻意而为,意在说明汉语主语省略也很普遍。但是,译文所再现的,不过是汉语本身的特点。下面来看一看当代翻译家的妙笔生花。先看楼适夷的译笔。

(14) 私は十数年前から毎年朝顔を植えている。それは花を見るためよりも葉が毒虫に刺された時の薬になるので、絶やさないようにし

---

① 现在看来,⑥的"他"省去也无妨。

ている。蚊や蟆子は素より蜈蚣でも蜂でも非常によく利く。葉を三四枚、両の掌でしばらく揉んでいると、ねっとりした<u>汁</u>が出て来る。それを葉といっしょに刺された個所に擦りつけると、痛みでも痒みでもすぐ止り、あと、そこからいつまでも<u>汁</u>が出たりするようなことがない。

译文：我从十几年前以来，年年都种牵牛花。不但为了观赏，也因它的叶子可以作治虫伤的药，所以，一直没有停止。不但蚊蚋，就是蜈蚣黄蜂的伤，也很有效。拿三四枚叶子，用两手搓出一种黏液来，连叶子一起揉擦咬伤的地方，马上止痛止痒，而且以后也不会流出水来。①

这个译文的主语，在数量上，已经少于原文。譬如「それは」在译文里被略去，两个「汁」都从主语变成了宾语。果然是作家的手笔。

三

如上述说，汉日双语皆存在主语省略的现象，但是，这并不是说在日汉翻译中就不存在因主语省略而发生的舛错。最容易出现的问题是，译者并不明白原文所省主语为何，就盲目地在译文添加"出来"。笔者以为，译文添加主语的前提是译者必须知道原文所省略的主语的"真实身份"，才有可能正确决定在译文中采取显现或隐现的手段。换言之，译者必须对原文的句法结构，尤其是主谓语有明确、到位的把握，否则，盲目地添加主语，不仅没有意义，还会造成"意想不到"的误译。

（15）宮脇俊三氏のエッセイを読むと、氏はいかに多くのものを車窓から読み取っていたかが判り、ひたすら感服する。沿線の名所旧跡はもちろんのこと、地勢地形から鉄道自体の歴史まで、知識があれば鉄道の旅がどれほど豊なものになるかを教えてくれる。出張で嫌というほど乗らされる新幹線で、「あの会社がまた工場を建てている。景気がいいんだな」と<u>想像するのも</u>〈読む〉の一環だ。そんな氏でも、自分にもっと植物の知識があれば、と残念がっていらしたのだから、まことに車窓は奥が深い。極めようとすれば、立派な〈道〉になりそうだ。

译文：读了宫胁俊三的随笔，可以知道先生从车窗外读到了很多的东西，实在让人钦佩，他告诉读者不仅是沿线的名胜古迹，甚至从地势

---

① 高宁. 日汉翻译教程 [M]. 上海：上海外语教育出版社，2008：234. 从此例起，例文中的底线为笔者所加。下同。

地形到铁路自身的历史，如果有相关知识铁路之旅可以成为多么丰富多彩的乐趣。在出差时已经坐厌了的新干线上我会想象："那家公司又建了新工厂，景气很好啊！"这也是"读"的一个环节。先生也在为自己没有更多的知识而感到遗憾，因此车窗蕴含的东西很深远。如果想要看到尽头，就会有一条精彩的"旅途"。①

原文第 1 句省略了主语「私」，第 2 句通过「…てくれる」省略主语「氏」。前者，译文"维持现状"；后者，加译了"他"。遗憾的是，之后的「…と想像する」里的隐现主语，译者没有抓准，误译为"我"。其实，整个这段话都在谈宫肋俊三，并没有插入作者自己的乘车体验。此外，原文中的「植物」漏译。

（16）古賀氏が私に多少の好意を寄せていてくれたらしいのは、なんのゆえか、私は明らかにせぬ。私は常に文学の新しい傾向、新しい形式を追い、または求める者と見られている。<u>新奇を愛好し、新人に関心すると思われている。ために「奇術師」と呼ばれている光栄すら持つ</u>。もしそうならば、この点は古賀氏の画家生活に似通ってもよう。

译文 1：古贺对我为什么怀有好感呢？我不甚明白。可能是他以为我经常追求文学的新倾向，新形式，或者认为我是个索求者。<u>他爱好新奇，关心新人，为此甚至有"魔术师"的光荣称号</u>。若是如此，这点同古贺的画家生活是相通的。②

译文 2：我不明白，古贺缘何对我持有一些好感。我倒一直在探寻文学的新倾向或新形式。或许<u>在他眼中</u>，我是一个趋时求新、关心新人的求索者，竟至获得了"魔术师"的美誉。如此想来，我与古贺的画家生涯或许息息相通。③

此例摘自川端康成的「末期の目」。原文第 2 句以「見られている」结句，是一个被动句。那么，施动者是"他"还是"大家"呢？译者理解为"他"，虽然可以商榷，却难以说绝对不可以。但是，原文划有底线的两句话，明显属于误译。关键是原文里被省略的几个隐形主语。首先是「思われてい

---

① 任川海. 日语趣文短篇精华 [M]. 上海：华东师范大学出版社，2009：220.
② 张秀华. 高级日语笔译 [M]. 天津：南开大学出版社，2009：16.
③ 川端康成. 临终之眼 [M] //高慧勤. 川端康成十卷集：10. 魏大海，译. 石家庄：河北教育出版社，2000：64-65.

る」。其实，前面的「見られている」的施动者被译为"他"，这里的「思われている」没有继承前译，而被略去，显示出理解上的盲区。其次，「呼ばれている」的主语也似乎没有翻译。最重要的是，「愛好する」「関心する」和「持つ」3个动词的施动者全部译为"他"，正好和原文相反。结果，"同古贺的画家生活是相通的"的人，是"他"——古贺本人。译文2的理解显然又有不同。译者把原文第2句译为主动句，在意义转达上，遮蔽「思われている」的被动形式，就等于抽掉了"我"与"他人"之间的关系，有较大的缺失。第3句里「思われている」的施动者被译为"他"，虽然比译文1贴近原文，但是否最佳，仍然值得讨论。假如「思われている」的施动者是"他"，那么，按理其后的「呼ばれている」的施动者也应该是"他"。但是，在译文里，译者并没有明确表示这是"他"的命名，还是百姓的美誉。笔者以为还是把两个「思われている」的施动者理解为"老百姓"更加合理一些。前文已经明说：古贺为什么对自己有好感，他不明白。如果两个「思われている」的施动者都是"他"，川端康成当然不会不明白。其实，紧接着这段话，川端康成写到「古賀氏は絶えず前衛的な制作を志し、進歩的な役割をつとめようとする思いに馳られ、その作風の変幻常ならずと見えたため、<u>私同様彼を『奇術師』扱いにしかねない人もあろう</u>」①。很显然，称呼"我"为"魔术师"的，并不是「古賀」，而是另有他「人」。下面是笔者的改译。不过，为了显示双语主语省略的特点，有意采用了直译的方法：

　　改译：古贺对我多少抱有一些好感，其中的缘由，我不甚了解。我常被视为文学新潮、新形式的追寻者，被认为是爱好新奇，关心新人。为此，甚至荣幸地被称作"魔术师"。如此说来，在这一点上，也和古贺的画家生涯相通吧。

　　(17) 岡倉天心先生が「茶の本」をボストンで書かれ、アメリカで大変好評を得たのが明治の後半でございました。英語で書かれた本でしたから、<u>すぐに日本語で出版されるものと思っておりましたところ</u>、先にドイツ語に訳され、英語版とともにヨーロッパで大好評を得て、その後やっと昭和4年、私が生まれた頃に日本語に訳され、出版されたという経緯がございました。

---

① 伊藤整，龜井勝一郎，中村光夫，等．豪華版日本現代文学全集 (29)：川端康成集 [M]．東京：講談社，1969：399.

译文1：比如说，明治时代后半期，冈仓天心先生的著书《茶之书》于波士顿出版后，在美国得到好评。此书是用英文写成的，我本以为它马上能被翻译成日文出版，但是，此书先是被翻译成德文，与英语版一样在欧洲大陆得到了好评。之后，直至1929年，也就是我出生的时候才被翻译成日文出版。

译文2：明治后半期，冈仓天心先生在波士顿出版《茶之书》，在美国大获好评。书是用英文撰写的，按说应该立刻译成日文出版，不想却是德文本抢了先机，和英文版一起享誉欧洲。在日本，直至昭和4（1929）年，也就是我出生那年才被译成日文出版。①

此例中「思っておりました」，虽然用的是主动态，却绝不能认为其主语是「私」。因为《茶之书》出版并获得好评是明治时代的事情，而「私」昭和4年才出生，怎么可能出生之前就开始思考问题呢？显然，译文1的加译是多此一举。下面的例文也是选自夏目漱石《夢十夜》的"第三夜"。原文主语省略的特点非常明显，可惜，如底线所示，译文1发生大面积理解错误，正好把"我"与"他"弄反。

（18）「もう少し行くと解る。——ちょうどこんな晩だったな」と背中で独言のように云っている。

「何が」と際どい声を出して聞いた。

「何がって、知ってるじゃないか」と子供は嘲けるように答えた。すると何だか知ってるような気がし出した。けれども判然とは分らない。ただこんな晩であったように思える。そうしてもう少し行けば分るように思える。分っては大変だから、分らないうちに早く捨ててしまって、安心しなくってはならないように思える。自分はますます足を早めた。

译文1："再走一会儿就能明白。恰好是这样的晚上。"我脊梁上的家伙自言自语地这么说。

"什么？"我用听来紧张的声音问他。

"是什么，不是早就知道么？"孩子以嘲笑的口气这样回答。于是<u>他</u>摆出了究竟是什么业已了然于胸的气势，但是还不能说一清二楚。可以想象，<u>他</u>只是知道这样的晚上发生的事，这样，再稍微往前走一会儿<u>他</u>

---

① 高宁. 日汉翻译教程 [M]. 上海：上海外语教育出版社，2008：250.

就能明白现在发生的事了。因为他一旦明白就不得了，所以还是必须在他没有明白过来时赶快扔掉求得放心才好。这么一想，我脚下就越来越快了。①

译文2："再往下走就会知道了。刚好也是这样的夜晚。"他在背后自言自语般说话。

"你说什么？"我故意大声问。

"还问什么，自己明明也知道。"小孩嘲笑般回答我。于是我也觉得好像知道些什么，可是又知道得不很清楚。只知道就是这样的晚上，而且再往下走就会更明白了。心想一旦知道就完了，还是趁搞不清楚的时候抛弃他，于是我又加快了脚步。②

（19）その場合父が不愉快な顔をすれば、それだけ自分も不愉快な顔をする方だった。そうしまいとしても、自分の頑な気持ちが承知しなかった。そしてその場が過ぎてもその不愉快は残って今度は自身を苦しめるのが例であった。

译文1：在这样的场合，如果父亲显出不愉快的神情，只要因为这个，我也会露出不愉快的神情来的。即使这样结束了，我还是不了解自己顽固的心情。并且经常是那种场合过去了，这次使自己痛苦的不愉快仍然残留着。

译文2：这种场合，只要父亲摆出一副冷脸，我自然也没有好脸色。即便我不想这么做，自己的倔脾气也不答应。而且事情过去之后，也常常是心中的不快难以消退，并使自己十分痛苦。③

这一例主要问题出在第二句话上。前半句「そうしまいとしても」承前省略主语「自分」，后半句又省略了「承知しなかった」的宾语——「そうしまいとするのを」。其中的「そう」指代前文「不愉快な顔をする」，「…まい」则是表示否定意志的助动词。

下面一例摘自《日语知识》杂志。正如作者所指出的，"这也是一个主语被省略的句子。其主语是某个「表現能力が十分でなく、またそのことに気

---

① 夏目漱石. 十夜之梦：夏目漱石随笔集［M］. 李正伦，李华，译. 上海：华东师范大学出版社, 2008：9.
② 高宁. 翻译教学研究新探［M］. 天津：南开大学出版社, 2014：105-106.
③ 高宁. 翻译教学研究新探［M］. 天津：南开大学出版社, 2014：431-432.

づかないでいる」的'人'或泛指的'你'。"①

(20) 自分の表現能力が十分でなく、またそのことに気づかないでいると、他人は自分を理解してくれないと誤解したり、世間は冷たいと思い込んだりすることにもなる。

译文1：自己的表达能力不好，或者自己没注意到这一点，别人就会误解，认为自己没有理解他，有时还会认为世态炎凉。

译文2：如果你自己表达能力不强，且又没发现这一点，你就会误以为别人不理解自己，甚至会觉得世态炎凉。②

最后，再看一下几位名家的误译。选名家误译，并非吹毛求疵，而是想说名家也有千虑一失的时候，普通译者、初学者当然更需要重视主语省略问题，不可掉以轻心。

(21) もうそんな寒さかと島村は外を眺めると、鉄道の官舎らしいバラックが山裾に寒々と散らばっているだけで、雪の色はそこまで行かぬうちに闇に呑まれていた。

译文：岛村眺望窗外，心想：竟这么冷了么？只见疏疏落落的几间木板房，像是铁路员工的宿舍，瑟缩在山脚下。<u>不等火车开到那里，雪光就被黑暗吞没了</u>。③

这一例选自《雪国》，其实，原文没有省略主语，高慧勤误把「行かぬ」的主语理解成「汽車」，并在译文中补上了。实际上，「行かぬ」的主语就是「雪の色」。意即天黑得快，稍远一点的雪就已经看不见了。

(22) 恋愛の徴候の一つは彼女は過去に何人の男を愛したか、或はどう言う男を愛したかを考え、その架空の何人かに漠然とした嫉妬を感ずることである。

译文：恋爱的征兆之一，是她开始考虑以前爱过几个男人或爱过什么样的男人并对这凭空想象的几个人产生淡淡的妒意。④

其实，在原文中，「考え（る）」和「感ずる」的主语不是「彼女」，而是被省略掉的作者——「私」。「彼女」只是两个「愛したか」的主语，即

---

① 闫茁，金灵.《现代日本语》课文的误译问题：续2 [J]. 日语知识，2009 (1)：44-45.
② 闫茁，金灵.《现代日本语》课文的误译问题：续2 [J]. 日语知识，2009 (1)：44-45. (19) (20) 两例版式有改动。
③ 徐一平，等. 中日对译语料库 [DB]. 北京：北京日本学研究中心，2003.
④ 芥川龙之介. 罗生门 [M]. 林少华，译. 上海：上海译文出版社，2010：211.

「考え（る）」的宾语从句里的小主语。

(23)「いけない。いけないの。お友達でいようって、あなたがおっしゃったじゃないの。」と、幾度繰り返したかしれなかった。

島村はその真剣な響きに打たれ、額に皺立て顔をしかめて懸命に自分を抑えている意志の強さには、味気なく白けるほどで、女との約束を守ろうかとも思った。

译文1："不行，不行呀！你不是说只交个朋友吗？"
这句话她不知道重复了多少遍。
岛村被她那真挚的声音打动了。<u>他</u>锁紧双眉，哭丧着脸，强压住自己那股子强烈的冲动，已经感到索然无味了。他甚至在想是否还要遵守向她许过的诺言。

译文2："不行，不行。你不是说过，我们要做个朋友么？"这句话翻来覆去也不知说了几遍。
岛村被她真挚的声音打动了，看<u>她</u>蹙额皱眉，拼命压抑自己的那股倔劲儿，不由得意兴索然，竟至心想，要不要遵守向她许的诺言。①

译文3："不行，不行的。你不是要做朋友的吗？"如此不知说了多少遍。
岛村被女子认真的语声打动，同时为<u>她</u>蹙起眉头拼命克制自己的顽强意志弄得兴味索然，以致心想自己恐怕也应信守自己对女子的承诺。②

译文1出自叶渭渠先生之手，译文2为高慧勤先生所译，译文3为林少华先生的手笔。仔细对读，不难发现三者最大的不同在于对「額に皺立て顔をしかめて懸命に自分を抑えている意志の強さには」中隐现主语的理解。在译文1里，"他""锁紧双眉，哭丧着脸，强压住自己……"；在译文2里，"蹙额皱眉，拼命压抑自己的"是"她"。译文3的理解与译文2相同。根据原文语境和句法结构分析，译文2、译文3的理解是正确的，即「意志の強さ」前面定语从句内被省略的小主语是「彼女」，而非「彼」。与全句大主语「島村は」相关的动词分别是「打たれ」「白ける」「守ろう」和「思った」。

(24) あんなことがあったのに、手紙も出さず、会いにも来ず、踊の型の本など送るという約束も果さず、女からすれば<u>笑って忘れられ</u>

---

① 徐一平，等．中日对译语料库 [DB]．北京：北京日本学研究中心，2003.
② 川端康成．雪国 [M]．林少华，译．青岛：青岛出版社，2011：22.

209

た</u>としか思えないだろうから、先ず島村の方から詫びかいいわけを言わねばならない順序だったが、<u>顔を見ないで歩いているうちにも、彼女は彼を責めるどころか、体いっぱいになつかしさを感じていることが知れるので、彼は尚更、どんなことを言ったにしても、その言葉は自分の方が不真面目だという響きしか持たぬだろうと思って、なにか彼女に気押される甘い喜びにつつまれていたが……

译文1：虽然发生过那种事情，但他没有来信，也没有约会，更没有信守承诺送来舞蹈造型的书。在女子看来，准以为是他一笑了之，把自己忘了。按理说，岛村是应该首先向她赔礼道歉或解释一番的，但岛村连瞧也没瞧她，一直往前走。他觉察到她不仅没有责备自己的意思，反而在一心倾慕自己，这就使他越发觉得此时自己无论说什么，都只会被认为是不真挚的。他被她慑服了，沉浸在美妙的喜悦之中。

译文2：既然有过那种事，竟然信也不写，人也不来，连本舞蹈书都没有如约寄来。在她看来，人家是一笑了之，早把自己给忘了。按说，理应先由岛村赔不是或是辩白一番才是，可是尽管谁也没看着谁，这么一起走着，岛村仍然感觉出，她非但没有责怪自己的意思，反而整个身心都对他感到依恋。岛村觉得不论自己说什么，只会更显得自己虚情假意。在她面前，岛村尽管有些情怯，仍然沉浸在一种甜蜜的喜悦之中。①

译文3：尽管发生了那样的事，但一没写信，二没来见，说好寄来的舞蹈样本也言而无信——从女方看来，只能是自己一笑了之一忘了之。就顺序来说，本应由岛村首先道歉或说明缘由。但闷头行走时间里，女子非但不责怪他，反而浑身漾出亲切感。得知这一点，岛村越发觉得无论说什么，自己的话语都只能发出空洞的回声，而任凭自己沉浸在被她的气势压倒的甘美的欣喜之中。②

3个译文的译家同前，不再重复。原文内两处划有底线处与主语省略相关。先看「笑って忘れられた」处。前两个译文都把"笑""忘"之人理解为"他"，即岛村。译文3则是"女方……一笑了之一忘了之"。从语法上看，即便可以把译文3解释"女方"为「笑って」的主语，也不可以把"女方"看作「忘れられた」的主语。前两个译文，实际上是把「笑って忘れられた」

---

① 徐一平，等. 中日对译语料库 [DB]. 北京：北京日本学研究中心，2003.
② 川端康成. 雪国 [M]. 林少华，译. 青岛：青岛出版社，2011：9-10.

整个看作被动态，「笑って」修饰「忘れられた」。在意思上是「（彼女は）笑われて、（彼女は）忘れられた」。但是，日语通常不会这样连用两个被动态，即「（彼女は）笑われて忘れられた」的说法不成立。这种场合，只在后一个动词加上被动助动词。由此看来，译文 3 补出的主语"（女方）自己"属于误读。其实，高慧勤先生早年的《雪国》译本，这里也是错的——"<u>既然有过那么一段交情</u>，竟然信也不写，人也不来，连本舞蹈书都没有如约寄来。在她看来，<u>恐怕只能置之一笑，心里明白，自己是被人遗忘了。</u>……"①划有底线之处不同于《中日对译语料库》里收录的译文。高先生曾把"置之一笑"处理为"她"的主动行为，「忘れられた」则按照被动态翻译。这样处理，也不符合日语语法规则。

另一处，「顔を見ないで歩いているうちにも」根据上下文，前面的「手紙も出さず、会いにも来ず、踊の型の本など送るという約束も果さず」的主语当然是「島村」，只不过被省略了。「先ず島村の方から詫びかいいわけを言わねばならない順序だったが」的主语也是「島村」。两者之间的「女からすれば笑って忘れられたとしか思えないだろうから」是表示原因的从句。在第二处底线「顔を見ないで歩いているうちにも」之后的「彼女は彼を責めるどころか、体いっぱいになつかしさを<u>感じて</u>いることが<u>知れる</u>ので、彼は尚更、どんなことを言ったにしても、その言葉は自分の方が不真面目だという響きしか持たぬだろうと<u>思って</u>、なにか彼女に気押される甘い喜びに<u>つつまれていた</u>が……」中，几个划线处动词的逻辑主语依旧是「彼」。由此看来，译文 1 正确，译文 2 理解有偏差，译文 3 没有明确翻译出来，但是，在"但闷头行走时间里，女子非但不责怪他，反而浑身漾出亲切感"这句话里面，似有被理解成女子闷头行走之嫌。

总之，主语省略是汉日双语皆有的特点。翻译时，主语省略与否，除客观上的语言制约之外，还取决于译者的主观判断和语感。"其实，日语省略主语的句子一定出现在特定的语境中，因此，如果要在译文中加上主语，那么首先需要廓清这个语境，然后才是'该不该加主语''该加什么主语'的问题。换言之，原文的主语并不是'加'了就有，不'加'就没有，它只是以一种潜在的方式存在着。问题的关键并不是翻译时不能加主语，而是不该想

---

① 川端康成.雪国・千鹤・古都［M］.高慧勤，译.漓江：漓江出版社，1985：10.

当然地加主语。"① 因此，"关于日译汉时是否需要加译主语，有一个简单的原则，即能不加就不加。当然，前提是充分保证汉译文不被误解，且通顺流畅。其实，主语省略越多，汉语越地道，也越接近汉语的传统。"② 做不到，当然可以使原文隐现的主语"现身"，但是，一定要避免张冠李戴，闹出笑话。

---

① 高宁．翻译教学研究新探［M］．天津：南开大学出版社，2014：38.
② 高宁．翻译教学研究新探［M］．天津：南开大学出版社，2014：111.

03

| 篇章研究篇 |

外语功力与翻译研究

——从文学翻译批评谈起

近日读到止庵先生在《文汇读书周报》（2010年12月17日）发表的一篇短文《关于翻译的外行话》，再一次触发了笔者对文学翻译批评的思考。提笔撰文，并非为唱反调，而是要借此把自己平日对这个问题的思考做一个梳理和小结，因为该短文涉及的话题对翻译教学、翻译研究，尤其是翻译批评具有一定的普遍性。

一

当然，题中的"外行"之语当属作者谦辞。其实，任何一位学者，即便他的主攻方向与翻译无关，也不等于就丧失了关于翻译的话语权。他仍然可以就翻译问题发表见解，而这种跨专业或跨学科的批评很有可能点中译界自身的盲点，从而对翻译研究有所贡献。不过，这种翻译研究并非没有限制，它也有不应涉及的"禁区"，即研究者不能对他尚不通晓的语种进行译文评价。如果不懂某一语言，而又要进入微观文本层面对具体译文进行价值判断的话，就难免有"外行"之嫌，并有失学术严谨。据笔者推测，短文作者不懂日语，即便略知一二，也不过是粗通而已。由此来看这篇短文，就不能不说存在一些遗憾。因为作者的有些看法已经越界，甚至连日语教授都不敢轻易断言之语也已跃然纸上。

回到短文上，笔者对所举林少华、赖明珠分别翻译的日本作家村上春树的小说《挪威的森林》的例子及由此衍生的结论有些疑问。作者说："对比《挪威的森林》赖、林二氏的不同译法，前者能使读者身临其境，而后者总给人以'隔'的感觉。所以也可称之为'隔译'——距离原著所描绘的特定意思或特定情景显然较之'直译'要远，或许远到不着边际的程度。"这里不懂

日语的作者显然隔着原文，简单地采信他人之言，在进行文学翻译批评。然而这样的批评说服力不够，在学理上也存在着方法论问题。

　　不过，这样的翻译批评方式在中国文坛并非个案，甚至可以说已经悄然蔓延开来，成为一种新的"误区"，需要充分引起警戒。这在鲁迅翻译研究中表现得尤为明显。不少论著，如《盗火者的足迹与心迹——论鲁迅与翻译》（刘少勤）、《翻译家鲁迅》（王友贵）、《鲁迅传统汉语翻译文体论》（李寄）等，都不约而同地存在着不根据译出语实际情况而简单下结论的现象。因此不少论断，根基不深，难以坐实，含有明显的主观推理痕迹。《鲁迅翻译研究》（顾钧）虽然意识到译文对比对主旨论述的重要性，却又陷入另一种误区，即所对比的不是译出语和鲁译，而是鲁译与其他汉语译文。作为译出语的日文本依然没有纳入研究者的视野之内。在《鲁迅翻译文学研究》（吴钧）中，作者倒是在拿鲁译与译出语进行对比，却又出现了搞错日译本版本的情况。《鲁迅作品语言历时研究》（黄琼英）虽然也拿译出语与鲁译进行对比分析研究，但是，作者所拿出的译出语是俄文，而非鲁迅使用的德译本。因此，在本质上仍然缺少鲁译的译出语事实依据。综上所述，这样研究得出的不少结论，缺乏论与证的逻辑推演基础，有空中楼台之嫌，笔者不得不打上一个问号。

　　从翻译研究方法论的角度看，短文的另一个可商榷之处，就是作者对藤井省三之说的采信方式。藤井省三先生是日本东京大学文学部教授，著名中国文学研究和日中比较文学研究专家，著述译数十种。但是值得注意的是，他对村上春树汉译本的评述在我国日语学界内部是有争议的。换言之，既有赞成者，也不乏反对者。而这个事实本身就值得玩味。考察其中的缘由无疑具有重要意义。在笔者看来，有四个问题需要探究。第一，外国汉学家与汉语的关系问题。当然，笔者不怀疑他们的汉语水平足以达到从事中国问题研究的程度，对汉语本身也具有较高的鉴赏力。不过，对汉语诸多微妙之处的把握究竟达到何种程度，恐怕还是留有考察余地的。第二，比起第一点，更为重要的问题是，我们应该如何采信外国汉学家对中国语言文字本身的品评或批评。国内日语界一部分学者对藤井先生有关汉译文本身的评价有一些不同看法，原因之一正是源于他们自身语言习得与教学研究过程中刻骨铭心的体验。通常说来，一个外语习得者的外语水平是很难超越操母语者的。国外汉学家的汉语水平真正可以和中国文人比肩的，可以说凤毛麟角。他们的汉语著述需要中国人修改、润色是再正常不过的事情。反之亦然，中国的日语

教授们又有几人敢说自己的日语水平已经不在日本文人、教授之下。特别是对主要生活在本国进行对方语言文学研究的学者来说，更是如此。因此，我们需要避免将一个人的外语能力简单地等同于他的研究能力。当然，如果外国汉学家在"信"的层面研究中国人外译汉作品，则无疑具有近乎绝对的权威。第三，由于中国地域辽阔，对中国人而言，即便是成就斐然的语言学家，要准确把握不同地域间的汉语差异，并进行客观评价也非易事。对外国汉学家来说，则会更加困难。要他们准确判断不同区域汉语的特征，并与母语进行文体、风格等修辞层面的对比，恐怕是一件难事。由于两岸的特殊关系，两地汉语明显存在一些差异。因此，从译学角度看，怎样对比两地译本，进行翻译批评就不是一个简单的问题，除了译者对译者这种个人层面上的对比之外，显然还牵涉更加复杂的地域文化和社会历史等因素。第四，作为方法论，能否仅仅根据他人举出的有限例证，就断定整部译著"距离原著所描绘的特定意思或特定情景显然较之'直译'要远，或许远到不着边际的程度"，也值得进一步研究。没有一个全面的计量研究做支撑，恐怕会有以偏概全之虞。

当然，笔者不是说不懂日语就不能谈翻译，问题是谈什么，怎么谈。批评林译当然也不是问题，只要说的有道理，又为什么不可以呢？

二

从认识论的角度看，短文也存在可商榷之处。文中提及"当初周作人对丰子恺译《源氏物语》的看法：'丰子恺文只是很漂亮，滥用成语，不顾原文空气相合与否，此上海派手法也'"，并由此论及林少华。"有意思的是，林少华恰恰认为'必读的一部日文译著为丰子恺《源氏物语》'，推崇'译文鬼斧神工，曲尽其妙，倭文汉译，无出其右'。"从整个行文看，此处虽未明批丰译，但显然把它和林译归为一路，列为批评的对象。至于原因，则是"特别爱用成语"，如林译都是"'刻意求工''悠扬婉转''神采飞扬''一掷千钧''愁肠百结'，都是这类句子"。作者接着说"这与我们用中文写作的情况是一样的：如此使用成语，实际上是把一种直接的、具体的、独特的体验，变成了'惯例'；有个成语，倒是正好拿来形容，就是'浮词套语'，哪怕这种浮泛的言词、老一套的话被视为'雅'"。

现在的问题是，这个评价不仅脱离具体的译出语，在方法论上有无的放矢之嫌。而更为重要的是，作者似乎想说，出现成语叠用的文字都是"浮词套语"，不是好的汉语。这就牵涉两个学术问题，一是译学的语境原则；二是

217

中国语言文字的审美传统。笔者也认为滥用成语不是好现象，有损作家或译家对语言"陌生化"的追求。但问题是，就该短文所举的这个例子而言，作者的批评并不合适。先回到原文的语境里，看看这个林译研究中被多次引用的例子。下面即是短文所引林译及笔者找来的译出语原文：

原文：

　　レイコさんは（ギター・ケースから自分のギターをとりだし、もう薄暗くなった縁側に座って、楽器の具合をたしかめるように）ゆっくりとバッハのフーガを弾いた。細かいところをわざとゆっくりと弾いたり、速く弾いたり、ぶっきら棒に弾いたり、センチメンタルに弾いたりして、（そんないろんな音にいかにも愛しそうに耳を澄ませていた）。

林译：

　　玲子（从吉他盒里取出自己的吉他，坐在光线幽暗的檐廊里，仿佛确认乐器音质似地）缓缓弹起巴赫的赋格曲。细微之处她刻意求工，或悠扬婉转，或神采飞扬，或一掷千钧，或愁肠百结。（她不胜依依地侧耳倾听各种音质效果）。

也许是限于报刊篇幅，短文的引文并不完整，括号内的文字是笔者补充进去的。原文、译文两相对比，在语序上，两者相去不远，整段译文基本上沿原文顺流而下，并不"给人以'隔'的感觉"。所谓"浮词套语"的成语在这里不仅可以让读者联想到具体的弹奏方式，更可以让读者体察到玲子感情的起伏变化。读一下紧挨其后的文字，可以说这个判断是能够成立的。

原文：

　　ギターを弾いているときのレイコさんは、まるで気に入ったドレスを眺めている十七か十八の女の子みたいに見えた。目がきらきらとして、口もとがきゅっとひきしまったり、微かなほほえみの影をふと浮かべたりした。曲を弾き終えると、彼女は柱にもたれて空を眺め、何か考えごとをしていた。

林译：

　　弹奏巴赫时的玲子，看上去仿佛正在欣赏一件爱不释手的时装中的妙龄少女，两眼闪闪生辉，双唇紧紧合拢，时而漾出一丝微微的笑意。一曲弹罢，她凭柱望天，面露沉思之色。

如果再扩大视角，结合整部作品的语境来看，笔者也认为林译是可以成立的。不是说林译没有更上一层楼的余地，读者、研究者也可以不喜欢，也可以进行批评，但从这个具体译文对比看，无论如何不至于得出"距离原著所描绘的特定意思或特定情景显然较之'直译'要远，或许远到不着边际的程度"的结论。

　　从中国语言文字的特点看，是流水句多，呈竹式结构，拔节而上，变化多端，并始终处于开放状态，呈现话题—说明型语言的特点，节与节之间虽可形合，却以意合为主。① 从逗号句长的角度看，"一般说来，汉语语段较短，原因是汉语句子较短，最佳长度短句是4字或9字，长句是11字到20字左右。"②《红楼梦》前40回中，平均句长为6.692；中间40回为6.865；后40回为7.073。③ 柯平译《费莉西娅的旅行》片段平均句长为11.25个字。④ 其中原因，笔者已撰文探讨，这里想强调的是，汉语的这些特点与中国人传统语言文字审美观有着内在的联系。在被奉为汉语经典的《古文观止》中，不仅短句居多，成语叠用、四字格连用也不在少数。如"至若春和景明，波澜不惊，上下天光，一碧万顷；沙鸥翔集，锦鳞游泳；岸芷汀兰，郁郁青青。而或长烟一空，皓月千里，浮光跃金，静影沉璧，渔歌互答，此乐何极！登斯楼也，则有心旷神怡，宠辱偕忘，把酒临风，其喜洋洋者矣"（范仲淹《岳阳楼记》）。显然，这种视短句为佳的审美传统与成语、四字格的多用有着内在的必然联系。写实与写意，对汉语来说，本来就是相辅相成的。

　　综上所述，笔者认为不是成语不可以叠用，而是要看怎么叠用，叠用得是否恰到好处。这才是问题的关键。就短文所引译文而言，远远没有达到作者所指责的程度。把它看作负面的译例进行批评，无论是中国学者，还是日本学者，站在译学角度看，皆没有找准对象。或者说，找错了对象。

三

　　最后，再讨论两个与本体论相关的问题。一是关于"直译"。在法国翻译理论家贝尔曼（Bellman）那里，本雅明（Benjamin）所谓的"直译"并非

---

① 潘文国. 汉英语对比纲要 [M]. 北京：北京语言文化大学出版社，1997：197-215.
② 刘宓庆. 新编汉英对比与翻译 [M]. 北京：中国对外翻译出版公司，2006：236.
③ 陈大康. 从数理语言学看后四十回的作者：与陈炳藻先生商榷 [J]. 红楼梦学刊，1987（1）：316.
④ 黄忠廉，等. 译文观止·例话篇 [M]. 北京：语文出版社，2009：10-11.

翻译方法，而是一种翻译立场。① 笔者赞同这个观点。仔细想来，即便从翻译理论研究回到翻译实践层面，作为翻译方法的"直译"背后仍然潜藏着立场问题。揭开立场的面纱，无疑要面对何为翻译这一本体论的追问。但是，这个问题太大，限于篇幅，这里只能作为本文的深层背景，不加详论。

其实所谓"直译"，至少有两个维度。一是译出语与译入语在语序上的一致或非常近似；二是词语意义的形而下移译。在文坛，"直译"经常作为有问题的翻译方法的代名词，遭到不少人的诟病。因此，有人为避嫌而将这一带有本体论意义的翻译方法更名为"顺译"。笔者就是其中之一。然而真正的"直译"不仅带有上述两个方面的特点，而且译文本身也是文通字顺，简洁明了，甚至很有文采。特别是常人无法直译之处，优秀的译家却依旧可以"按图索骥"直译出来，让人感叹不已、吟味再三。这样的直译或许可以叫做"高级直译"，不仅简明易懂，也可以避免不必要的误解。

回到短文所引译文及其前后文上，笔者认为在总体上——无论语序，还是词语意义的翻译，大体上不出直译的范畴，只有"悠扬婉转""神采飞扬"两处走得略远一点，但也并非凭空发挥。反过来说，作者所认同的赖译——"玲子姐……慢慢地弹起巴哈的赋格曲。细微的地方刻意或慢慢地弹，或快速地弹，或尽情挥洒地弹，或敏感用情地弹……"，虽也是直译，却未必如作者所言是完美的直译。"或尽情挥洒地弹""或敏感用情地弹"与林译"或一掷千钧""或愁肠百结"都源自译出语的「ぶっきら棒に弾いたり」和「センチメンタルに弾いたり」，在译法上并无实质性的区别，只是林译两语之末根据上下文省去了"弹"字而已。而赖译中的"刻意"二字，在笔者看来，破坏了汉译文的节奏，念起来有点拗口。如果苛刻一点，赖译中的"敏感用情"的讲法在笔者看来也有欠通顺。此外，上下相连的句子中出现两个"慢慢地"，也属修辞不周吧。② 至于所引叶译——"玲子……慢慢弹起巴哈的赋格

---

① 袁筱一. 从翻译的时代到直译的时代：基于贝尔曼视域之上的本雅明 [J]. 外语教学理论与实践，2011（1）：90.
② 据笔者手头台湾《时报文化》2003年出版的赖明珠译的《挪威的森林》（二版），本文所引村上春树二百余字的汉译为："玲子姊把自己的吉他从吉他盒里拿出来，坐在天色已经有些暗下来的檐廊，确定乐器的情况后便慢慢地弹起巴哈的赋格曲。细腻的部分刻意慢慢地弹，或快速地弹，或尽情挥洒地弹，或敏感用情地弹，这各种声音令人依恋地清澈传进耳里。弹着吉他时的玲子姊，看来就像在望着自己中意的衣裳时的十七八岁女孩子一样。眼睛闪闪发亮，嘴唇闭得紧紧，偶尔露出微微的笑影。弹完曲子时，她靠在柱子上眺望天空，在想着什么。"与短文的引文相比照，显然译者有改动。

曲来。细腻的部分故意慢慢弹，或快快弹，或粗野地弹，或感伤地弹……"，已经不像文学语言。

再来看作者所谓的"雅译"。在短文中，作者直接把它等同于"隔译"。而所谓的"雅"，笔者以为是指涉译作的文体和风格。作者说"此以为'雅'，彼却可能以为'俗'，甚至'俗不可耐'"。其实所谓译文的"雅"与"俗"，是相对于原文而言的。没有原文这个参照物，也就无所谓译文的雅与俗问题。作者讲这番话，显然是下意识断定日语原文是不雅的。那么原文到底是怎么样的呢？这一点笔者不敢轻易下结论。对不懂日语者而言，更要谨慎。在日本，关于村上作品的文体问题，学者之间是存在争论的。

当然，这样讨论容易流于具象层面的争论。因此需要换一个角度，从本体论的角度再做探讨。笔者以为，一旦把其他文字译成汉语，从本质上说，已经"改变"了译出语的文体和风格。因为两种不同的语言之间既不存在完全对应的文体，更难寻求如出一辙的风格。譬如说诗歌翻译，大概也只能做到在大的文体范围内进行翻译而已，即把日文诗歌翻译成汉语诗歌。至于每一种诗歌的文体就很难让汉语去一一对应，如俳句、短歌等。风格就更加难以在异种语言中再现。我们可以抽象地说简朴的日语需要翻译成简朴的汉语，但是事实上，译文的简朴又绝不会简单地等于译出语的简朴，风格问题更是如此。如果一部小说有5个人翻译；每个译者都尽心尽力要译出原著的风格，那么，结果会怎么样呢？根据常识就可以知道，5部译著的风格不可能完全相同，甚至有重大差异。那么，谁的风格是原著的再现呢？这无疑是一个见仁见智的问题。因此，我国著名的日本文学翻译家高慧勤在谈及川端康成的翻译时就说，"怎样体现原作的风格，体现原作的美，毕竟还得通过中文，由我来选择，由我来赋予。所以，不是川端给了我一个风格，而是我给了川端一个风格，前提是我对川端作品的理解。当然，这话说得不免有些自大，但实际情形确是如此。"[①] 不过，这话只能限于汉语读者群，而与日本读者无关。同时这话不仅是她个人的翻译体验，也说中了译学风格问题的要害。其背后的理据是，就日文的文体和风格而言，一方面它们本身就带有见智见仁的特点；另一方面，作为汉译者，对日语文体、风格的把握较之日本人，无疑难度更大，但是他们又不得不在翻译中去面对它们，并且只能按照自己的"误

---

① 黄珺亮. 他山之石, 可以攻玉: 高慧勤、罗新璋采访录 [J]. 国外外语教学, 2004 (4): 63.

读"去表现它们，而把结果留给他人评说。

　　由此看来，把"雅"的问题归结到"隔译"的层面，无疑把话说严重了。反观短文所引的三个译例，笔者以为它们都不是原文文体或风格的复现。即便是作者推崇的赖译，也不过是村上春树汉译作品诸种风格之一，并且明显地带有台湾地域文化的影响，对大陆不少读者来说，读起来多了那么一点"台味"。当然，并不是说林译在风格上就没有问题。笔者以为他的问题恐怕在于把不同的作家译成非常相近的汉语风格。

　　其实，把作家与翻译家做一个比较，或许可以对翻译风格问题有更深的理解。事实上，人们很少对作家的风格进行负面批评。基本上可以说，无论哪位作家，他是什么风格，作为研究者或读者，通常都是无条件接受的。如果做研究，也是正面研究居多。而对翻译家，则要挑剔得多。其实，就文字工作而言，两者有不少相同之处，最大的差别是，作家是写自己的，译家是翻别人的。而最大的不同是，译著有一个"妈"，可以进行"相貌""身材""性格""气质"等方面的对比。当然，这也正常。不过对待译著的风格，其实有两种做法。一是从译介学的角度把译著风格当作一个既成事实，做一些正面研究。说到底，文学翻译作品是"混血儿"，一旦问世，就既是"外国文学"，又是"中国文学"的一部分。前者为我们展现另一个世界，后者则为中国文学的发展、转型、进步发挥着潜移默化的推动作用。二是与对比语言学结合，进行相对客观的研究。从类符/形符比、词表、个性词、词串、句长和叙述结构等角度对原著、译著及译者的非翻译文字进行计量研究。一方面看原著与译著在这些方面统计结果的异同；另一方面，则要考察译者的翻译与写作在风格上有无明显的差异。最后，把原著作者与译者的写作风格进行对比，以进一步反衬、凸显译者的翻译风格。只有这样，得出的结论才具有一定的说服力。遗憾的是，这样的对比研究在日汉翻译界尚未很好地开展起来，需要引起充分的重视。总而言之，笔者认为讨论"直译"与"雅译"等问题，需要对翻译的本质有所思考，不能偏离本体论层面的观照。

地直译这绝不是对原作负责任的态度"①。

在意译上走得最远的可数「超訳」。所谓"超译","可以说是读者感受不到翻译所带来的抵触,可以像读日本大众小说那样读下去的、大胆意译的作品,就像面向成人的'怪盗绅士'系列"②。"超译"一词1987年始用于称呼美国作家西德尼·谢尔顿(Sidney Sheldon)的畅销译著,之后流行开来。2011年日本甚至出版了《超訳「哲学用語」事典》。③ "这种翻译有时大幅省略原文,打乱原文的顺序,比起翻译来实际是'更为大胆的意译',是一种翻案。……超译比意译走得更远,不惜牺牲译文的正确性,而以读者好懂爱看优先。本质上是又一种改写。"④ 现当代最著名的超译作品,小谷野牧和王晓平举的都是吉川英治的《三国志》,"一九三九年八月至一九四三年九月在日本四家报纸以及中国台湾的《日日新闻》上同时连载。"⑤ 这种"翻案"或曰改写作品,在明治时代已经蔚然成风。二叶亭四迷、森鸥外、芥川龙之介的笔下也能见到此类作品。与此相应的是,在日本,理论著述的日译"即便是现在,也并非不存在'直译'式的,晦涩难懂的译著。这就是学者手下理论著述的翻译。……譬如,天野贞祐译康德(Immanuel Kant)《纯粹理性批判》和岩野泡鸣译的西蒙斯(Simmons)《象征派文学运动》,就是臭名昭著的

---

① 乔莹洁,韩慧. 日本近现代翻译思想研究:文集与导读 [M]. 上海:上海交通大学出版社,2013:98. 在词汇层面,最典型的意译莫过于明治时代的新词创译。"自由、社会、哲学、近代、存在"等一批新词应运而生。西周、福泽谕吉、中村正直等创译者扬名天下。这些新词被称为「翻訳語」。柳父章《翻訳語の論理——言語にみる日本文化の構造》1972年问世;11年后,杉本つとむ出版《日本翻訳語史の研究》,1998年推出增订版。有学者认为柳父章的研究引发日本国内外"翻译语"的研究热潮,对我国学者影响巨大(韩韵秋. 日本译学理论与名家译论研究 [D]. 北京:北京师范大学,2015:106-111.)。2011年,日本哲学家野矢茂树提出新词创译实质上是西学东渐过程中的「習得」,而非传统意义上的翻译(野矢茂樹. 語りえぬものを語る [M]. 東京:講談社,2011:142-144.)。
② 小谷牧野. 直訳から「超訳」へ [C]//川本浩嗣、井上健編. 翻訳の方法. 東京:東京大学出版社,1997:224.
③ 譬如日语「弁証法」(辩证法)就被"超译"为"创造第三条路的方法"(小川仁志,2011)。其实,比超译走得更远的是"伪译"。譬如山本七平1972年出版的《日本教について——あるユダヤ人への手紙》就是假借译著之名推出的个人著述。当然,西方译学史上,为逃避图书审查,孟德斯鸠1721年出版过"译著"——《波斯人信札》。
④ 王晓平. 中日文学经典的传播与翻译:上 [M]. 北京:中华书局,2014:282-283.
⑤ 吉川英治. 三国第一部桃园结义 [M]. 田建国,译. 重庆:重庆出版社,2011:中文版序2.

'晦涩难懂'的译著。……理论著述的'超译'难道是不可能的吗?"①。总之，在日本，直译、意译，加上超译，如影随形，永远相伴而行。实际上，意译派走得比直译派更远，如前所述，传统也更久远。他们笔下的"翻案"作品已经处在翻译与创作的中间地带。从翻译角度说，可谓"亚翻译"；从创作视角看，也是"亚创作"，更适合从比较文学和译介学角度研究，而很难进行传统译学文本层面的分析探讨。

然而，另一方面，仔细梳理文献，笔者发现主张直译的日本翻译家不仅在翻译实践中表现出很大的柔软性，而且在理论陈述上不少人也留有弹性空间。

譬如，"周密文体"的集大成者森田思轩就说过，"所谓译者，不是直译。……直译只需把语言的意思表达出来即可。但是，译者必须进一步与原作精神同化。……必须转达其精神"②。二叶亭四迷也说过"翻译如何做，标准因人而异，难以一概而论。……其中，有一些地方无论如何也无法符合自己的标准，只好放弃，痛感自己没有能力实现自己的翻译标准。当然，这绝非我的本意，之后很长时间，在翻译形式上，都坚持自己的标准"③。内田鲁庵在"二叶亭四迷的一生"之文中回忆说，"二叶亭追忆翻译《幽会》时，曾笑着说：'当时崇拜屠格涅夫，每句话都视若神圣，不仅一字一句，连语序都努力不背离原文，真是饱尝了一语三拜的艰辛。这种愚蠢的辛劳，已经做不到了。要是现在，肯定刷刷地加以调整'"（青空文库，《二葉亭四迷の一生》）。在日本近现代文学史上，二叶亭四迷不仅是著名的翻译家，更是首推言文一致的大作家。他的长篇小说《浮云》被视作日本近现代小说的开山之作。但是，值得玩味的是，在文坛，他的译作《幽会》远比《浮云》评价高，特别是谈及他对开创言文一致的贡献时，更是如此。换言之，他的译笔胜过他的文笔，给文坛带来了更大的影响。也就是说，他自谦为"生涩难读、

---

① 小谷牧野. 直訳から「超訳」へ [C] //川本浩嗣，井上健编. 翻訳の方法. 東京：東京大学出版社，1997：226-227.
② 富田仁. 明治中期の翻訳及び翻案論 [J]. （日）比較文学年誌，1965：149-174. 日本学者的评述为"既然重视原作精神的移植，翻译当然没有必要拘泥于直译论那样严格的直译态度"。
③ 柳父章，水野的，長沼美香子. 日本の翻訳論：アンソロジーと解題 [M]. 東京：法政大学出版局，2010：139-140.

佶屈聱牙、语言生硬、成色极差"① 的译文，实际上已成为当时文坛的典范。的确，二叶亭四迷主张直译，却又具有相当的柔软性，不仅表现在翻译实践中，也体现在翻译思想里，结果造就了这位日本近现代史上的语言大师。

同样，提出"无色翻译"的野上丰一郎在谈及诗歌翻译时也说，"在语系全然不同的日语与西文之间，译诗又如何呢？严格地说，日语不具备西文式的强弱、抑扬，也不具备西文式的诗格、脚韵，意欲复原西洋诗歌的形式当是错误之举。正好像要把日本的和歌译成西洋的诗歌形式一样，在语音学上尚未找到根本之策"②。换言之，至少就诗歌翻译而言，他并不主张直译。

由此看来，日本"直译派"身段放得比较低，已然成为日本译学研究史上的一个特点——理论上有走极端之嫌却又同时留有余地，实践中也不乏实事求是的超越精神。当然，这个特点也并非没有条件、范围限制。

二

这个条件、范围，一言以蔽之，两个字：语种。笔者在前期研究中不断意识到，语种不同，主张直译的翻译家的柔韧度也就不同。所谓语种，这里粗分为西文和中文。从结论上说，在直译观念上最缺乏柔韧度的几乎皆为日本的中文翻译家。这可谓日本译界的另一个重要特点。为便于分析，先把直译/意译两派的著名人物排列如下，括号内标注的是翻译家的专业与语种。

直译提倡者：森田思轩（英美文学）、二叶亭四迷（俄国文学）、升曙梦（俄国文学）、小宫丰隆（德国文学）、野上丰一郎（英美文学）、吉川幸次郎（中国文学）、武部利男（中国文学）、竹内好（中国文学）、福田恒存（英美文学）、藤井省三（中国文学）。

意译提倡者：坪内逍遥（英美文学）、森鸥外（德国文学）、大山定一（德国文学）、河盛好藏（法国文学）、别宫贞德（英美文学）。

回读前文所引文字，不难发现在直译观上表现出一定柔软性的，皆是欧美文学翻译家，如森田思轩、二叶亭四迷、野上丰一郎等人，中文翻译家则

---

① 柳父章，水野的，長沼美香子. 日本の翻訳論：アンソロジーと解題 [M]. 東京：法政大学出版局，2010：140.
② 野上豊一郎. 翻訳論：翻訳の理論と実際 [M]. 東京：岩波書店，1938：96.

无人显示出这种柔软性，笔者尚未发现典型的例外。① 相反，倒是发现了中文翻译家围绕如何把直译做到极致的争论，如竹内好、吉川幸次郎和藤井省三之间的批评与反批评。② 换一个角度看，在意译提倡者中，也没有出现中文翻译家的身影。显然不是巧合。必须追问为什么会出现如此鲜明的价值偏向，问题出在哪里。

从日汉翻译研究的角度看，问题出在已有1400年历史的训读法上。有学者认为"日本汉文训读从佛经汉译的过程中得到启发而形成"，"这种阅读法据说产生于8世纪的奈良寺院，主要是阅读佛经时所用，后来沿用到儒家经典或文学作品"③。所谓训读，按照《大辞林》的解释，即"按照日语语法，改变词语顺序，用直译的方式去读汉文"④。加藤周一说"这种译法之所以可能，不仅因为中文为表意文字，而且也因为中文书面语不同于口语，无论在地域上、时代上都是固定的。此外，与日本从中国输入文字也密切相关"⑤。举一个既普通又典型的例子。"姑苏城外寒山寺，夜半钟声到客船"训读成日文，即成为「姑蘇城外の寒山寺、夜半の鐘声客船に到る」。从词语搬用到语序一致，当为对原文改动很少的典型直译。汉文训读在明治时代，衍变为"周密文体"。"作为翻译策略，成为重视译出语的欧文直译式的翻译方法。此后，'这种态度、这种形式、这种文体一时成为翻译文学界的主流（柳田泉语）'。"⑥ 简言之，"周密文体"的背后就潜藏着汉文训读法。如：

牝鶏ガ　スワ居ル　レ上ニ　彼レノ　タマゴ卵ノ

The　hen　sets　on　her　eggs.⑦

---

① 相对而言，中文翻译家武部利男在翻译理念上具有一定的柔软性，可参阅其《漢詩の翻訳おぼえがき》（李白の夢 [M]. 東京：筑摩書房，1982：323-334）一文。另一方面，他的汉诗翻译虽然突破了训读方式，却未摆脱直译模式。他也自称"我尽可能努力做到严格的逐字翻译……自认为从未偏离上述大正以来的翻译史"（李白の夢 [M]. 東京：筑摩書房，1982：323-334）。

② 高宁. 论训读法与日本人的翻译观 [J]. 东方翻译，2011（6）：22-28.

③ 金文京. 东亚汉文训读起源与佛经汉译之关系：兼谈其相关语言观及世界观 [J]. 日语学习与研究，2012（2）：19-25.

④ 松村明編. 大辞林：第三版 [M].，東京：三省堂，2006：763.

⑤ 雑誌《文学》編集部. 翻訳 [M]. 東京：岩波書店，1982：274.

⑥ 柳父章，水野的，長沼美香子. 日本の翻訳論：アンソロジーと解題 [M]. 東京：法政大学出版局，2010：41.

⑦ 古田島洋介. 漢文訓読と英文解釈 [C] //川本皓嗣，井上健. 翻訳の方法. 東京：東京大学出版会，1997：197. 原书里的日文例句部分是竖排，现改为横排。

森冈健二在《欧文訓読の研究——欧文脈の形成》中对「欧文の直訳語脈」做了更加深入、系统的考证与研究。其实，即便是21世纪的今天，在日本很受欢迎的西方译学理论之一便是韦努蒂（Venuti）的"归化"与"异化"。其背后，不能不说与直译/意译有着割不断的无尽联系。日本法文翻译家说"恰恰是由于这种硬变中文为日文的简单草率的方法才使日本人长期未能重视翻译工作，并养成了翻译上字字对译的习惯"①。

在这个共性的大背景下，中文翻译家由于所学语言的影响，对训读法的痴迷，或曰情有独钟又必定超过西文的翻译家们。在他们身上，训读法已经潜移默化地从一种具象的翻译方法上升为抽象的翻译理念、翻译立场。然而，日本的西文翻译家在实践中不断碰壁以及对所学语言的不断认识，使得他们对汉文训读法以及与其相伴而生的"周密文体"产生隔阂和抵触，当年盛行一时的"荷文训读法""英文训读法"也因此没能长期占据翻译舞台。虽然如今仍有英语学者说"对以SOV型的日语为母语的我们来说，用训读方式接受SVO型的外语是不可避免的事情。事实上，日本人总是通过训读来接受SVO型的外语，如汉文训读、荷文训读，还有英文训读。或许，英文训读就是我们日本人的宿命"②。但是，这不过是针对外文理解而言，已非翻译策略或方法。

相比之下，日本的中文翻译家则缺乏实践中的阵痛与反思，虽然对训读的弊端也有所认识，但是，在整体上，绝大部分中文翻译家皆有意无意地坚守训读法并衍变成直译派。当然，在中文翻译家内部，"日本的中国古诗翻译者，可以说可分为'挺训读派'和'脱训读派'。……吉川幸次郎、白川静、目加田诚等译者，都采用这样的做法（即为挺训读派，笔者注），这也是一般日本中国学研究者惯用的做法。而'脱训读派'，则多出自并非专业的中国文学研究者。他们强调译文是面对当代读者、应该使用他们易于接受的语言来从事翻译，意在冲破传统汉诗翻译的束缚，开辟新的境界。"③由此不难看出，越是正统的汉学家，越坚守训读式直译。

其实，从译学研究角度看，训读法最有价值、最神奇，同时也最不可思议、最不合理之处，便是用训读法来阅读古汉语，或者说，把训读法付之实

---

① 田中千春. 日本翻译史概要 [J]. 赵和平，译. 刘勇，校. 中国翻译，1985（11）：41-44.
② 古田島洋介. 漢文訓読と英文解釈 [C] //川本皓嗣，井上健. 翻訳の方法. 東京：東京大学出版会，1997：215.
③ 王晓平. 中日文学经典的传播与翻译：上 [M]. 北京：中华书局，2014：198.

践的"操盘手",很多时候都是不懂中文的日本人。一方面,这种语际翻译竟然发生在单语话者身上,且大部分场合,意义转达也相去不远,确有不可思议之处,在世界译坛上堪称佳话。这说明汉日双语之间总体特征的相近性,①另一方面,则如唐纳德·金(Donald Keene)所说"汉诗英译时,通常使用现代的、并尽可能易懂的英文,努力追求诗性语言。不过,日本人追求的翻译却完全不同噢。与其用漂亮的现代日语,不如像直读的汉语经文,至少也是汉文训读,才会让他们产生懂的感觉,尊贵的感觉啰。……其实,很多时候完全不懂(笑)。日本人认为,比起理解意义,朗朗上口的发音更加重要"②。明治时代,英国学者,曾任教东京帝国大学的张伯伦(Arthur Neville Chamberlain)教授也指出当时"学汉文者不识汉文,几近为全国汉学者之常态"③。由此亦不难理解汉译佛经传到日本没有再经历一场轰轰烈烈日译洗礼的部分原因。"佛教的教诲,寄于汉文字的'形'中,比起文字的意思内容,外在的发音和文字,即广义上的'形'更为重要。即便意思不明,也会视为宝贵的教诲。甚至可以说,正因为意思不明,才觉得宝贵。"④ 再往深里说,确如荻生徂徕所指出的,日本人以日语"读书,号曰和训,取诸训诂之义,其实译也,而人不知其为译矣"⑤。换言之,日本人上千年来也没有意识到他们所训读的中文是外语,而汉文训读本质上是一种翻译。要言之,在日本语言语境里成长起来的日本人容易走向直译,亦是顺理成章之事,中文翻译家的偏执,更在情理之中。他们不仅容易走向直译,而且容易变成直译的坚定护卫者。这是日本译界一个非常鲜明的特点。

至此,我们可以理解为什么"直译派"的俄文翻译家"二叶亭的译著《幽会》及《邂逅》不仅成为翻译规范,而且对文学语言的文体规范的形成带来了巨大影响"⑥。换言之,没有他的直译,就没有日本文坛的西风新雨;

---

① "汉文训读是汉字文化圈的特殊文化现象,不能离开汉字来谈论,更不能忽略汉字的表义功能和使用汉字诸国文化落差巨大的大背景"(王晓平,2014)。另请参阅《论鲁迅直译观的语学基础》(高宁,2013)。
② 芳賀徹. 翻訳と日本文化 [M]. 東京:山川出版社,2000:159.
③ 加藤周一,丸山真男. 翻訳の思想:日本近代思想大系15 [M]. 東京:岩波書店,1991:351.
④ 柳父章,水野的,長沼美香子. 日本の翻訳論:アンソロジーと解題 [M]. 東京:法政大学出版局,2010:4.
⑤ 王晓平. 中日文学经典的传播与翻译:上 [M]. 北京:中华书局,2014:219.
⑥ 柳父章,水野的,長沼美香子. 日本の翻訳論:アンソロジーと解題 [M]. 東京:法政大学出版局,2010:44.

而没有他的柔软性，就成就不了新一代文学语言的楷模。总之，直译和柔软性，两者缺一不可，否则不可能实现日本近代言文一致的巨大变化。这个历史重任必然会落在日本西文翻译家身上。

此外，近代日本能够在文体上产生如此巨大的变化，还与译坛另一个重要现象密切相关，即日本译坛的众多翻译家本身就是小说家。① 特别是二叶亭四迷和森鸥外，前者创立了言文一致的现代文学语言规范，"译文采用口语，风格活泼、明快，堪作后人的楷模"②；西方学者认为"他通过翻译努力消除白话和书面语、外文与日语之间的界限，从而实现自己作为一个白话文学作家的目标"③。至于成名译作《幽会》，"给当时的年轻人以源源不绝、低吟浅唱的'一种难以名状的快感'。……尽最大可能地接近原文的'诗之形'，同时采用软硬交错、起伏有致的口语体，实为言文一致运动的先驱"④。后者则"把国语与汉文调和起来，让雅言与俚语融为一体"⑤。岛田谨二也说森鸥外的译著《即兴诗人》的一个影响即为"确立文言一体，使人们领略到文章口语体带来的美感"⑥。此外，坪内逍遥大力倡导的小说"翻案"也给明治译坛增添了异色。概而言之，由于日本小说家大量参加或参与翻译活动，促进了现代日语的成熟与定型。安藤美登里说"今天的翻译多是评论家或文艺学者们的工作。然而，那个（明治）时代的翻译则为作家的副业。因此，在翻译态度上，总让人感到既有气势，从容不迫，又有正面意义的愉悦和创作上的用心。而且，最重要的是日语词汇兼容并蓄，扩散开来，大家都在学习既正

---

① 譬如，二叶亭四迷、森鸥外、坪内逍遥、山田美妙、尾崎红叶、德富芦花、德田秋声、国木田独步、芥川龙之介、堀辰雄、中岛敦、永井荷风、谷崎润一郎、佐藤春夫、山本有三、正宗白鸟、中村真一郎、伊藤整、长谷川四郎、三浦朱门、开高健、古井由吉、吉行淳之介、富冈多惠子、池泽夏树、小岛信夫、阿部知二、野坂昭如、丸谷才一、村上春树等等。需要说明的，身兼诗人或散文家、剧作家的翻译家未列入。与此相比，在中国，身兼翻译家的小说家主要有老舍、巴金、鲁迅、林语堂、茅盾、钱钟书、韩少功等。
② 田中千春. 日本翻译史概要 [J]. 赵和平，译. 刘勇，校. 中国翻译，1985（11）：41-44.
③ 冯士轩. 差异与共性：二叶亭四迷和厚木塔卡翻译理论形态比较 [J]. 大连海事大学学报（社会科学版），2014（6）：116-120.
④ 井上健.「第三の文学」としての翻訳文学 [M] //安西徹雄，井上健，小林章夫. 翻訳を学ぶ人のために. 東京：世界思想社，2005：181.
⑤ 大塚幸男. 比较文学原理 [M]. 陈秋峰，杨国华，译. 西安：陕西人民出版社，1985：108.
⑥ 渡边洋. 比较文学研究导论 [M]. 张青，编译. 北京：中国社会科学出版社，2007：64.

确又丰厚且最重要的汉语词汇"①。"事实上,真正为创造新文体而努力的作家,是经常不忘研究外国文学的人。"② 可以说,到了20世纪初,言文一致的现代日语已经基本成熟,二战之后,普及到司法等所有领域。二叶亭四迷、森鸥外、芥川龙之介等大作家的译笔在今天也堪称典范。③

相比之下,在我国,从翻译角度对白话文体的确立做出巨大贡献的小说家却相对较少,没有出现像二叶亭四迷、森鸥外这样致力于翻译的大作家。鲁迅是一个例外。不过,他"倡导直译,成绩不高,时至今日,看得出他的创作影响仍大,但他的翻译未起多大作用。他在译文里尽力西化,但在创作里却颇有分寸"④。虽然在翻译理念上,鲁迅深受二叶亭四迷的影响,⑤ 但是,却没有二叶亭四迷的柔软性。结果,"对读鲁译,不难发现鲁迅也并非绝对地

---

① 河盛好蔵. 翻訳文学: 近代文学鑑賞講座第21卷 [M]. 東京: 角川書店, 1961: 292.
② 大塚幸男. 比较文学原理 [M]. 陈秋峰, 杨国华, 译. 西安: 陕西人民出版社, 1985: 107.
③ "所谓'典范'的著作,就是指具有广泛代表性的著作,如著名作家的、语言脍炙人口的名作名篇,以这些作品中的一般用例为语法规范"(邵敬敏,2007)。如《幽会》的开头:「秋九月中旬といふころ、一日自分がさる樺の林の中に座してゐたことが有ッた。今朝から小雨が降りそゝぎ、その晴れ間にはおりおり生ま煖かな日かげも射して、まことに氣まぐれな空ら合ひ。あわあわしい白ら雲が空ら一面に棚引くかと思ふと、フトまたあちこち瞬く間雲切れがして、無理に押し分けたやうな雲間から澄みて怜悧し氣に見える人の眼の如くに朗かに晴れた蒼空がのぞかれた。自分は座して、四顧して、そして耳を傾けてゐた。木の葉が頭上で幽かに戰いだが、その音を聞たばかりでも季節は知られた。それは春先する、面白さうな、笑ふやうなざゞめきでもなく、夏のゆるやかなそよぎでもなく、永たらしい話し聲でもなく、また末の秋のおどおどした、うそさぶさうなお饒舌りでもなかったが、只漸く聞取れるか聞取れぬ程のしめやかな私語の聲で有った。」(伊藤整,龟井勝一郎,中村光夫,平野謙,山本健吉編集. 日本現代文学全集 (4): 坪内逍遥・二葉亭四迷集 [M]. 東京: 講談社, 1962: 380.) 与《浮云》开头对比,便可知译文的通畅明了。「薔薇の花は頭に咲て活人は繪となる世の中獨り文章而已は黴の生えた陳奮翰の四角張りたるに頬返しを附けかね又は舌足らずの物言を學びて口に涎を流すは拙し是はどうでも言文一途の事だと思立ては矢も楯もなく文明の風改良の熱一度に寄せ來るどさくさ紛れお先眞闇三寶荒神さまと春のや先生を頼み奉り缺硯に朧の月の雫を受けて墨摺流す空のきほひ夕立の雨の一しきりさらゝさっと書流せばアラ無情始末にゆかぬ浮雲めが艶しき月の面影を思い懸なく閉籠て黒白も分かぬ烏夜玉のやみらみっちゃな小説が出来しぞやと我ながら肝を潰して此書の巻端に序するものは」(伊藤整,龟井勝一郎,中村光夫,等. 日本現代文学全集 (4): 坪内逍遥・二葉亭四迷集 [M]. 東京: 講談社, 1962: 217.).
④ 余光中. 翻译乃大道 [M]. 北京: 外语教学与研究出版社, 2014: 131.
⑤ 陈红. 日语源语视域下的鲁迅翻译研究 [D]. 上海: 华东师范大学, 2015: 125-131.

死守日文语序,……鲁译遭人诟病,说到底,关键不在于他理论上倡导直译,而在于他的直译观和翻译实践有走向绝对之嫌,缺乏必要的柔韧'度'。"①而正是这个"度",造成了他笔下文字的"人格分裂",时常成为毁誉参半的对象。曾做过中国文联副主席的夏衍,同样有这个问题。看一个他的《母亲》译文及其修改的片段:

a. 每天,当工厂的汽管在郊外工人街充满了煤烟和油臭的空气里面,发生了颤动和呼喊的时候,和这种呼声应和着,从那些陋小的灰色家屋里面,仅仅使肌肉消除疲劳的睡眠时间都不能得到的人们,摆着阴暗的脸色,好像被驱逐着的蟑螂一般地望着街上走去。(1936年,开明书店版)

b. 每天,当工厂的汽笛在郊外工人区的充满了煤烟和油臭的空气里颤动和呼喊起来的时候,和这种呼声应和着,从那些陋小的灰色屋子里,仅仅使肌肉消除疲劳的睡眠时间都不能得到的人们,摆着阴暗的脸色,好像受惊的一般地望着街上走去。(1955年,新文艺出版社版)

c. 每天,在郊外工人区上空,在充满了煤烟和油臭的空气里,工厂的汽笛颤动着吼叫起来,一听见这声吼叫,那些在睡眠中还没有使筋肉消除疲劳的人们,脸色阴森森的,好像受惊的蟑螂似的,就从那些陋小的灰色屋里走到街上。(1956年,人民文学出版社版)②

关于直译、意译及其带来的问题,除老一辈学者外,中日两国近年来也有一些专著涉及,如贺阳的《现代汉语欧化语法现象研究》、朱一凡的《翻译与现代汉语的变迁》、戴光荣的《译文源语透过效应研究》、杨丽华《中国近代翻译家研究》、长岛要一《森鸥外の翻訳文学》及《森鸥外——文化の翻訳者》、井上健《文豪の翻訳力》等。直译/意译之辩,是一个剪不断、理还乱的话题,但是,日本人确有自己的特点与亮色。

三

一百多年来,日本人就是如此这般在直译、意译及超译的演绎之中,不断前行。他们的得与失,对于我们,颇有参考价值,特别是对思考、探讨东方翻译研究对世界译学的贡献,更是不可或缺的第一手材料。其中,最出乎笔者意料的是,日本人在直译/意译之辩中擦出了译介学的火花。而且,在时

---

① 高宁.论鲁迅直译观的语学基础[J].山东社会科学,2013(10):75-81,88.
② 胡裕树.现代汉语:增订本[M].上海:上海教育出版社,1981:554-555.

间上，也走在了世界的前列。70年前，日本学者河盛好藏所撰《翻译论》就在直译/意译的讨论中，掀开了日本译介学的序幕。先看此文中的几段话。

译者首先是读者。换句话说，译者也是一部作品的再创造者。因为①<u>他对这部已经完全独立于原作者之外的作品有了自己的理解和解释，并且从自己的角度对作品的价值进行了重新诠释</u>。我们应该认可译者的这种自主性。正如瓦莱里（Valerii）① 所说，作品的生产者和消费者是性质完全不同的两种人。一部作品对生产者来说是终结，而对消费者来说却是一个新起点。因此，我们能够做的只是研究作品与作品生产者的关系，或者在作品问世后，研究该作品与作品中描写的人物之间的关系。第一者的作用和第二者的反应是绝对不能混淆的。两者对各自作品的看法也常常互不相容，即②<u>原作者在创造作品时的创作行为和译者在翻译该作品时的创作行为是截然不同的</u>。

……

在现实中也存在很多缩小原作空间的翻译，这些翻译只会令自由的读者不快。当然，③<u>也会有超出最优秀读者想象的，有时甚至是超过原作的创意翻译</u>。

……

翻译作品的读者归根结底是翻译作品的读者，而不是原作的读者，无论译作和原作有多大差异，读者都无法判断；……④<u>因为无论多么糟糕的翻译，既然已经存在，它就独立于原作之外，拥有不同于原作的价值，对此，就连原作者，甚至其他更好的翻译对它也无能为力</u>。⑤<u>外国文学常常以错误的及与其在本国完全不同的方式影响其他国家的文学，多数都是因为这种糟糕的翻译</u>，⑥<u>评论这种翻译的功过是比较文学研究领域中一个重要的课题。例如，法国的自然主义与我国的自然主义就截然不同</u>。由此可见翻译家的责任有多么重大。

……

瓦莱里也说过："⑦<u>世上有创造性的误译</u>。"我承认，在翻译文学对本国文学的影响中，这种误解会具有一种特别的力量，这也是文学十分诱人的一面。假使翻译是正确的，就算出现一些出乎译者和原作者意料的读解方法也不奇怪。这就是川端康成所谓的"作品和读者的结缘"，原作者和译者都应该

---

① 原译为"瓦勒里"，笔者根据《日汉大词典》改为"瓦莱里"。国内法语学界另有"瓦雷里"的译法。此外，引文里的底线与序号为笔者所加。

珍惜这种缘分。①

　　在具体分析之前，先对《翻译论》的写作与出版时间做一个考证。该文始发于日本河出书房1941年6月出版的《新文学論全集》第6卷《国民文学と世界文学》里，文末括号内注明的写作时间为「昭和十五年秋」（即1940年秋）。1961年收录于角川书店出版的《近代文学鑑賞講座》第21卷《翻訳文学》，但未标注写作时间，河盛好藏为该卷编者。1972年又收录于筑摩书店出版的《現代日本文学大系》第74卷《中島健蔵　河盛好藏　桑原武夫　中野好夫》，结尾处用括号注明写作时间为「昭和十五年十月」，即1940年10月。谢天振先生说"译介学的产生则要晚得多，大约起始于上世纪（20世纪）的30年代"②。由此看来，"翻译论"虽非译介学的始作俑者，但亦算得上是时代的弄潮儿。不仅在东方，即便在世界范围内，也是如此。

　　回看上面的引文，不难看出，这段话里已经涉及译介学里的几个重要概念——译者的主体性、文学翻译、翻译文学、创造性叛逆等。譬如，底线①②和③谈的就是译者的主体性问题，尤为难得的是，河盛好藏明确提出原作"已经完全独立于原作者之外"，译者并不是依附在原作者身上，两人的"创作行为是截然不同的"，所以"也会有超出最优秀读者想象的，有时甚至是超过原作的创意翻译"，即后文所说的"创造性的误译"。这些想法，现在看来，也不落伍，在当年可谓非常超前。④不仅体现了译者主体性的思想，而且已经带有翻译文化转向的特征，可视作翻译外部研究的先声，同时也与接受美学有着潜在的渊源。底线⑤⑥明显涉及文学翻译与翻译文学的关系及其界定，而所谓"法国的自然主义与我国的自然主义就截然不同"打破了传统翻译研究把翻译实践视作原作复写的观念，"这鸭头不是那丫头"，暗示了翻译文学的特殊性及其在比较文学、国别文学里的地位。1961年河盛好藏主编的《翻訳文学》，③虽然并不等同于我国译界所说的"翻译文学"，但是，从其选文和内容看，④已经带有这种意识与成分。底线⑦或许可以视为译介学的核心概

---

① 乔莹洁，韩慧.日本近现代翻译思想研究：文集与导读［M］.上海：上海交通大学出版社，2013：96-97.
② 谢天振.译介学：增订本［M］.南京：译林出版社，2013：2.
③ "翻訳文学"这一说法在《青空文库》里最早见于户川秋骨发表在《改造》1927年7月号上的《翻訳製造株式会社》一文。
④ 譬如，还收录了中村好夫的《翻译论笔记》、安藤美登里《翻译文学参考文献解题·目录》、野上丰一郎《翻译的态度》、大山定一·吉川幸次郎的《洛中书问》及《翻译文学年表》等。

念"创造性叛逆"的日本版。这里"世上有创造性的误译",日语原文为「世のなかには創造的な誤解といふものがあつて」①。这个「誤解」(误译)不仅涵盖了文字层面的错译,而且也包含了"出乎译者和原作者意料的"正确译文。换言之,正负两个层面上的"misreading"都被包括进去,和谢天振先生所界定"创造性叛逆"的前两项内容已经十分接近。②

不过,需要进一步探究的是,河盛好藏所转述的"创造性的误译",和谢天振先生所阐扬的"创造性叛逆"来源有别。谢先生说他"是借用自法国文学社会学家埃斯卡皮的专著《文学社会学》中的一段话"③。河盛好藏援引的则是另一位法国人,大诗人兼评论家的保尔·瓦莱里(Paul Valery)。不过,在日语原文中,河盛好藏没有为这句引语加注,说明出处,也没有附上法文原词④。谢先生说"'创造性叛逆'一语只是英文术语 creative treason 的移译"⑤。曹明伦先生说:"既然这个说法是埃斯卡皮提出来的,那他用的肯定是法语 trahison。"⑥ 瓦莱里用的是否也是这个词,笔者无法判断。不过,在大塚幸男《比较文学原理》里,"创造性叛逆"不仅出现了,而且在括号内标注了法文——trahison créatrice。"创造性叛逆",大塚幸男原著用的是「創造的裏切り」⑦,而非河盛好藏《翻译论》里的「創造的な誤解」。

整理一下,"创造性叛逆"进入我国有两条路径。一条是源于埃斯卡皮,由谢天振先生介绍、阐发,业已成为译学研究的重要领域。另一条则是由日

---

① 河盛好藏. 翻訳論 [M] //出孝雄. 《新文学論全集·第6卷·国民文学と世界文学》. 東京:河出書房,1941:215.
② 谢天振先生(2013)说:"我把译者的创造性叛逆在文学翻译中的表现归纳为四种情况,即个性化翻译,误译与漏译,节译与编译,以及转译与改编。"1982年,在岩波書店出版的《翻译》一书里,河盛好藏(1986)又说"如果只在误译上才能发挥一个翻译家的独创性,那未免太可怜了。但是,这才是重要所在,我倒愿更加重视具有独创性的误译。瓦莱里说过:'一想到自己写的东西被译成自己根本不懂的外语,我自己仿佛在梦中被魔住一样。'瓦莱里的文章结构严谨、精巧无比,所以他这样认为是理所应当的。但与此相反,是否也有的原作者发现译者把他的作品译得完全出乎他的意料,而对译者的独创性表示赞叹不已的呢?"
③ 谢天振. 译介学:增订本 [M]. 南京:译林出版社,2013:2.
④ 在许钧先生主编、2001年由湖北教育出版社推出的《当代法国翻译理论》里,笔者没有读到有关两人的论述。在百花文艺出版社2002年发行的瓦莱里《文艺杂谈》及中国知网所载研究瓦莱里的论文中,也未找到"创造性的误译"的出处。
⑤ 谢天振. 译介学:增订本 [M]. 南京:译林出版社,2013:163.
⑥ 曹明伦,谢天振. 关于翻译研究的学术对话 [J]. 东方翻译,2015(2):4-14.
⑦ 大塚幸男. 比较文学原论 [M]. 東京:白水社,1977:116.

本传入我国，但注意到这一点的学者很少。这条路径，简言之，即通过陈秋峰、杨国华 1985 年翻译大塚幸男《比较文学原理》进入国内。在时间上，此译本比埃斯卡皮（Robert Escarpit）的《文学社会学》译本要早两年。后者 1987 年分别由安徽文艺出版社和浙江人民出版社出版。①

　　非常值得关注的是，大塚幸男在《比较文学原理》里明确指出"'创造性叛逆'，换言之，即'创造性误解'（瓦莱里语）"②。前者是指埃斯卡皮，后者特意标明为瓦莱里。埃斯卡皮 1958 年出版《文学社会学》，1959 年大塚幸男就推出译本，译介学的核心概念"创造性叛逆"，日文译为「創造的裏切り」③。此后大塚幸男在《比较文学原理》里沿用了这一表述，并称对"创造性叛逆""解释得最完美的是埃斯卡皮教授"④。另一方面，他对瓦莱里和河盛好藏也十分熟悉，在书中数度援引两人言论，甚至在对"创造性叛逆"的阐释中都有挪用之嫌，如"不管多么正确的译文，它们都以译者与作者想象不到的方式被人们阅读着。川端康成把它叫作'作品与读者的结缘'。对于这种'创造性叛逆'，原作者应予以尊重"⑤，就与前引《翻译论》最后几句话非常相近。而日语原文的近似度更大。⑥ 至于瓦莱里（1871—1945）与埃斯卡皮（1918—2000），不是同一代人，却生长在同一个国度，且皆终身与文学

---

① 浙江人民出版社版的前四个部分选自《文学社会学》，其余六个部分选自埃斯卡皮其他著作。
② 大塚幸男. 比较文学原理［M］. 陈秋峰，杨国华，译. 西安：陕西人民出版社，1985：106. 原文为「創造の裏切りとは、いいかえると、《創造の誤解》（ヴァレリ）のことである」（大塚幸男，1977：117）。另，请注意"创造性误解"的译法不同于《翻译论》里的译文"创造性的误译"。
③ ロベール・エスカルピ. 文学の社会学［M］. 大塚幸男，訳. 東京：白水社，1959：133.
④ 大塚幸男. 比较文学原理［M］. 陈秋峰，杨国华，译. 西安：陕西人民出版社，1985：105-106.
⑤ 大塚幸男. 比较文学原理［M］. 陈秋峰，杨国华，译. 西安：陕西人民出版社，1985：102.
⑥ 河盛好藏（1941）的文字：「たとへ正確な翻譯であっても、翻譯者や、原作者が思ひもかけなかつたやうな讀まれ方をする場合が決して稀ではないのである。しかしこれは川端康成氏のいはゆる『作品と讀者の結縁』であって、原作者も翻譯者も、それを尊敬しなければならないであらう」；大塚幸男的表述：「たとい、いかに正確な翻訳であって、翻訳者や原作者が思いもかけなかったような読まれ方をする場合が稀ではない。川端康成はこれを、《作品と読者との結縁》と呼んでいる。こうした創造の裏切りは、原作者もこれを尊重しなければならない」（大塚幸男. 比較文學原論［M］. 東京：白水社，1977：117）。

为伍，之间是否存在传承，尚有待考证。总之，可以肯定的是，日本译介学的源头也在法国。

然而，遗憾的是，译介学在日本落地虽早，却没有枝繁叶茂，至今尚无"学名"；"创造性叛逆"这一核心概念，也未能有效普及。譬如，在1996年出版的《比较文学研究导论》中，虽然也出现了类似"创造性叛逆"的说法，理解却有较大偏差。如"人称翻译是'创造性的背叛'（不可能预期达到阅读原作的译文），或'不诚实的美人'（广泛流传的翻译形式，易读却违背原作的美人）。翻译的不可能性就在于此"①。究其原因，主要有两个。一是翻译研究在日本地位低，至今尚未从"论"升格为"学"；另一个则是日本缺乏像谢天振这样致力于译介学研究的大家。河盛好藏本人将一生精力集中在翻译实践与文学、文化著述的写作上，译学研究只是偶一为之。当然，他也知道《翻译论》的分量，在筑摩书店1972年出版的《现代日本文学大系》第74卷的4人合集中，《翻译论》置于篇首。其余几篇的题目是《芥川龙之介〈河童〉》《文学空谈（摘录）》《法国滑稽作家列传》《花的巴黎》《泷井孝作传》和《关于"无限拥抱"》。为合集撰写"河盛好藏履历"的著名作家井伏鳟二既没有提他的翻译理论研究，也没有提这篇论文。大塚幸男同样一生从事法国文学和比较文学的研究与翻译，虽著作等身，翻译研究也是偶尔涉及而已。在我国，情况则完全不同，以1990年谢天振先生发表《翻译文学——争取承认的文学》为标志，译介学在我国生根发芽，迅速成长。1999年，标志性著作《译介学》问世，2007年《译介学导论》出版，2013年《译介学》（增订本）刊行。如今在中国期刊全文数据库上，以"译介学"为主题的论文已达309篇。② 总之，译介学已是中国当代译学的一个重要组成部分，引起整个人文学界的关注与重视。

最后，笔者从前文的论述中抽出并整理了日本翻译研究未能由"论"升"学"的几个成因。第一，要归之于训读法，它遏止了日本人翻译意识的早期萌芽；第二，佛经日译的缺失，使日本人错失翻译实践与理论研究的良机；第三，明治时期，对"翻译语"创译的大量投入，虽然彪炳青史，却也妨碍翻译研究多角度展开；第四，与对外来文化、原型的崇拜和模仿的岛国心理

---

① 渡边洋. 比较文学研究导论［M］. 张青，编译. 北京：中国社会科学出版社，2007：60-61.
② 搜索日为2015年10月4日。

有关；第五，明治维新以来，翻译始终带有实业和商业的色彩，妨碍人们走出"术"的视野去看待译中之"学"①。总之，作为"意见、见解"的「翻訳論」尚有待于朝"成体系化"的「翻訳学」发展。

---

① 本文未涉及第五点，有待今后结合日本近现代史的研究展开系统考察。

豆腐的"西游记"

——关于"中国文化走出去"之辩

豆腐原产地为中国,且早已走出国门,这在东西方学界没有异议。但是,其"西游"路径为何,在何种层面获得成功,有无明显标志,所折射出来的历史文化意义何在,皆值得进一步探究。同时,对思考"中国文化走出去"深层内涵及其战略布局也不无助益。

一

据前期研究,"淮南王刘安发明豆腐,在古代典籍中多有记述,最早的当属南北朝人谢绰,他在《宋拾遗录》中说:'豆腐之术,三代前后未闻。此物至汉淮南王安始传其术于世'。"① 此前,学术界普遍采信的是"豆腐汉代起源说的最早文献记载是南宋朱熹的《豆腐》诗,其诗云'种豆豆苗稀,力竭心已腐。早知淮王术,安坐获泉布'。自注云:'世传豆腐本乃淮南王术'"②。作为原典溯源,应克荣的研究在时间上进了一步,不过,关于发明人、发明时间及发明地,谢绰之说能否成为定论,尚有待史家、考古学家继续考证。因与本文主旨不同,不再细究。但是,在宏观层面,豆腐由古代中国人发明这个大结论,中外文献里均未见异议。

豆腐古代之旅的一个重要国家即为日本。有学者称豆腐"最先传入的是东邻日本,传入时间,多数人认为是唐代,据传,鉴真和尚(697—763)东渡时,将豆腐制作法带去。在日本,将鉴真奉为豆腐业的始祖"③。另有学者

---

① 应克荣. 豆腐起源考 [J]. 安徽史学, 2013 (3): 127-128.
② 刘朴兵. "乳腐"考 [J]. 中国历史文物, 2005 (5): 60-64.
③ 王永厚. 豆腐的起源与外传 [J]. 中国食物与营养, 1996 (4): 26, 42.

说"在日本文献中，有关豆腐的最早记载是日莲上人的'手纸'（信），可以证明，豆腐在镰仓时代（相当于宋代到元代）是由日本来华僧众传入日本的"①。日本学者说"豆腐之传入日本，是在院政末期。大概是由僧人传入，受容的中心地点是奈良。……至室町末期，因水土关系，豆腐成为京都的名产。加工调理的方法，渐见改良，以至今日"②。《日本大百科》认为豆腐"传入日本为奈良时代，主要流传于贵族阶层和僧侣之间，室町时代以后普及开来"。《大辞林》则说"虽时期不明，但是由中国传入日本，中世以后广为普及"。

至于豆腐进入西方，"在1873年奥地利首都维也纳举办的万国博览会上，中国大豆及其制成品，受到各国人士的交口称赞。此后，豆腐也传到了西方国家。据李石曾《豆腐为20世纪全世界之大王》记载，本世纪（20世纪）初，中国留学生为解决生活问题，率先在巴黎创办了'豆腐公司'。"③

至此，我们可以说，中国豆腐走了出去。准确地说，作为一种食品，以一种实实在在的物质形态走出国门。但是，能否借此说中国文化走了出去，恐怕还是一个问题。首先，是伴随而来的抽象命名问题。中日之间，这个问题解决得非常顺利。日本人把"豆腐"这个汉字照搬进日语，④ 成为不译之译。1782年日本出版《豆腐百珍》，1783年发行《豆腐百珍续编》，1784年又推出《豆腐百珍余录》。那么，在西文，譬如英文里，"豆腐"是如何书写的呢？

查阅2007年版《不列颠百科全书》（国际中文版/修订本，第17卷），豆腐词条的英文为"tofu"。其语源在《英汉大辞典》（第2版）里标注为[Jap<Chin dòufu]。*The New Oxford English-Chinese Dictionary* 2003年第2版，语源标注相同。由此引发的问题便是，中国原产的豆腐何以换上日文的

---

① 郭伯南. 豆腐的起源与东传[J]. 农业考古, 1987 (2): 373-377. 下文的筱田统和日文辞书也未给出具体年份。据笔者搜索日本「古文書フルテキストデータベース」(http://wwwap.hi.u-tokyo.ac.jp/ships/shipscontroller)，「豆腐」一词永享8年（1436）首次出现在《妙超宗峯百年忌銭下行帳》里。
② 筱田统. 豆腐考[C]//大陆杂志史学丛书: 第四辑（第四册）. 大陆杂志社, 1975: 187. 译者不详，所引文献没有注明。另，本文中未注明译者的译文皆为笔者所译。此外，本文「」号内的文字，无论假名或汉字，均为日文。为控制篇幅，常见中型辞书（包括EBwin系统里的电子版辞书），不再具体标注。其他中外辞书，如无引用，也不一一标注。
③ 王永厚. 豆腐的起源与外传[J]. 中国食物与营养, 1996 (4): 26, 42.
④ 在古日语里有一些女官隐语，如「かべ」「おかべ」「しらかべ」「しろ物」等。

外衣走进英文世界。有必要做一番考证。

首先要说明的是，作为日语的「豆腐」，发音为「とうふ」，面向西方时，采用罗马字注音。主要方式有三种，即平文式、日本式和训令式，三者之间存在若干差异。就「豆腐（とうふ）」这个词而言，平文式为"tofu"，训令式和日本式为"tohu"。其中，平文式自"明治以来，直至今日，在地名、人名、商品名、公司名等专有名词上使用最广"①。另一方面，"我国最早编纂出版的一本双语词典，是传教士 Robert Morrison 所编的《华英词典》……该书的第一部分共三卷分别出于 1815、1822 和 1823 年；第二部分共两卷分别出于 1819 和 1820 年，而第三部分共一卷出于 1822 年"②。在该词典上，"豆腐"一词列在"豆"字词条下，释义为"Tow foo ｜豆腐 a white jelly-like substance made from pulse"③。"在历史上，使用罗马字母或斯拉夫字母拼写汉语的方案还有一些，例如威妥玛式、国语罗马字、北方话拉丁化新文字等等大同小异可以举出八九种"④，情况比日语复杂。"豆腐"被注音为"Tow foo"，属于早期的韦氏拼音法。用威妥玛式拼音方式的话，豆腐是"toufu"。现代汉语的拼音"dou"在威妥玛式拼音方案里是"tou"，而威妥玛式拼音里的"to"，对应的则是现代汉语的拼音"duo"。"fu"音，两者相同。⑤ 笔者还注意到，在另一本早期华英字典上，同样在"荳"字词条下列出"荳腐 bean-curd"⑥，读音标记比较复杂。要言之，汉语拼音方案的多元化无疑对"豆腐"音译进英语增加了难度，因为一物数名的情况难以有效避免。日语则单纯许多，更加容易走出去。

中日相比，同样也是由传教士编纂的《日葡辞书》在时间上比《华英词典》早 200 多年，且是用罗马字标注的形式收录了「Tôfu」，释义为"一种把

---

① 小川芳男，等. 日本語教育事典 [M]. 東京：大修館書店，1982：507.
② 陆谷孙，王馥芳. 大型双语词典之编纂特性研究 [M]. 上海：上海译文出版社，2011：15.
③ ROBERT M. A Dictionary of the Chinese Language [M]. Macao: Honorable East India Company's Press, 1819: 859.
④ 张清常. 比比看："汉语拼音方案"跟罗马字母斯拉夫字母几种主要汉语拼音方案的比较 [J]. 世界汉语教学，1990 (1)：1-14.
⑤ 范铮. 如何转换威妥玛式音译中文刊名 [J]. 大学图书馆学报，1991 (5)：47-51.
⑥ GILES H A. A Chinese-English Dictionary (Second Edition) [M]. Shanghai: Kelly & Walsh Ld., 1912: 1412.

黄豆磨成粉做成的食物，与刚做好的奶酪相似"①。日本最早的双语辞典《和英语林集成》的日英部分也收录了"豆腐"，词条同样以罗马字形式"tofu"出现。释义为「Tōfu，トウフ，豆腐，n. A kind of food made of beans」②。《日葡辞书》面向的是葡萄牙人，《和英语林集成》面对的则是英语世界。非常值得关注的另一点是，在这两本辞典上，与华英词典以汉字作词条不同，皆是直接把日语的罗马字书写方式列作词条，也十分有利于"豆腐"（tofu）这一概念走出日本，在海外传播。

至此，我们可以说，中国的豆腐，不仅以物质形态走出国门，而且以文字形式走进日语。之后，在以文字形式迈向西方的过程中并不顺利，事实上被日语"豆腐"取而代之，以音译的形式"tofu"更早、更广泛地传到西方世界。源自中国的汉语"豆腐"，虽然汉英类词典通常意译为"bean curd"，却不如"tofu"来得简洁明快，也缺乏新词的陌生化效果和传播力。现在，有些辞书直接以"tofu"来释义"bean curd"，如《牛津高阶英语词典》（第7版）。《汉英大辞典》（第2版）"豆腐"的释义也是"bean curd；tofu"。中国人编纂的词典也用"tofu"来解释"豆腐"，无意之中凸显出"tofu"在英语世界里的地位。遗憾的是，在我国学界，目前仍有一些专业论著，譬如《英汉词汇对比研究》，误把"tofu"归入英语中的汉语借词。总之，无论是作为一种食品，还是作为一种概念名称，豆腐能够扩散到世界各地，被人们所知晓，"tofu"功不可没。承认并正视这个事实，对思考、实施当前"中国文化走出去"的战略，无疑具有积极意义。

二

要言之，无论作为实物，还是作为一个名词，中国豆腐已经成功走进日本。这既表现在日本人的日常生活里，也体现在日本人的语言之中。如今，"豆腐"已是一个妇孺皆知的常用词。

对西方社会，譬如英语世界而言，虽然有人说"豆腐传入美国是本世纪

---

① ALGVNS. Vocabvlario de Lingoa de Iapam（adeclaracao）[M]. Nagasaki：Nangafaqui Collegio de Iapam，M. D. CIII，1603：259. 原文为葡萄牙语，现根据1980年岩波書店的日译本翻译。

② A M，JAMES CURTIS HEPBURN M D. A Japanese and English Dictionary：with an English and Japanese Index [M]. Yokohama，1867：474.

(20世纪)初"①,但是,在语言层面上,英语何时正式接纳"tofu"一词仍旧需要考证、研究。从词汇学的角度看,比起日本人自己推出"tofu",考察对方国家何时接受它,意义更加重大。因所会语种的关系,这里主要考察"tofu"进入英语辞书的时间点。因为这不仅可以视作"tofu"作为一种食物在讲英语的国家被接受,也表明作为一个词语在英语中生存下来。我们必须明确意识到,虽然《日葡辞书》1603年、《和英语林集成》1867年就已经收录了"tofu",却并不意味着"tofu"就已经成功走出日本。这只是一个单向的推介而已,且受众非常有限。事实上,《和英语林集成》的英日部分,就没有收录"tofu"。这也就是说,编者平文也明确意识到,当年的英语世界并不存在"tofu"一词。反言之,当我们发现英英辞书收录"tofu"一词时,或许才表示豆腐已经通过生活,沉淀下来,进入英语语言层面。也就是说,英语辞书是否主动收录,当为"tofu"在英语世界是否被成功接受的一个重要标志。

按照这个思路,笔者在华东师范大学和日本九州大学图书馆查阅了所能找到的英文原版辞典,并有意避开中国人、日本人编撰的英汉、英日辞典。② 经笔者查证,以下英语界代表性辞书里皆没有收录"tofu"一词。

1. *The Oxford English Dictionary*（1933）

2. *A Dictionary of Americanisms*（1951）

3. *American Heritage Dictionary*（1969）

4. *The Random House Dictionary of the English Language*（1973）

5. *The Shorter Oxford English Dictionary*（1974）

尤其需要强调的是,*The Oxford English Dictionary* 多达13卷,也无"tofu"的一席之地。看来,"tofu"的西进,从1603年的《日葡辞书》之后,300多年也没有能在英语里安身立命。笔者所找到收录"tofu"的第一本辞书为1973年第8版的 *Webster's New Collegiate Dictionary*。之后又分别在 *Collins Dictionary of the English Language*（Second Edition, 1986）、*The Random House Dictionary of the English Language*（1987）等词典③上发现"tofu"的身影。1990年代之后,"tofu"露面机会明显增加。当然,

---

① 赵叶. 中国豆腐风靡世界[J]. 经济世界, 1996 (9): 41-42.
② 日本人1936年研究社出版、共2514页的《新英和大辞典》(第1版)未收"tofu"。
③ 1988年出版的 *New World English Dictionary* 仍然未收"tofu"。

342

这不是最终结论，因为不查遍所有中型以上的英语辞书，难以得出准确无误的答案。但是，这已经不影响我们思考"中国文化走出去"的问题。

英语辞书解释豆腐，信息比较丰富的为1989年出版的 *The Oxford English Dictionary*（Second Edition）的第18卷——"［日语：tōfu。中文：dòufu。dòu 即 beans，意思是豆，fu 即 rotten，腐烂之意。］一种在日本和中国由捣碎的黄豆制成的凝结物。据1880年出版的《泛亚学会》（第8卷·日本篇）第399页，豆腐是先将黄豆捣碎，然后将其浸泡在水中制作而成。据1905年出版的《美国农业部简讯》（CLIX）第46页，在日本食物中，多数豆类制品来自黄豆，如味噌、酱油、豆腐。据1934年出版的布兰登（Brendan）著的《心眼》第109页，两只老鹰叼走了豆腐。据1936年出版的手塚著的《日本食物》第28页，豆腐是将黄豆浸泡于水中，将其捣碎，然后用布块挤掉水分，加入氯化镁予以凝固而成的。据1979年4月版《日落》杂志（总第214期），将所有的豆腐放入焙盘，然后盖上二分之一的奶酪。据1981年8月14日的《卫报》第7版第1页，在美国，……豆腐已成为一种'家常菜'。"①

这段释义勾勒出豆腐进入西方的简史。特别有意思的是，这本由英国人编纂的词典告诉使用者，1980年代前后，在美国，豆腐成了家常菜。至此，似乎可以盖棺定论地说，豆腐、"豆腐"及"tofu"虽有曲折，但终究在具象（实物）层面和抽象（语言）层面被英语世界所接受。② 在前一个层面上，不仅中国，日本也在把"豆腐"推向世界；在后一个层面上，"tofu"成为主力。20世纪后，"日本豆腐机械设备与豆腐制品也行销世界许多国家。近年来，年消耗大豆达40万吨以上，豆腐机械设备厂、豆腐制品生产厂近四万家。此外，他们仿制中国四川风味的'麻婆豆腐'，把它改装为软罐头，近年来年出口量达数十万袋，行销世界的日本豆腐制品之一'即席豆腐'，装潢精美、食用方便，便于保存与运输，销路也很广。"③ 总之，中国虽是豆腐的本

---

① SIMPSON J A, WEINER E S C. The Oxford English Dictionary（Second Edition）［M］. Oxford: Clarendon, 1989: 188.
② 此外，值得一提的是，有一本小型辞典 *Taishukan's Young Genius English-Japanese Dictionary* 不仅收录了"tofu"，而且在释义里加了一个"注"——"to・fu /tóufu: / ［日本］名 U 豆腐〔◆米国では健康食品として人気がある〕"（小西友七. Taishukan's Young Genius English-Japanese Dictionary［M］. 東京：大修館書店, 1992: 1433.），强调在美国豆腐作为健康食品大有名气。
③ 赵叶. 中国豆腐风靡世界［J］. 经济世界, 1996（9）: 41-42.

家,但是,在走向世界的过程中,日本人后来居上。但是,他们并非越俎代庖,为中国作嫁衣。这一点非常值得正视与深思。在学理上,不能说"中国发明了豆腐,所有的豆腐都属于且仅属于中国"。一言以蔽之,在当今世界上,无论在食品层面,还是在语言层面,日本始终让中国豆腐与世界之间隔了一层,若即若离。这就是"中国文化走出去"时所面临的、一个意想不到的"窘境"。此时此刻,是否可以说"中国豆腐已经走出去",恐怕也是一大难题。是也不是,不是也是。

三

换一个角度看,无论作为实物的豆腐,还是作为名词的豆腐、"tofu",虽然走进异国他乡,我们也只可以说"中国豆腐走了出去",而不能模仿"中国文化走出去",说一声"中国豆腐文化走了出去"。当然,更不能借此声称"中国文化走了出去"。

首先,豆腐不等于豆腐文化。豆腐文化更不等于中国文化,它最多是中国文化的一个侧面。很多情况下,物质与物质文化,并非如影随形,始终相伴而行。有些物质始于物质,终于物质,并无文化相随。有些物质,不仅有物质层面的文化,亦有精神层面的文化。至于豆腐,必须要问的是,豆腐有没有文化;有的话,什么是豆腐文化,是局限于物质层面,还是业已延伸到精神层面。

笔者在前期研究中发现,豆腐文化已经成为国人的共识。但是,很多论述局限于物质层面,大致属于豆腐制作这一技术层面的文化。如,《台湾豆腐文化探索——以桃园大溪为例》一文所谈的"豆腐文化",实际上是介绍大溪的豆腐生产史和具体的生产工艺,带有传记和科普色彩。其最后一个小节才涉及一点精神层面的豆腐文化。[①] 在"论作为淮南城市品牌的豆腐文化"[②] 一文中,豆腐文化已经异化为淮南城市文化的代名词,浓缩为"柔容万物,开放通达"八个字,[③] 拔高为淮南城市精神的象征。笔者不赞同从豆腐的物理

[①] 林明德. 台湾豆腐文化探索:以桃园大溪为例 [J]. 南宁职业技术学院学报,2004(9):15-20.

[②] 该文为安徽省哲学社会科学规划项目"中国豆腐文化研究——以淮南市为例"的阶段性成果,不仅带有地域色彩,而且也明显带有政府行为的特点,是思考豆腐、豆腐文化乃至中国文化走出去的一个潜在重要视角。

[③] 应克荣,兰回回. 论作为淮南城市品牌的豆腐文化 [J]. 淮南师范学院学报,2013(6):40-44.

特性演绎出来的精神文化，并给予高大全式的阐发。作者把豆腐的百煎不碎①引申为淮南坚忍不拔的城市精神，实乃混淆了豆腐之乡、品牌产品和城市文化这几大概念之间的界限，难以引发笔者的共鸣与认同。笔者以为最能在精神层面反映豆腐文化的，倒是广泛流传在生活中的相关谚俗语，这是最接地气、最能代表由豆腐所引发的、所代表的价值判断及其文化内涵，比起清朝人抽象总结的"豆腐十德""豆腐戒"②更具有广泛性和代表性。相关学者也说"熟语'是伴随着语言史发展的脚步和语用跳动的脉搏，由使用该语言的整个社会力量对语言财富进行创造性劳动的成果，是汉民族语言的精华'，'蕴含着汉民族人民对客观事物的认识和文化观念'"③。下面仅以国内最具代表性的辞书《现代汉语词典》（第6版）收录的两个豆腐词条④——"吃豆腐"和"豆腐饭"做一个讨论。⑤

"吃豆腐"的词条释义为，"（方）❶调戏（妇女）。❷拿某人开玩笑或调侃叫吃某人的豆腐。❸旧俗丧家准备的饭菜中有豆腐，所以去丧家吊唁吃饭叫吃豆腐。也说吃豆腐饭（172页）。"在学术期刊上，"'吃豆腐'有四种含义，本义'豆腐菜肴'，转喻义'丧家酒席'，隐喻义'人去世了'以及'占便宜'"；具体说来，"上一道豆腐也是象征着逝者生前清清白白的一生，……红烧之类的豆腐是不允许上餐桌的，……随着现代社会的发展，……我们听到'吃豆腐去'，第一反应已经不是它的转喻义了，而是另一种更为抽象的意义，表示'人去世了'。……办丧事的饭菜比较简拙，以豆腐为主，盖白色乃丧事之主色也，有些去帮忙的老乡，因忌说去丧家帮忙，而说是去吃豆腐饭的，对那种不干活而去蹭饭吃的家伙，也说他是吃豆腐

---

① 在上海话里，有"豆腐心肠，越煎越硬；铁打心肠，见火就烊"，意为"软心肠和硬心肠的人撑久了会向相对方向变化"（钱乃荣，2008），所提炼的文化意象并不一样。
② 豆腐十德为"水者柔德。干者刚德。无处无之，广德。水土不服，食之则愈，和德。……一钱可买，俭德。徽州一两一盔，贵德。……食乳有补，厚德。……可去垢，清德。……投之污则不成，圣德。建甯糟者，隐德"；"儒家须立大戒三小戒五，总名为豆腐戒。大戒三指味戒、色戒、声戒。小戒五指：赌戒、酒戒、足戒、口戒、笔戒"。（朱伟. 考吃[M]. 北京：中国书店，1997：90.）
③ 庞杰. 食品文化概论[M]. 北京：化学工业出版社，2009：107.
④ 《现代汉语词典》共收录"吃豆腐""刀子嘴、豆腐心""豆腐饭""豆腐渣工程"4个词。"刀子嘴、豆腐心"，释义为"比喻人说话尖刻而心地慈善"。"豆腐渣工程"为"比喻质量很差、极不坚固的建筑工程"。
⑤ 民间的谚俗语，如"刀切豆腐两面光""小葱拌豆腐——一清二白""卤水点豆腐——一物降一物""关公卖豆腐——人硬货软"以及"豆腐官"等说法，因篇幅关系，暂不讨论。

的。……此时,'吃豆腐'就演化出了'占便宜'的意思,……不管是单纯的'占便宜'还是特指的'占女性便宜',它所蕴含的都是'得到非分的好处'的意思。"① 另有文章在此基础上,补充说"原来丧葬文化中吃豆腐的习俗,流行到上海就成了俗语,意义也随之变化,后来又增加诸如'开玩笑、寻开心'之类的内容,直至最后转为如今专指与女性调笑,或动手动脚占点小便宜之类调戏妇女的意思"②。据说"苏州女人骂起吃豆腐的男人也实在'结棍'和好听:'杀千刀!当心碰着汽车,吃侬啥格断命豆腐!'"③。总之,这一豆腐文化在我国已经沉淀下来,成为传统文化的一部分,对老百姓来说,是难以抹去的文化意象。

回到豆腐的"西游记"上,现在要考察的,则是由豆腐生发出来的文化内涵或曰文化意象是否也东渡到日本,西渡到说英语的国家。考察方法有二,一是查询日文里有关豆腐的谚俗语,考察其与中国豆腐文化之间的关系;二是查找"吃豆腐"和"豆腐饭"的日译,调查日文有无与汉语相似、相近的说法。先看日文里的常用谚俗语:

「豆腐で歯を痛める」(豆腐吃痛了牙)

「豆腐は売れず粕が売れる」(豆腐没卖掉,卖掉了豆腐渣)

「白豆腐の拍子木」(豆腐梆子,中看不中用)

「豆腐に鎹」(豆腐打锔子,无济于事)

「豆腐のような体」(豆腐样的身体,喻体弱多病)

「豆腐の皮を剥く」(吃豆腐剥皮——奢侈至极)

「豆腐も煮れば締まる」(豆腐煮煮也成形,喻懒散之人经磨炼也能成才)

「豆腐の角に頭をぶつけて死ね」(找块豆腐撞死算了。喻无用之徒)

「酢豆腐」(酸豆腐———半瓶子醋)

「酒屋へ三里、豆腐屋へ二里」(打酒走十二里,买豆腐走八里。喻偏僻之处)

前两个谚语,中国人看了译文能够明白,不过,通常不这么说。其余的,

---

① 何云芳,虞小萍,雷哲超.浅析丧葬酒席对于"吃豆腐"意义转变的影响[J].现代语文(学术综合版),2014(12):145-146.
② 陈璧耀."调戏"为何说是"吃豆腐"[J].咬文嚼字,2014(9):30-32.另一说"与豆腐店老板娘有关的。……豆腐店老板娘被'吃豆腐',在江南恐怕是很普遍的"。
③ 钱乃荣.上海俗语[M].上海:上海文化出版社,2009:244.

日本豆腐文化的色彩浓厚，汉译时不添加后一半的解释文字，很可能导致严重误读。① 譬如，「豆腐のような体」如果不加"喻体弱多病"的解释，有可能被理解成肌肤水润。「豆腐の皮を剥く」如果没有破折号后的半句译文"奢侈至极"，中国读者恐怕不知所云。简言之，中日两国的豆腐文化相去甚远。为印证这一点，笔者又查阅了在日本出版的汉日词典上"吃豆腐"和"豆腐饭"的译文。如果出现直译，或选用与此相关的日语谚俗语，至少能够说明日本也存在类似的豆腐文化。然而，事实上，结果令人失望。

（1）南方①人をからかう．冗談をいう．［不要随便吃人豆腐］むやみに人をからかってはいけない．［见人就吃豆腐］人の顔を見さえすればからかう．②女に悪ふざけする．③くたばりそこない：老人をののしる語．葬式は精進料理でよく豆腐を使うから、［我吃你的豆腐］このくたばりそこない！②

（2）〈方〉1（女性を）からかう；2冗談を言う．3不幸のあった家へお悔やみに行く．③

（3）❶方言（女性を）からかう．冗談を言う．他想吃她的豆腐，被她骂了一顿 彼は彼女をからかおうとしたが、彼女にどなりつけられた。❷不幸のあった家へお悔やみに行く．由来②は，忌中の家では豆腐を使った精進料理を出すことから．④

（4）女性をからかう．冷やかす．ちょっかいを出す⑤．

（5）弱者，（多く婦女子を）からかう，悪ふざけをする．你不要吃我的豆腐。〔'吃'+目（所有）+'豆腐'〕=私をからかわないでください．⑥

（6）①（多く女性を）からかう，からかって困らせる，ふざける；吴，東北．<我同女人是规规矩矩的，不揩油，不吃豆腐！>私は女性に対

---

① 上海话里有"买块豆腐撞杀"的说法，意思是"嘲讽人无能耐、无用"（钱乃荣，2008）。有人说，明代冯梦龙时已有"买块豆腐撞死"的谚语（张镛，1999）。此方言与「豆腐の角に頭をぶつけて死ね」之间的关系，值得探寻。
② 愛知大学中日大辞典編纂処．中日大辞典：増訂第二版［M］．東京：大修館書店，1987：257．
③ 尚永清，菱沼透，等．中日辞典：増訂第二版［M］．東京：小学館，1992：194．
④ 松岡栄志．皇冠汉日词典［M］．北京：外语教学与研究出版社，2003：138．
⑤ 相原茂．中日辞典：第二版［M］．東京：講談社，2002：212．
⑥ 伊地智善継．中国語辞典［M］．東京：白水社，2002：169．

347

してきちんとしている、うまい汁を吸うこともしないし、ふざけもしない. ②人に小ばかにされる. こけにされる. ③うまい汁を吸う；呉. ④葬式のある家で精進料理を食べる；呉.①

很明显，没有一个译文采取直译方式或使用日语的豆腐谚俗语。(1) 和 (3) 里出现的"豆腐"，都是解释性文字，不是译文。由此，我们不得不说"吃豆腐"的文化并未走出国门，东渡到日本。相反，中日之间，所谓的豆腐文化，存在不小的错位。当然，在物质层面上，作为食品的豆腐文化，相对错位较小。虽然日本人在技术层面、在饮食层面，对豆腐进行了不少改良与革新，增添了更多的品种与花色，但是，并没有改变豆腐之所为豆腐的根本。② 而在精神层面上，中国的豆腐文化基本上没能进入日本，相反，日本孕育出了自身的豆腐文化。在词语层面上，日语的"豆腐"来自中国，但是，它的音读"tofu"却独占鳌头，成为英语音译词。在精神层面上，日本的豆腐文化是否成功输出，笔者也进行了考察。遗憾的是，就像中国豆腐文化蜗居本土一样，日本同样没有成功走出去。

先从豆腐释义说起。近 150 年来，从英语词典释义不难看出，西方国家对豆腐的理解是逐步完善的。1603 年《日葡辞书》"tofu"的释义是"一种把黄豆磨成粉做成的食物，与刚做好的奶酪相似"，明显描述不完整。《和英语林集成》同样如此。1819 年的《华英词典》释义为"Tow foo, a white jelly-like substance made from pulse"③，严格地说认知有误，关键是"jelly-like substance"部分。在1912年的《华英词典》里，"tofu"直接释义为"bean-curd"④。1989 年版 *The Oxford English Dictionary* 释义为"A curd made in Japan and China from mashed soya bean; bean curd"⑤，使没有见过豆腐的读者也能有一个大致的了解。不过，在这套大型词典上，"bean

---

① 香坂顺一. 中国語大辞典 [M]. 東京：角川書店, 1994：402.
② 据研究，日本豆腐与中国的内脂豆腐和普通豆腐的大豆总皂甙含量分别为 0.41、0.82、1.25（张玉梅等，2001：25）。
③ 华英字典由 Robert Morrison 独立编著. A Dictionary of the Chinese Language [M]. Macao, 1819：859.
④ HERBERT A, GILES. A Chinese-English Dictionary (Second Edition) [M]. Shanghai: Kelly & Walsh Ld, 1912：1412.
⑤ SIMPSON J A, WEINER E S C. The Oxford English Dictionary (Second Edition) [M]. Oxford: Clarendon, 1989：XVIII-188.

curd"放在"bean"词条下，释义比起"tofu"，明显带有早期归化翻译的特点，"paste, a thick jelly or paste made from beans, eaten in north China and adjacent countries"①。在文化层面上，在笔者所查阅到的、收录了"tofu"的英语辞典上没有见到与豆腐相关的谚俗语。

当然，从豆腐文化层面看，还有必要去查询"bean curd"进入英语辞书的时间。简言之，在第二节里加序号列出的 5 本英语辞书中，13 卷的 *The Oxford English Dictionary* 在其增补本 *Supplement and Bibliography* 的"bean"词条下收有"bean curd"，释义为"bean curd, paste, a thick jelly or paste made from beans, eaten in north China and adjacent countries"②；在 1969 年的 *American Heritage Dictionary* 里，"bean curd"以词条形式出现。其余 3 本则没有收录。③ 此外，笔者发现 1969 年出版的 *The American Heritage Dictionary of the English Language* 和 1973 年版的 *Webster's New Collegiate Dictionary* 皆收录了"bean curd"④。但是，在所有"bean curd"词条下，同样不见有关中国、日本或英美豆腐文化的谚俗语或相关信息。

以日本最常用的谚语「豆腐に鎹」⑤ 为例，在《新和英辞典》（第 4 版）里，实际给出了三种译文，却没有一种出现"tofu, bean curd"或与之相关的谚俗语。"彼に意見したとて豆腐にかすがいだ. Advice to him is like water（sliding）off a duck's back./It is a mere waste of words [It is like pouring water into a sieve] to advise him"⑥。看来，日本的豆腐文化要走出国门，也有待时日。

综上所述，作为食品，或一种食品文化，中国的豆腐成功走出国门，广受欢迎，并被发扬光大，其中，日本功不可没。在英语里，日语音译词

---

① SIMPSON J A, WEINER E S C. The Oxford English Dictionary（Second Edition）[M]. Oxford：Clarendon，1989：Ⅱ-18.
② The Oxford English Dictionary（Supplement and Bibliography）[M]. London：Oxford University Press，1933：66.
③ 1957 年纽约出版的 25 卷本百科全书 *The Universal Standard Encyclopedia* 也未收录"bean curd"。
④ 但是前者未收录"tofu"。1980 年代后，同时收录"tofu"和"bean curd"的辞书多了起来。
⑤ 《大辞林》《大辞泉》《国語大辞典》《広辞苑》《新明解国語辞典》《明鏡国語辞典》等辞典的「豆腐」词条下唯一收录的谚俗语就是「豆腐に鎹」。
⑥ 増田綱. 新和英大辞典：第四版 [M]. 東京：研究社，1974：1806.

"tofu"已经生根发芽，成为常用词语。而在豆腐文化的精神层面，中国止步于国门，日本则另起炉灶。在英语中，尚无豆腐文化的概念。总之，豆腐在世界舞台上的"成功与受挫""现身与隐身"，虽然微不足道，对思考、探讨"中国文化走出去"的方式、路径、策略、层级及得失，却不无益处。

结　语

在国内日语学界,"汉日对比"与"翻译研究"分别有专家、学者从事研究,各有一些专著问世。但是,将两者结合起来进行系统探讨的学者则少之又少,"两张皮"的现象比较明显。与英语翻译界相比,日语界的"汉日对比与翻译研究"现状明显滞后。在日本,"汉日对比"方面做得比较好,相关论著较多,不过,由于日本传统上不重视翻译理论研究,至今绝大部分院校尚无翻译专业,与西方译学研究的盛况完全不可同日而语。因此,在日本"汉日对比与翻译研究"的结合度也不高,且层次较浅。要言之,这个领域在中日两国皆有很大的开发、成长空间。

为此,本课题拟建构一个比较完整的、从对比语言学视角探讨日汉翻译、由日汉翻译研究反观对比语言学的研究框架,进行跨学科研究。换言之,与翻译无关或关系甚微的、基本不出对比语言学领域的研究,不在本课题范围之内。本课题将选择与翻译(主要指笔译)密切相关的语言问题,或者,反过来说,是选择与对比语言学关系密切的翻译问题进行探讨、研究。"汉日对比"与"翻译研究"在本课题中,前者主要为研究路径,后者是目的所在。简言之,"汉日对比"是为"翻译研究"服务的。

在具体研究层级上,以句子层面的研究为主,篇章次之,词汇再次之,语音方面涉及较少。申请人认为无论对翻译实践,还是对翻译批评、翻译研究而言,句子都是核心。句子问题处理不好,即便词语层面的问题解决得再好,也往往会淹没在句子层级的败笔之中,在篇章层级上就更难有佳绩。对译学而言,尤其对翻译实践而言,关注句子及以上层级的翻译实践与翻译研究显然是更为重要的。

要言之,本课题在具体做法上主要以汉日对比研究去贴近翻译研究。因此,本课题的研究出发点不是汉日双语的语法体系,也不是语言原则或规范。

最重要的出发点有两个，一是意义，即抓住对意义的转达有重要影响的语法现象、语法范畴进行考察，理清汉日双语的特征，以探求它们与翻译之间的内在关系。"从意义出发也就是从翻译出发"（潘文国，2006）。要点是求异重于求同。求同仅仅是求异的出发点。"我们所要比较的只是同一意义在不同语言中的表达方式"（转引潘文国《对比语言学》）。二是从问题出发，即抓住申请人多年来已经意识到或感觉到对翻译实践与研究有重大影响的句法、篇章和词汇等问题进行对比研究，探究它们对翻译所造成的正负面和显性、隐性影响。

  本课题的另一个关注点为，国内英语翻译界"英汉对比与翻译研究"的动态与进展。如前所述，目前，英语学界领先于日语学界，但是，这并不意味着本课题的研究紧随其后，亦步亦趋。其实，由于地缘文化和语种的差异，与英语相比，汉日双语之间的相似度远远大于英汉双语。换言之，语言的"同"与"异"在汉语、英语和日语之间呈现出巨大的差异。本课题一方面借鉴、参照英汉翻译界的研究成果，另一方面会更加关注汉日双语之间的"个性"。譬如，有关"省略、替代与重复"的问题，汉日与汉英之间存在重大差异，背后的理据也不一样。本课题既要彰显汉日双语的特点，又要理清这些语言组织形式对译笔走向的影响，同时也希望能够成为汉英对比翻译研究的"参照物"。

  最后需要说明的是，申请人清醒地认识到，"对比语言学"与"翻译研究"分属不同的学科，所谓的交叉研究，不过是用各自之长而已。因此，既要让两者有机地相互参照，又要防止以一方压制或机械规定另一方面的情况出现。目前，日语学界多多少少存在着以对比语言学的研究成果来压制翻译实践与研究的倾向。追求双赢，才是本课题应有的追求。将来，如有可能，再去努力建构两者融为一体的"汉日对比翻译学"。

高宁

2019 年 6 月 20 日

后 记

本书系恩师高宁教授主持的国家社科基金项目"汉日对比与翻译研究"（项目号：14BYY154）的结项成果。

恩师自2017年11月7日起因病陷入昏迷，先后辗转于上海、杭州、北京的十余家医院，尝试各种治疗。其间虽有过较明显的好转，能回应我们的呼唤、听从指令转动颈部、稍微控制四肢少数肌肉群，但病情几经反复，特别是2022年年末感染新冠之后，出现后遗症，终究未能走下病榻。所幸恩师素来勤勉，在昏迷前已基本完成本项目的主体内容，2019年，我和同门兰州大学陈彪、华中科技大学柯子刊、浙江师范大学刘珉在师母孙孟红女士的建议下，合力完成了社科项目的结题，并将成果整理成书稿。

遗憾的是，恩师最终于2023年4月6日谢世。以恩师的病情，能将生命延续至此已实属不易，但我们总心存侥幸，祈盼医学的急速发展和恩师与生俱来的韧性能让他创造医学奇迹。毕竟恩师正值学术盛年，对于一位热爱学术并已取得丰硕成果的学者而言，这样的告别无疑是人生大憾，也令我们难以释怀。

往者不可谏，来者犹可追。将恩师的国社成果付梓出版，便成了我们高门弟子的共同心愿。又承蒙尤海燕教授出面邀请北京大学潘钧教授为本书作序，才有了本书的问世，在此一并致谢。

除了序、目录和结语外，本书的核心内容皆为恩师高宁教授所著。若有章节编排不当等问题，均系吾辈弟子学艺不精、才疏学浅所致，还望各位师友、同仁理解并指正。

愿恩师多年的学术所得，能为志同道合者在漫漫治学长路上，点亮一束暖光。

浙江工商大学 陈红
2023年7月27日于杭州